PETRA HEIDER • INGRID HESSELBACH • NATALIA SKATULA

Die große Watercolor BIBLIOTHEK

WUNDERVOLLE VORLAGEN FÜR DIE SCHÖNSTEN AQUARELLMOTIVE

Inhalt

GRUNDLAGEN

PROJEKTE

HELLO!

Es freut uns sehr, dass du dieses Buch voll wunderschöner Watercolor-Motive in den Händen hältst! Egal ob verschiedene Alphabete und Letterings, romantische Kränze, süße Tiere, Blumen, Blätter oder vielfältige Schmuckelemente: Die unterschiedlichsten Motivvorlagen werden dich garantiert dazu inspirieren, Pinsel und Farbe auszupacken und selbst kleine Kunstwerke zu kreieren. Du brauchst lediglich einen Pinsel, Wasserfarben und ein Blatt Papier, dann kann es auch schon losgehen. Mit ein bisschen Übung wird es dir immer leichter fallen, neue Motive zu malen.

Nach vielen arbeitsintensiven Monaten zu dritt, wobei jede in ihrem eigenen kleinen Atelier, Arbeitszimmer oder am Küchentisch gearbeitet hat, sind wir froh, unsere große Leidenschaft durch dieses Buch an dich weitergeben zu können. In diesem Buch steckt unser ganzes Herzblut.

Ein Leben ohne Watercolor-Malereien können wir uns nicht mehr vorstellen. Wir hoffen, dass du viele Motive findest, die dich inspirieren: zum Nachmalen, Selbst-Kreativ-Werden und Ausprobieren!

Wenn du einen Einblick hinter die Kulissen haben möchtest und sehen willst, welche Projekte wir als nächstes angehen, folge uns auf Instagram: @unakritzolina (Petra), @landletterei (Ingrid) und @nataskalia (Natalia). Jetzt schnapp dir die Pinsel und los geht‘s!

MATERIAL

PAPIER

Die Wahl des Papiers beeinflusst stark das Ergebnis deiner Arbeit. Es gibt eine große Auswahl an unterschiedlichen Papieren. Angefangen von der Stärke des Papiers (200 bis 600 g/m²) bis zur Oberflächenstruktur (matt, rau, satiniert) ist für jeden Bedarf etwas dabei. Je nach Oberfläche reagiert auch die Farbe entsprechend. Probiere einfach für dich aus, was du am liebsten verwenden magst.

Wir können das Papier von Hahnemühle empfehlen. Sie stellen eine große Auswahl an verschiedenen, sehr hochwertigen Papierarten her. Unser Favorit ist „Burgund matt". Die matte Oberfläche ist ideal für feine Illustrationen und Letterings. Mehr Informationen zum Thema Papier findest du auf Seite 10-11.

FINELINER

Wenn du Fineliner in Verbindung mit Watercolor benutzen möchtest, solltest du darauf achten, dass diese nicht verlaufen. Dünne Fineliner der Stärke 0,1 eignen sich für Watercolor-Motive unserer Meinung nach am besten.

BLEISTIFT

Wenn du Vorzeichnungen machst, benutze am besten einen weichen Bleistift in den Stärken HB oder 2B. Ein zu harter Bleistift hinterlässt Spuren im Papier, die man nach dem Radieren noch sieht. Ist der Bleistift hingegen zu weich, verschmiert er und das Graphit vermischt sich am Ende mit den Aquarellfarben.

TIPP

Wenn dir eine Arbeit mal nicht so gut gelungen ist, ärgere dich nicht und wirf das Papier nicht gleich weg. Verwende das Papier noch als Probepapier, um zu sehen, um zu sehen, wie sich die Farbe auf dem Blatt verhält oder erstelle Farbtafeln auf diesem gebrauchten Papier.

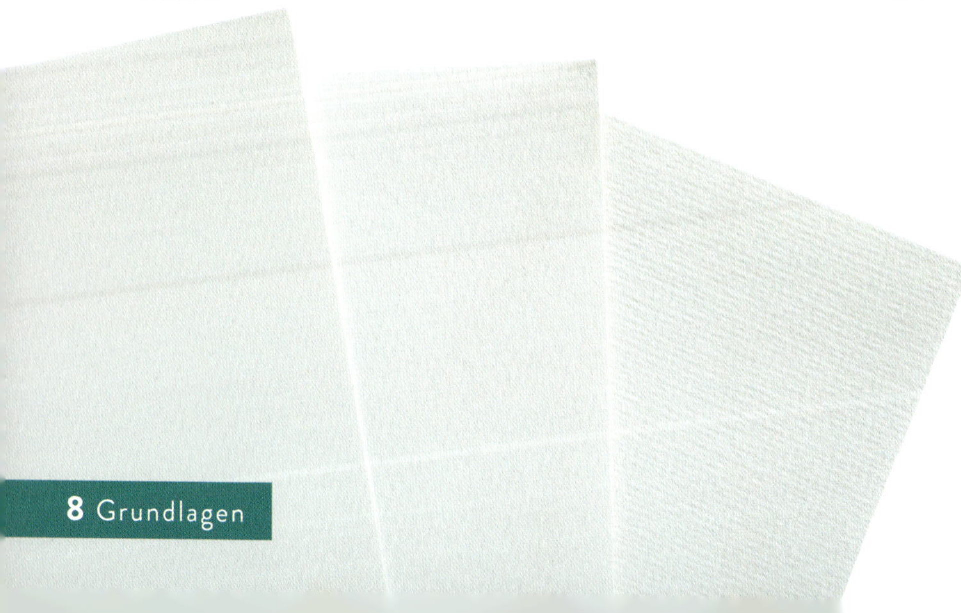

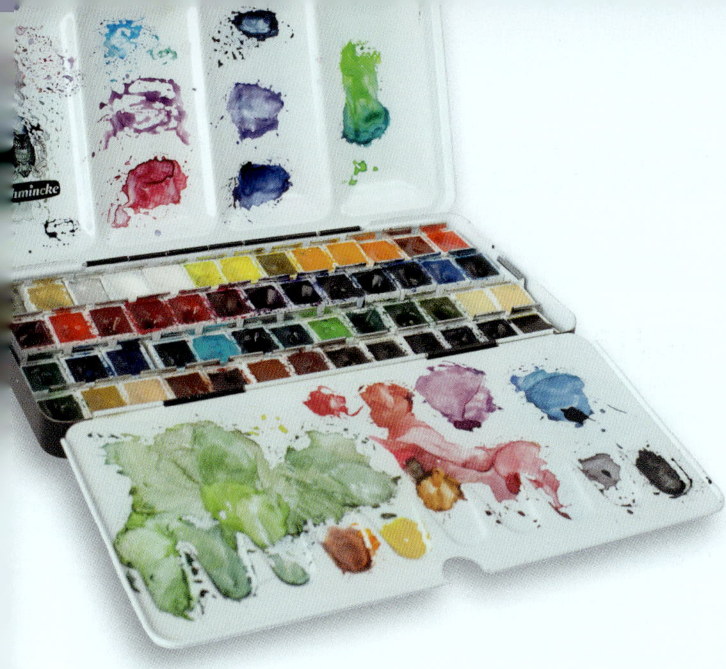

WAS DU SONST NOCH BRAUCHST:

Radiergummi: Zu harte Radiergummis zerstören die Oberfläche des Papiers. Mit einem Knetradiergummi kannst du auch kleine Bereiche deiner Zeichnung radieren.

Wasserglas: Verwende am besten zwei Wassergläser – eines für warme und eines für kalte Farbtöne.

Schmutztuch

Washi-Tape/Nassklebeband: zum Abkleben und Spannen deines Papiers

Rubbelkrepp: gibt es in Stiftform oder im Fläschchen. Die Flüssigkeit deckt Bereiche deines Bildes ab, die unbearbeitet oder farblos bleiben sollen. Wenn alles getrocknet ist, kannst du es einfach wieder entfernen!

Kreisschablone, Lineal und Geodreieck

FARBE

Wir arbeiten unter anderem mit den Aquarellfarben der Firma Schmincke. Deren Farben gibt es in Tuben und Näpfchen. Zu Beginn reicht dir ein kleiner Kasten mit 12 Farben, denn aus diesen Farben kannst du dir einfach viele weitere Farbtöne mischen.

Mehr zum Thema Farbe erfährst du auf Seite 12-13.

PINSEL

Hier ist es ähnlich wie beim Papier: die Auswahl ist einfach riesig. Wir haben am Anfang auch ein bisschen herumprobieren und testen müssen. Bei flächigeren Arbeiten, wie zum Beispiel Hintergründe mit Farbverläufen, erziele ich gute Ergebnisse mit Flachpinseln. Für unsere Arbeiten verwenden wir liebsten die Rund- und Flachpinsel der Serie Cosmotop Spin von da Vinci.

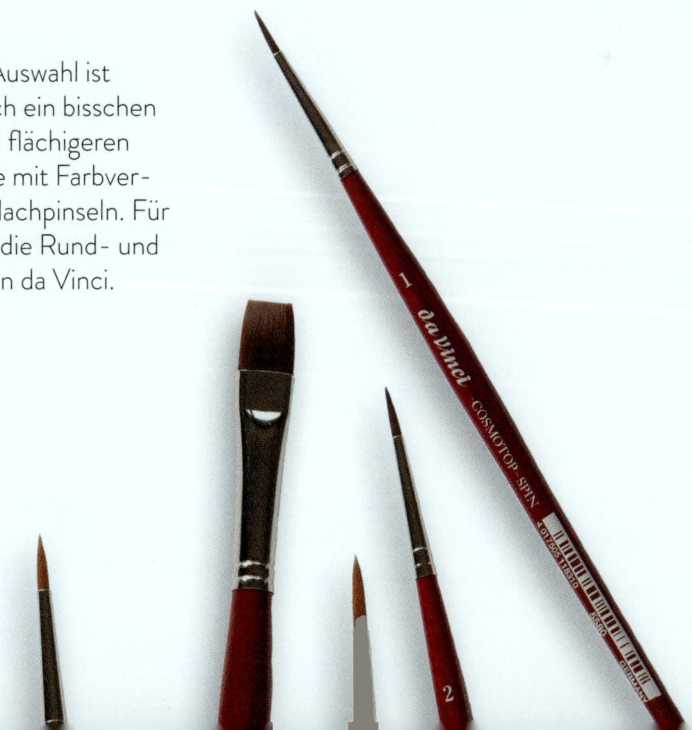

DER RICHTIGE UMGANG MIT PAPIER

HEISS UND KALT, GLATT UND RAU

Man unterscheidet generell zwischen heiß- und kaltgepressten Papieren. Das heißgepresste Papier wird bei der Herstellung durch erwärmte Walzen gepresst, wobei die Fasern des Papiers geglättet werden. Dadurch entsteht eine ebenmäßige Papieroberfläche. Kaltgepresstes Papier wird ohne diese Hitzeeinwirkung hergestellt. Die Oberfläche erhält so eine mehr oder weniger ausgeprägte Struktur.

Ein und dieselbe Farbe kann auf verschiedenen Oberflächen ganz unterschiedlich wirken. Probiere einfach aus, was für dich am besten passt. Für kleinere und detaillierte empfehlen wir oder glattes Papier. So gelingen dir mit kleinen Pinseln saubere Kanten und Linien. Wenn du unebene Kanten magst und die Farbe mehr verlaufen soll, ist raues Papier eher etwas für dich.

Für großflächigere und nassere Arbeiten empfehlen wir dir eine Papierstärke Stärke von mindestens 300 g/m². Am allerbesten eignen sich für solche Arbeiten aber noch schwerere Papiere mit Stärken von 450 bis 600 g/m².

Wie das Bild am Ende aussieht, ist sehr von der Struktur und Stärke des Papiers abhängig. Mit der Zeit lernst du, welches Papier sich am besten für bestimmte Projekte eignet. Am Anfang sind kleinere Blöcke praktisch, damit du verschiedene Papiersorten und Oberflächen ausprobieren kannst.

Dünneres Papier (mit einer Stärke von weniger als 300 g/m²) verträgt kaum Feuchtigkeit und eignet sich daher eher für kleinteilige Aquarellprojekte. Wir empfehlen dir, dein Papier vor dem Beginn der Arbeit zu spannen, damit es sich bei nasseren Projekten nicht wellt.

PAPIER SPANNEN SCHRITT FÜR SCHRITT

1. Feuchte das Papier zuerst auf beiden Seiten an.

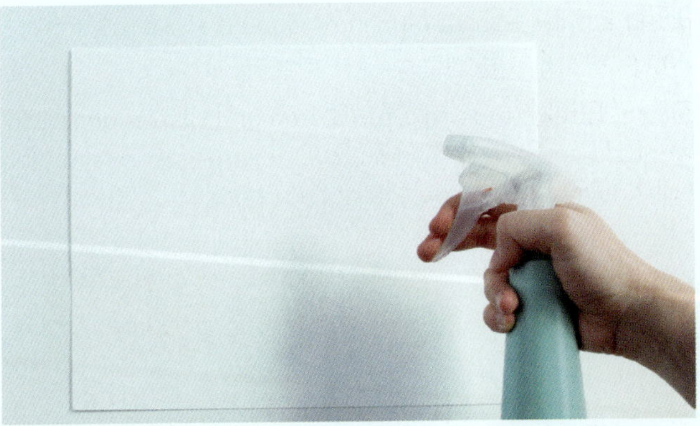

2. Dann fixierst du es an einer Seite mit Nassklebeband (oder Washi-Tape) auf deiner Arbeitsfläche.

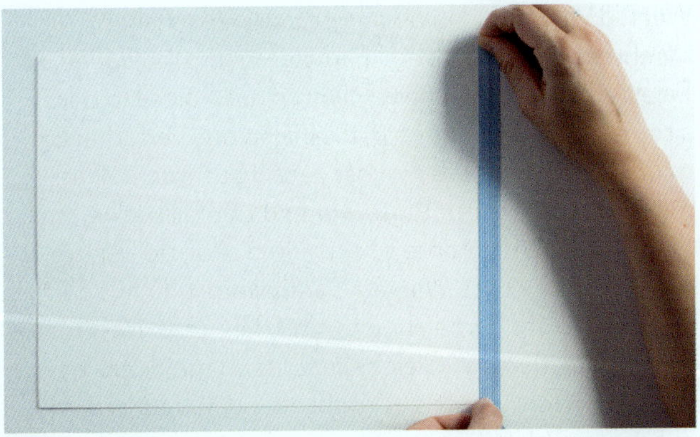

3. Bevor du es auf der gegenüberliegenden Seite ebenfalls mit Klebeband fixierst, spannst du das Papier und streichst es glatt.

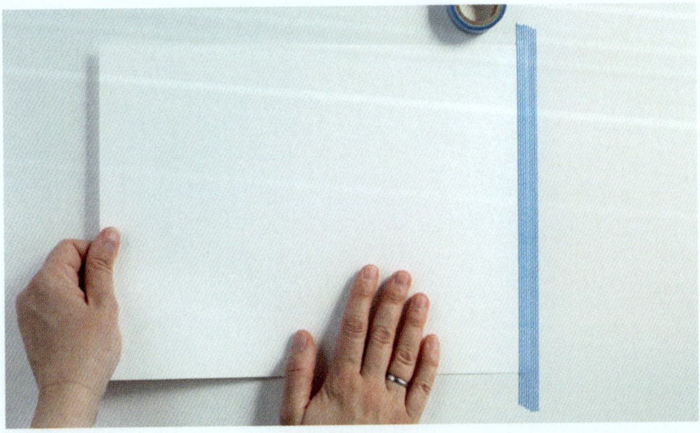

4. So machst du es auch mit den restlichen beiden Seiten, bis das Blatt am Ende komplett fixiert ist. Das Klebeband löst du erst wieder, nachdem du dein Bild fertig gemalt hast und alles wirklich richtig trocken ist.

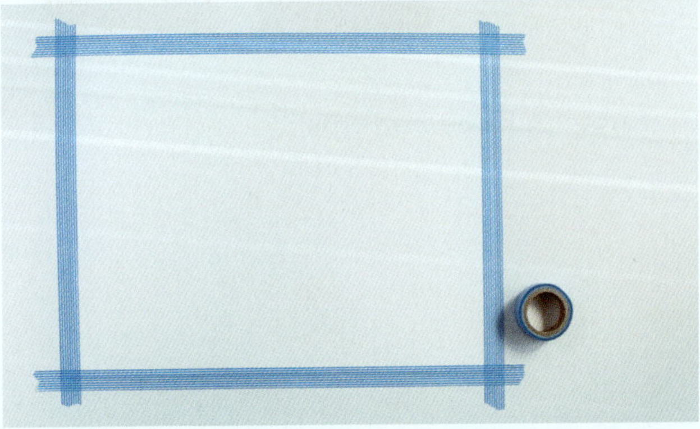

FARBEN MISCHEN

Es gibt zwei Möglichkeiten, Farben miteinander zu vermischen. Bei beiden ist es wichtig, dass du immer einen sauberen, ausgewaschenen Pinsel nutzt, um die neue Farbe aufzunehmen.

VARIANTE 1:

Mischen auf der Palette

Wenn du eine gleichmäßige Farbmischung haben möchtest, erstellst du den Farbton am besten auf einer Palette. Wir nehmen gern Paletten aus Porzellan oder alte Teller, die lassen sich gut reinigen und verfärben sich mit der Zeit nicht. Du nimmst zunächst frisches Wasser mit deinem sauberen Pinsel auf und träufelst etwas in die Farbe, um die Pigmente zu aktivieren. Auf die Palette gibst du auch etwas Wasser. Dann nimmst du mit dem Pinsel die erste Farbe auf und gibst sie in das Wasser auf der Palette. Das Gleiche machst du mit der zweiten Farbe und vermischst sie anschließend mit der ersten auf deiner Palette. Du erhältst so einen gleichmäßigen neuen Farbton.

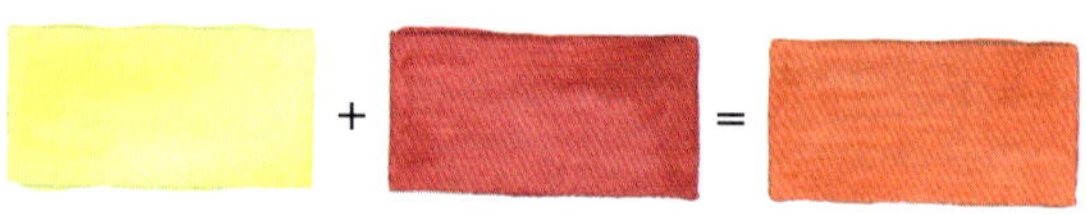

Farbe 1 + Farbe 2 = Farbe 3

VARIANTE 2:

Mischen auf dem Papier

Bei dieser Variante bekommst du keinen gleichmäßigen Farbton, sondern die Farben verlaufen auf dem Papier ineinander. Wie bei Variante 1 aktivierst du die Farbe mit Wasser, nur gibst du sie nicht auf die Palette, sondern direkt auf das Papier. Nun nimmst du die zweite Farbe und gibst sie direkt auf die Farbfläche dazu.

Dieser Effekt ist perfekt für Blüten und Blätter und auch wenn du größere Farbverläufe für Hintergründe erstellen willst, eignet sich diese Methode super.

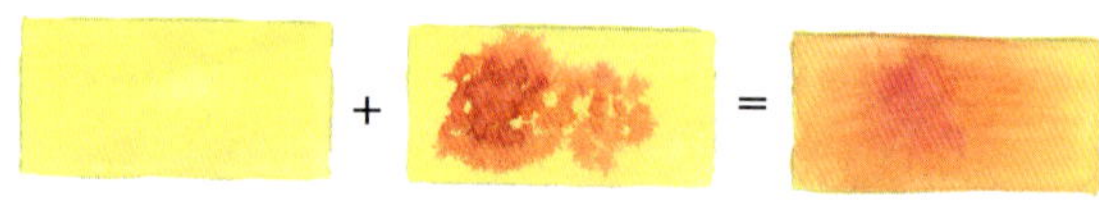

Farbe 1

Farbe 1 mit Farbe 2

Farbe 1 und Farbe 2 ineinander verlaufend

FARBVARIANTEN MIT WASSER

Um Farbtöne zu variieren, sie heller oder dunkler zu machen, kannst du ganz einfach mit Wasser arbeiten. Je mehr Wasser du verwendest, desto heller wird die Farbe.

Grau-Skala in Feldern / Grau-Skala mit Verlauf

ÜBUNG

Zeichne dir fünf Kästchen vor. Für das erste Kästchen vermischst du deine Farbe mit ganz wenig Wasser. Für das nächste Kästchen fügst du etwas mehr Wasser hinzu, sodass deine Farbe heller wird. So machst du weiter, bis dein letztes Kästchen nur noch ganz wenig Farbe enthält, also fast weiß ist. Jetzt hast du die Einzelschritte für einen Verlauf. Nun zeichnest du dir ein größeres, längeres Rechteck vor. Auch hier beginnst du wieder mit dem intensivsten Farbton und malst damit circa ein Drittel des Kästchens aus. Nun tauchst du deinen Pinsel in Wasser und ziehst anschließend mit dem feuchten Pinsel die Farbe auf die andere Seite des Kästchens.

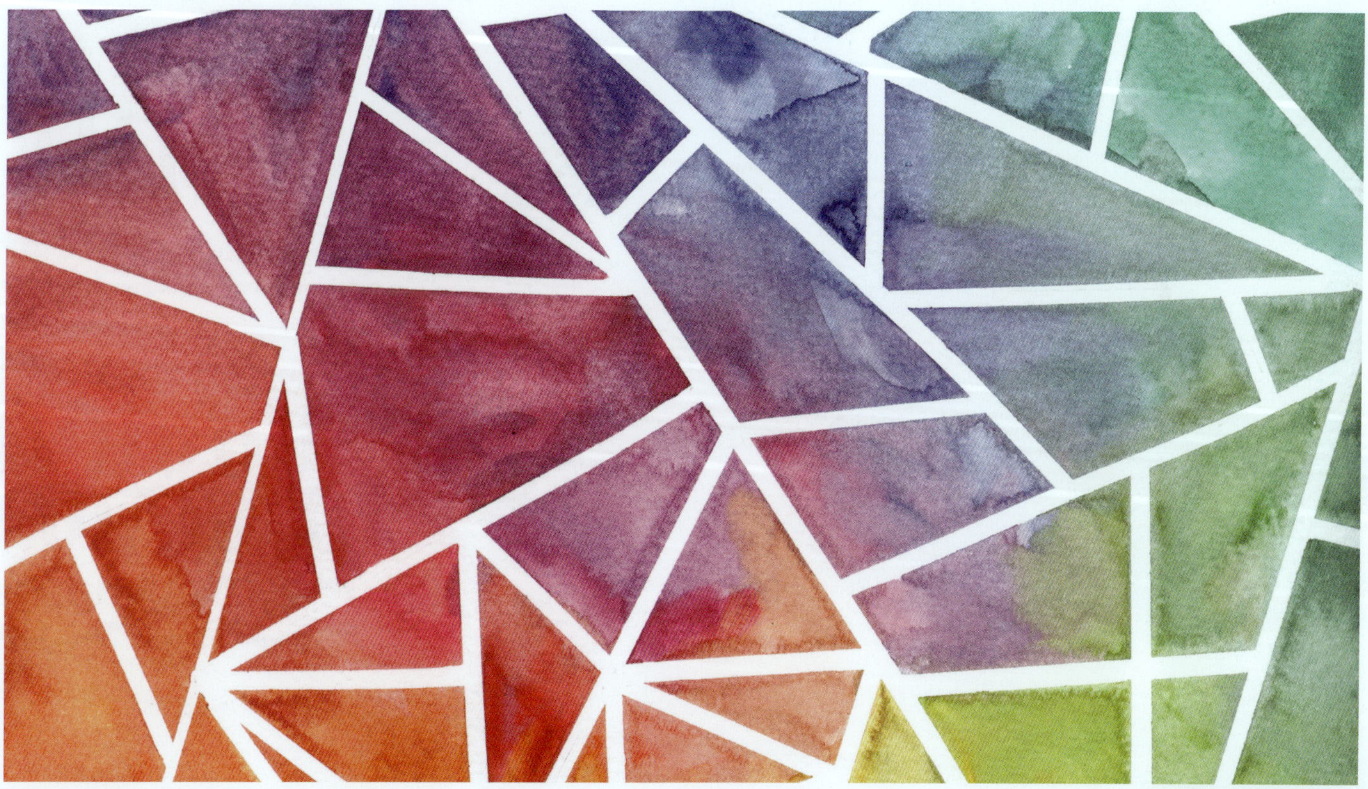

UMGANG MIT DEM PINSEL

Die Form des Aquarellpinsels ist von großer Bedeutung. Hier gibt es unterschiedliche Typen:

Rundpinsel: Die Pinselhaare sind in einer runden Öffnung zusammengefasst und verlaufen gleichmäßig zu einer feinen Spitze.

Flachpinsel: Die Öffnung der Pinselhaare ist plattgedrückt, wodurch eine gleichmäßig breite Spitze entsteht.

Wir verwenden am liebsten Rundpinsel in verschiedensten Größen. Mit der Zeit weißt du, welche Pinsel zu deinem Malstil passen und ob du lieber Pinsel mit Natur- oder Synthetikhaaren verwendest.

Auf dieser Seite siehst du einige Übungen, um ein besseres Gefühl für deinen Pinsel zu bekommen.

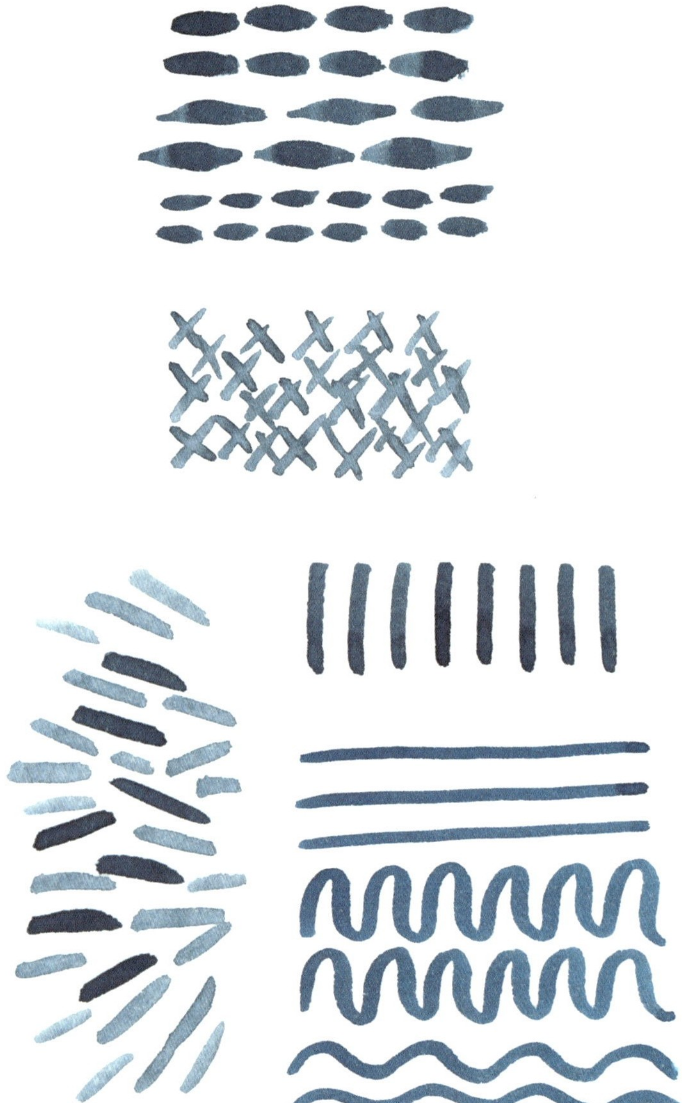

TIPP

Lass deinen Pinsel nie zu lang im Wasserglas stehen, damit sich die Spitze des Pinsels nicht dauerhaft verformt. Wasche deinen Pinsel gründlich aus, streiche ihn auf einem Tuch etwas trocken und lege ihn zum Trocknen waagerecht hin. So kann kein Wasser in die Zwinge laufen und diese nicht rosten.

LAVIEREN

Das Lavieren beschreibt das Ineinanderfließen von Farben und Wasser und wird daher oft auch als Nass-in-Nass-Technik bezeichnet. Du kannst das Papier beziehungsweise den Bereich, in dem du malen möchtest, vorher etwas mit klarem Wasser anfeuchten und gibst nun die mit dem Pinsel aufgenommene Farbe in die Fläche. Danach wäschst du den Pinsel kurz aus und tupfst ihn ein wenig ab, damit nicht zu viel Wasser im Pinsel verbleibt, und verstreichst die zuvor verteilte Farbe auf der noch nassen Fläche. Die verteilte Farbe wird nun immer heller. Anstelle von Wasser kannst du natürlich auch eine zweite Farbe nehmen und diese mit der ersten ineinanderlaufen lassen.

Mithilfe dieser Technik kannst du Farben auch ganz einfach aufhellen und ihnen Transparenzen hinzufügen.

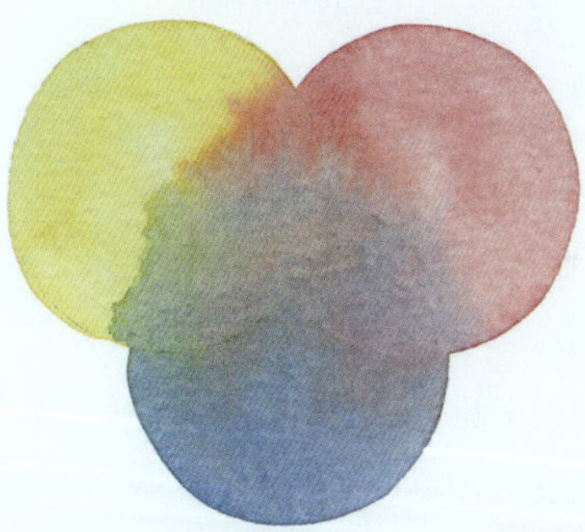

LASIEREN

Beim Lasieren geht es darum, einzelne transparente Schichten übereinanderzulegen, die nicht (wie beim Lavieren) ineinander verlaufen. Hierbei können ganz verschiedene Farbspektren, Schatten und Strukturen entstehen.

Wichtig ist beim Lasieren, dass du alles gut trocknen lässt, bevor du mit einer weiteren Schicht beginnst. Am besten fängst du immer mit der hellsten Farbe an und wirst dann von Schicht zu Schicht dunkler.

Trotzdem kommt es natürlich auch zu einem Vermischen der Farben. Das liegt an ihrer Transparenz. Anders als beim Lavieren, wo du zum Mischen mit flüssigen Farben arbeitest, ist das Lasieren eine trockene Mischung der Farben. Legst du denselben Farbton immer wieder übereinander, wird dieser von Schicht zu Schicht dunkler.

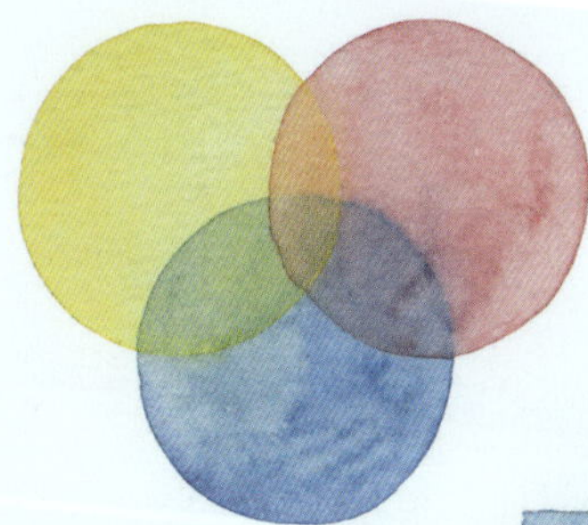

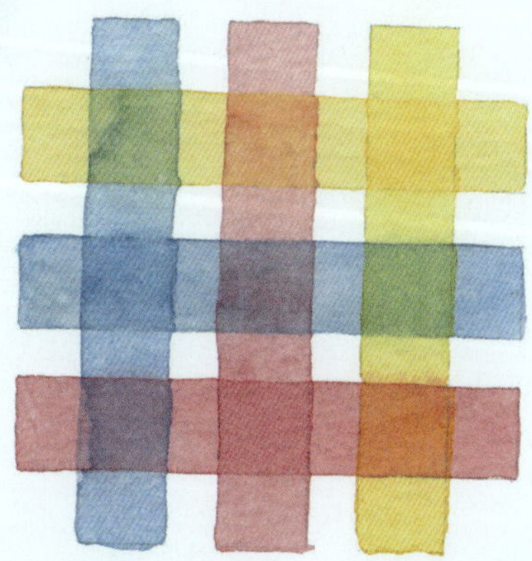

Blumen

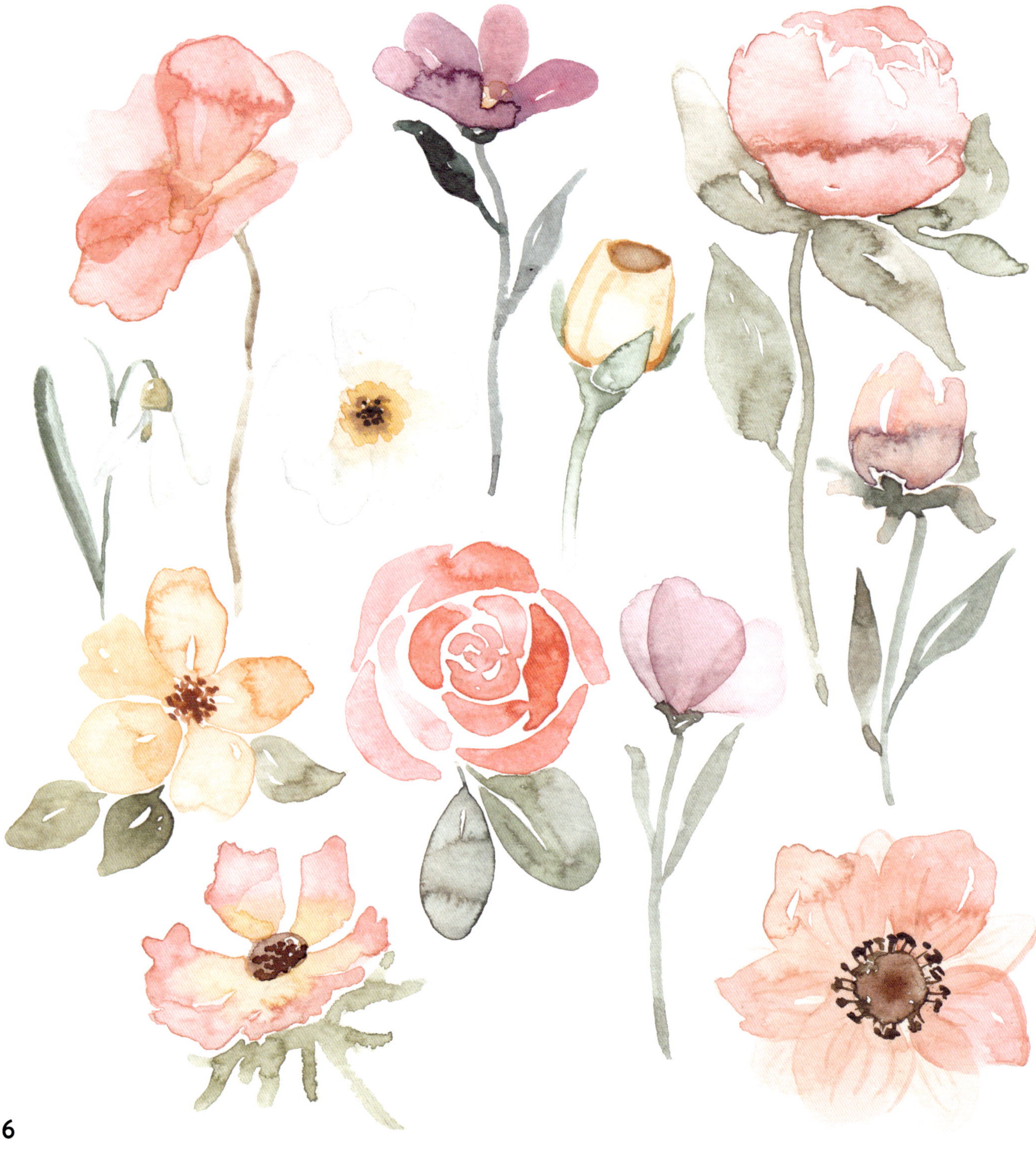

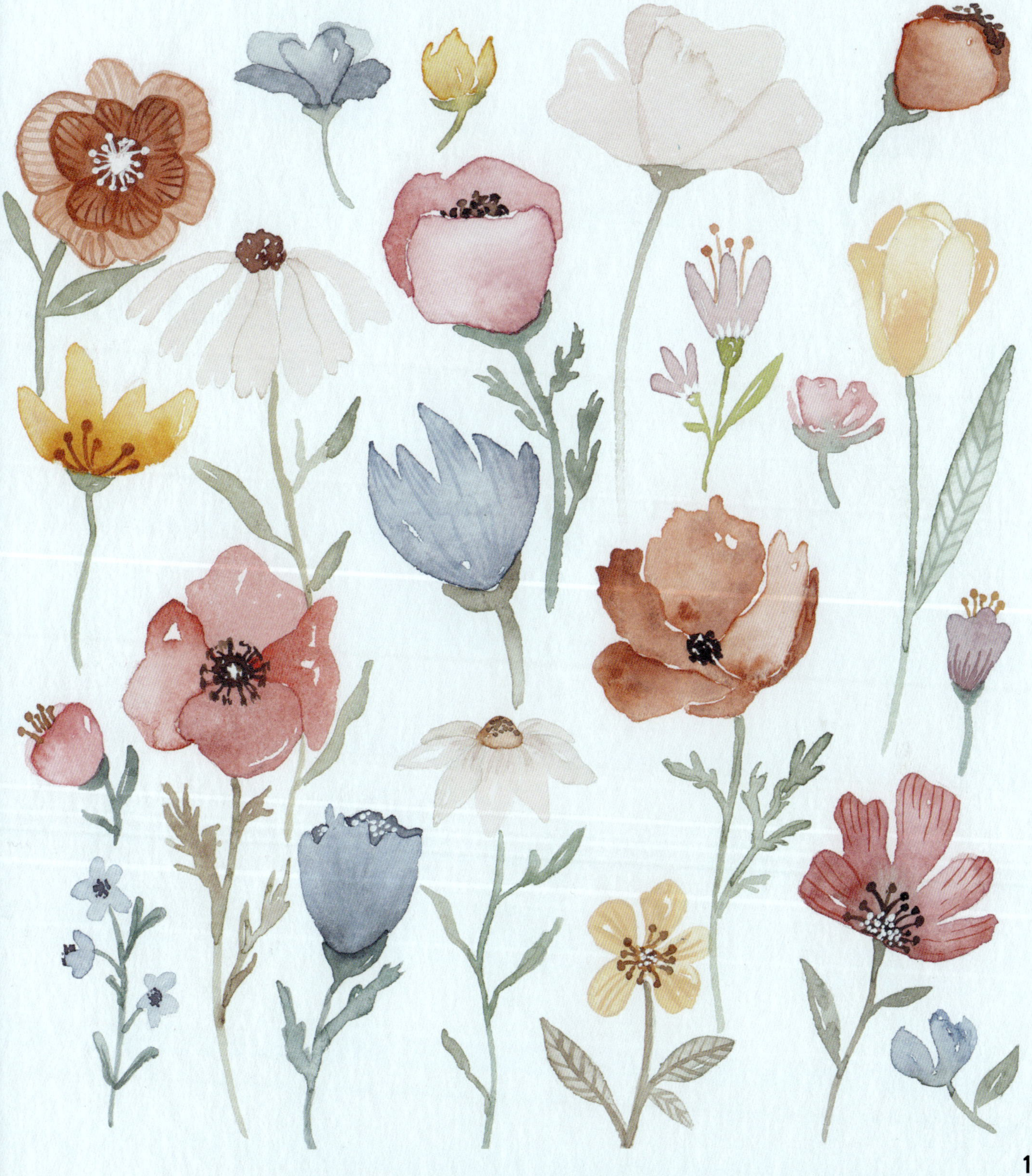

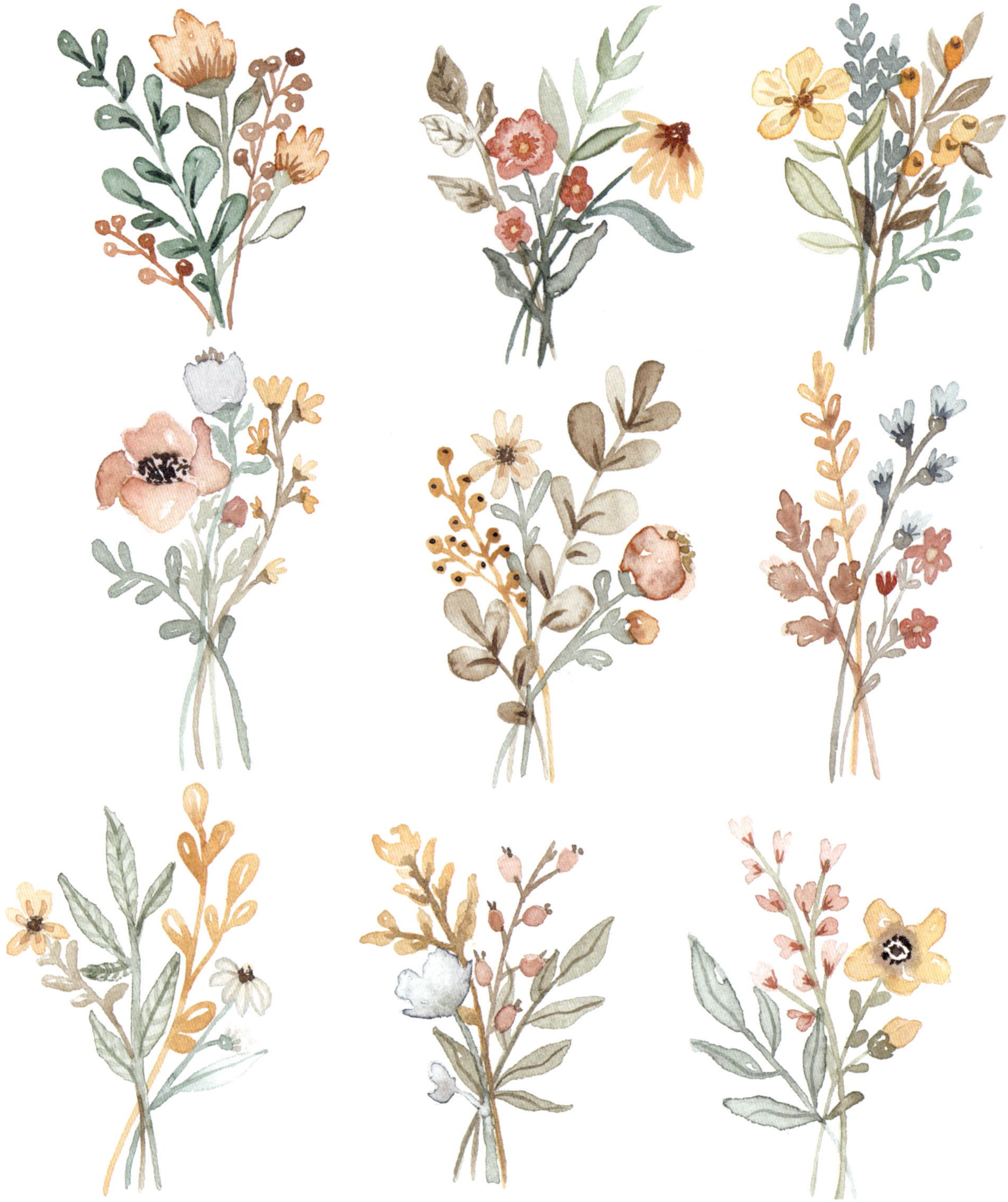

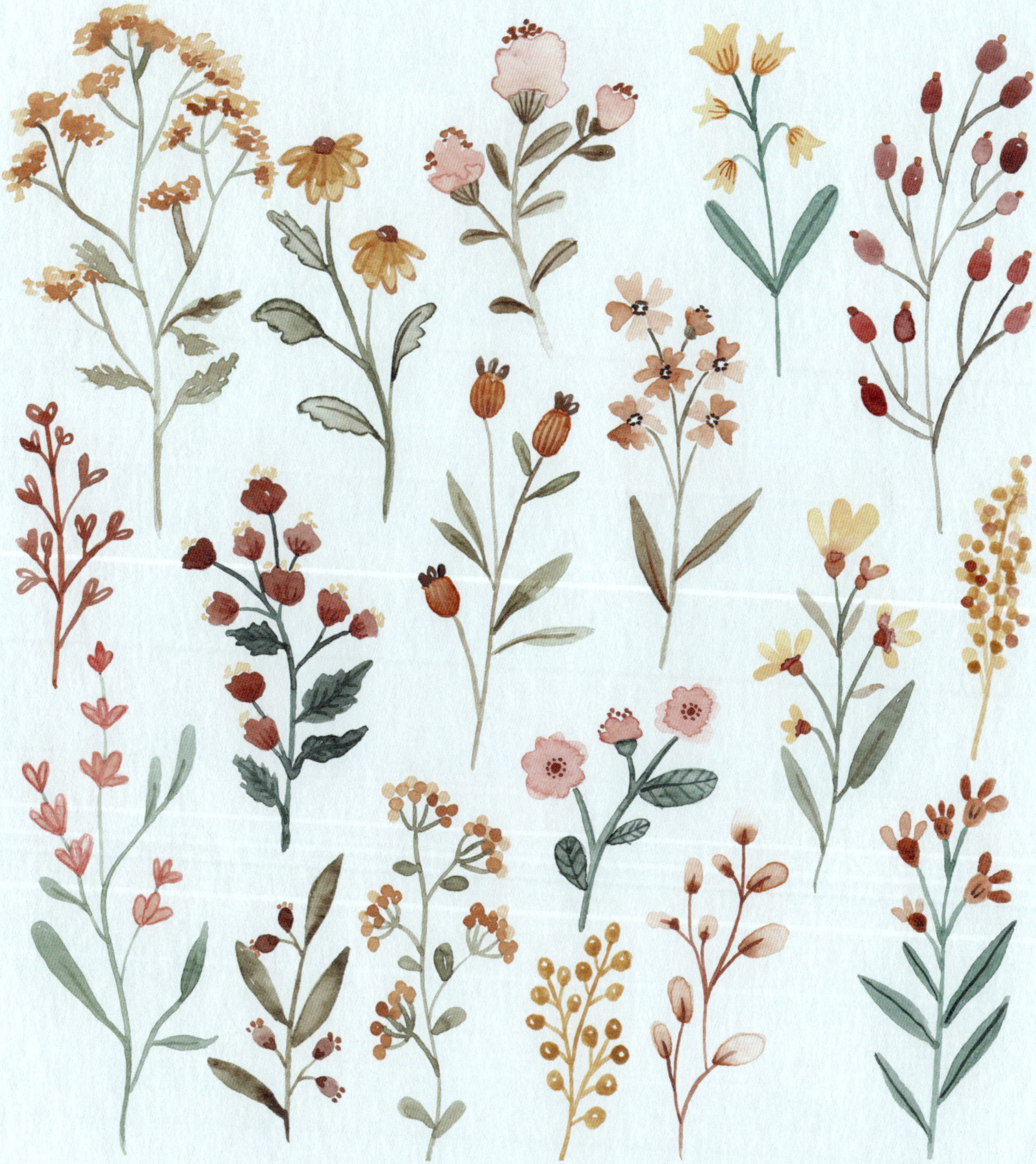

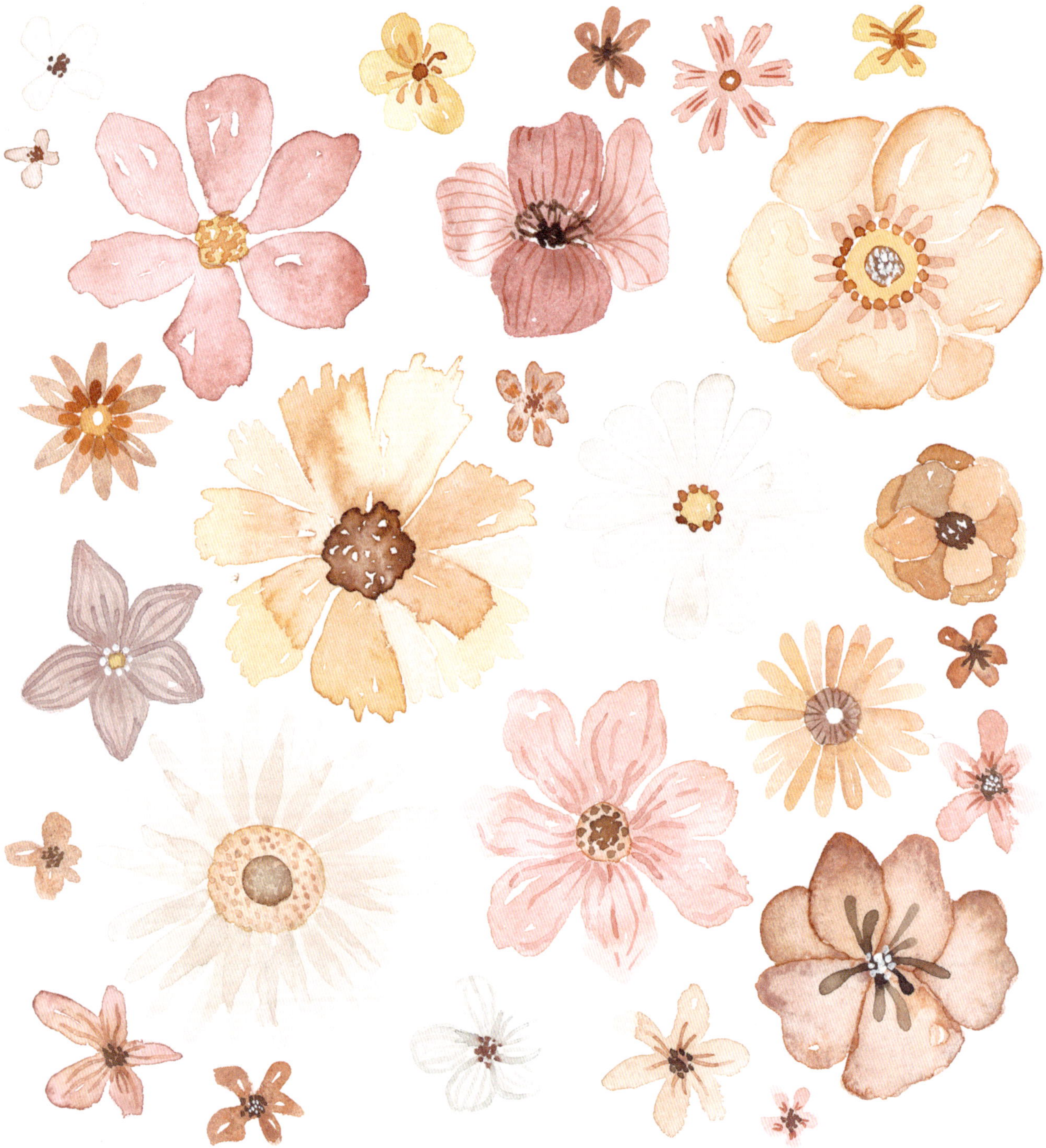

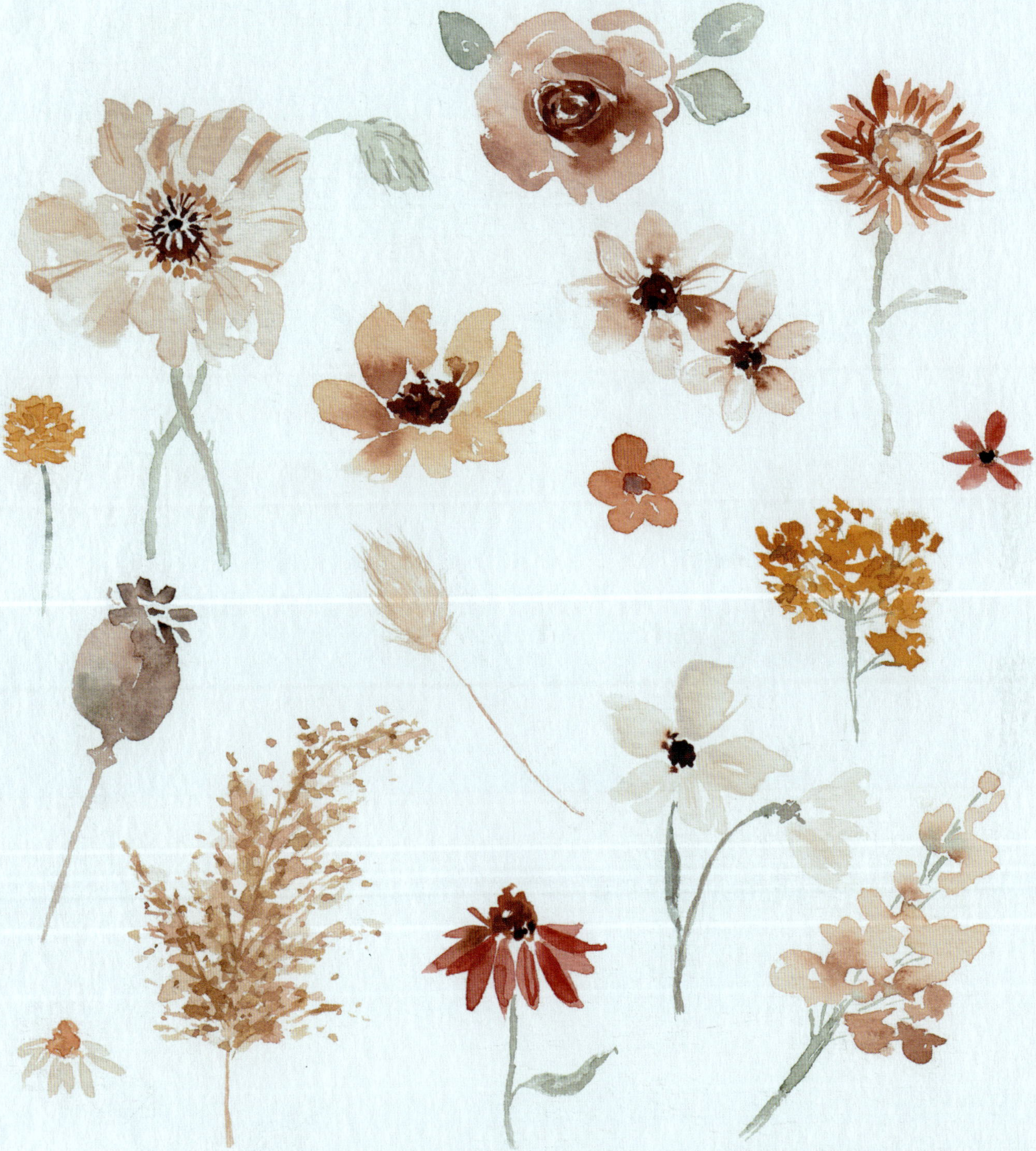

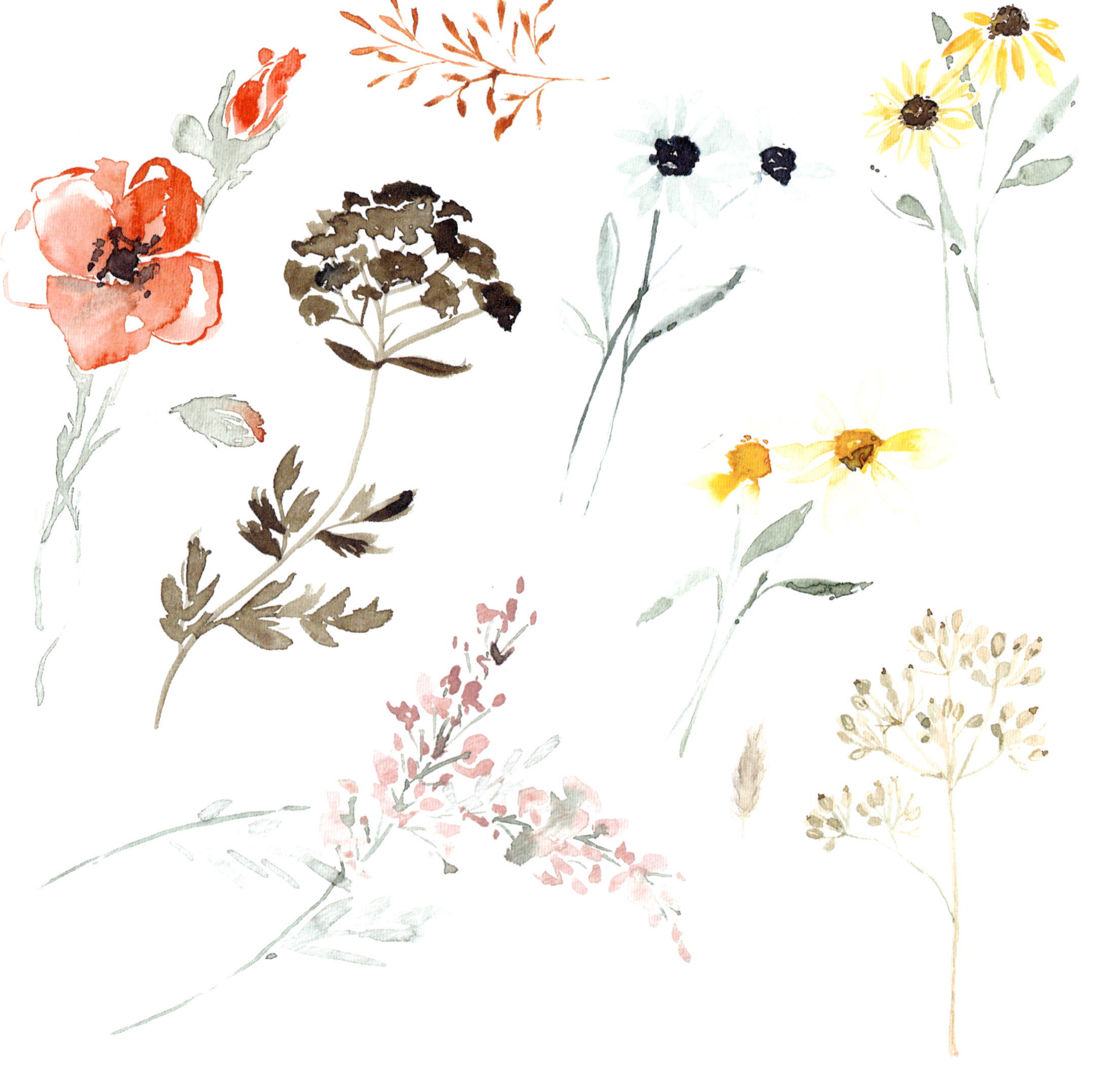

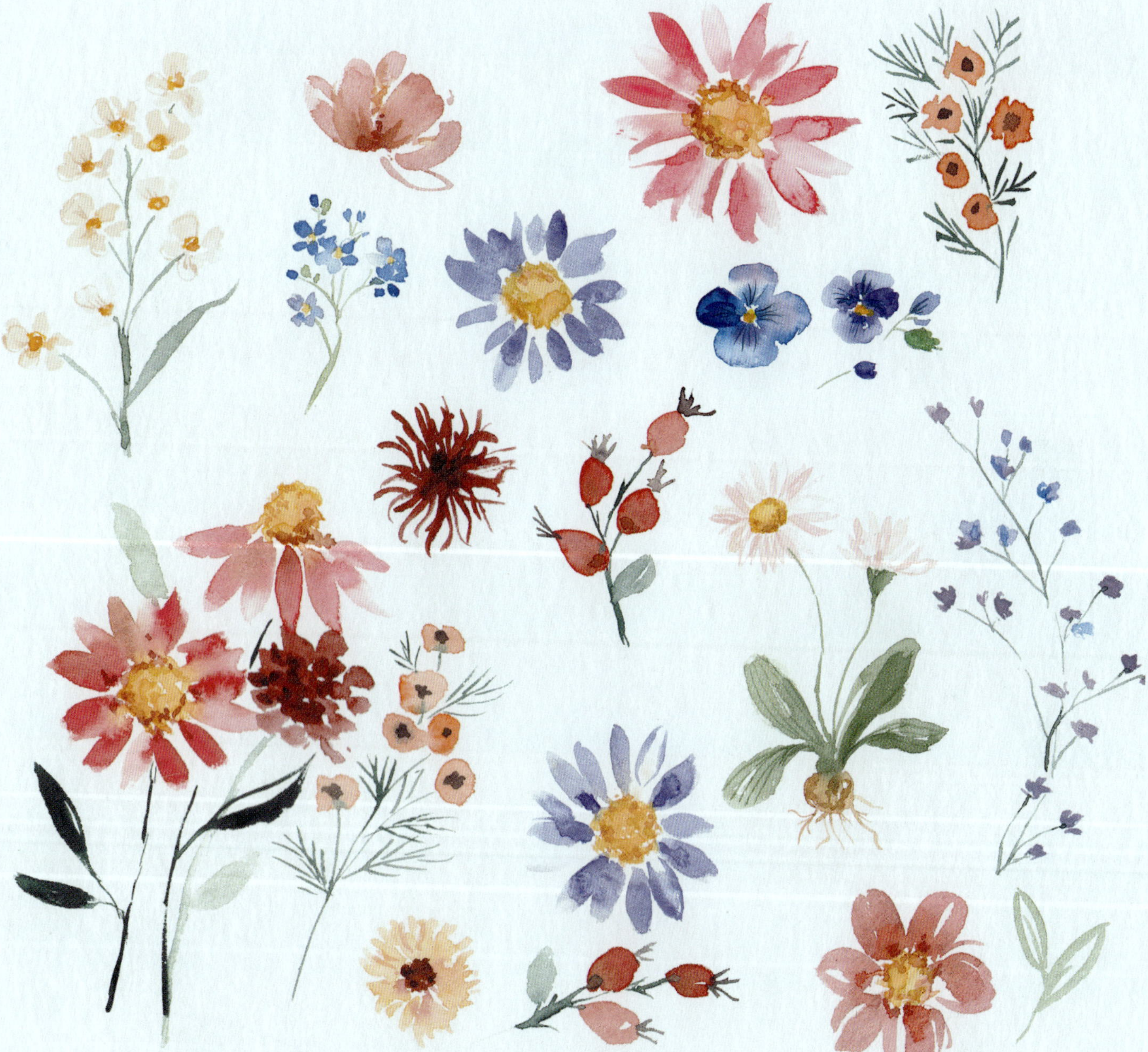

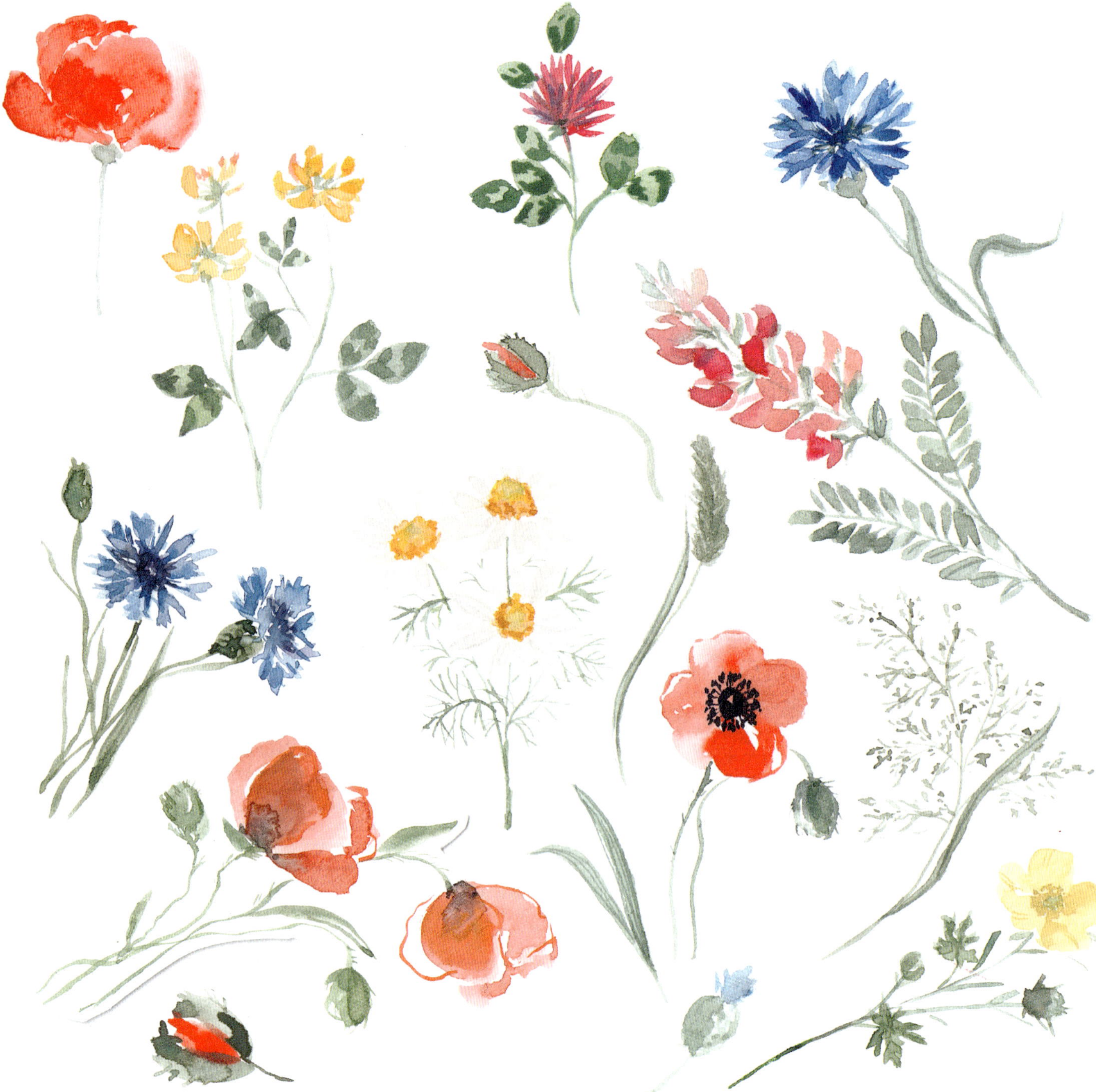

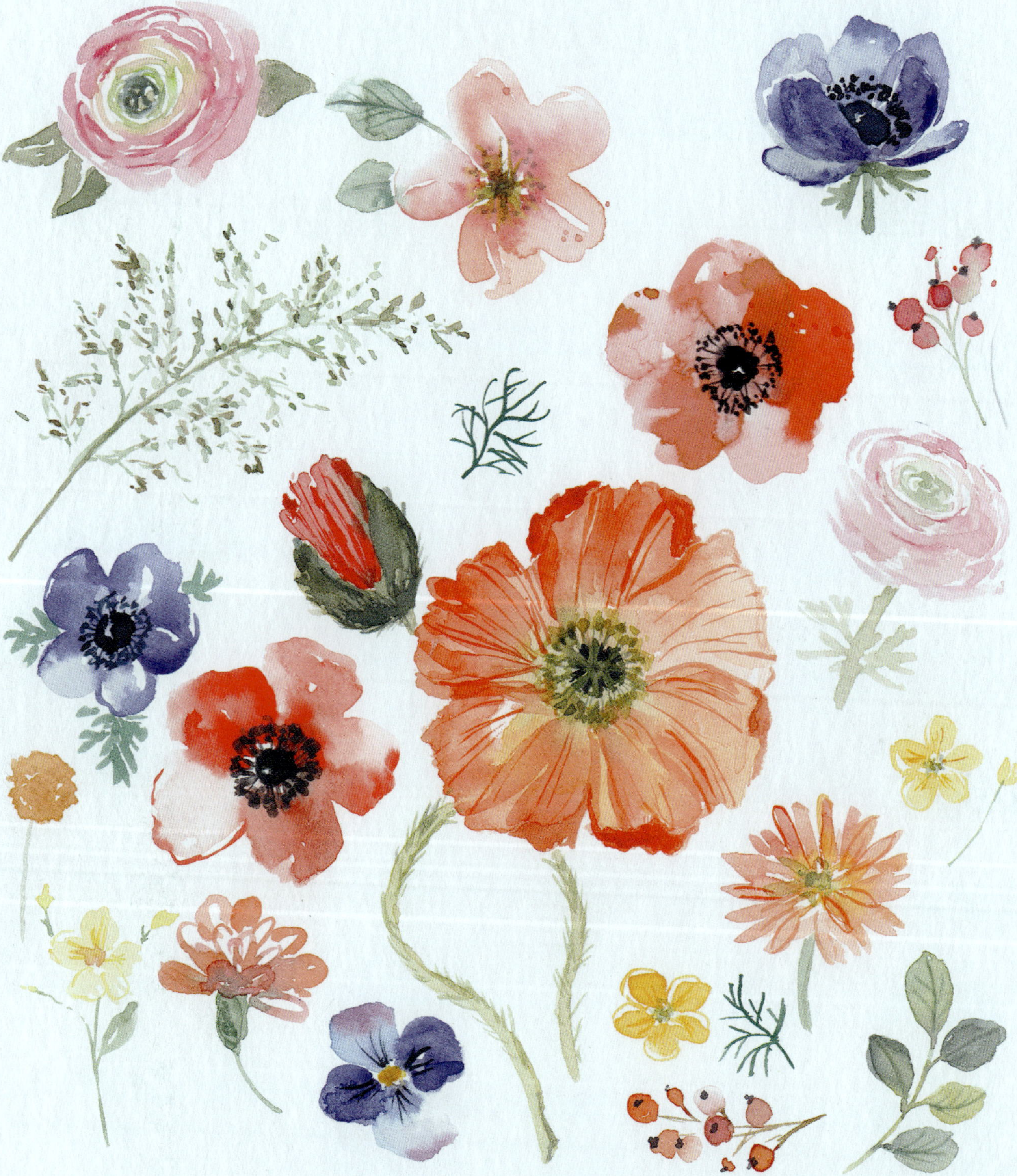

Blätter

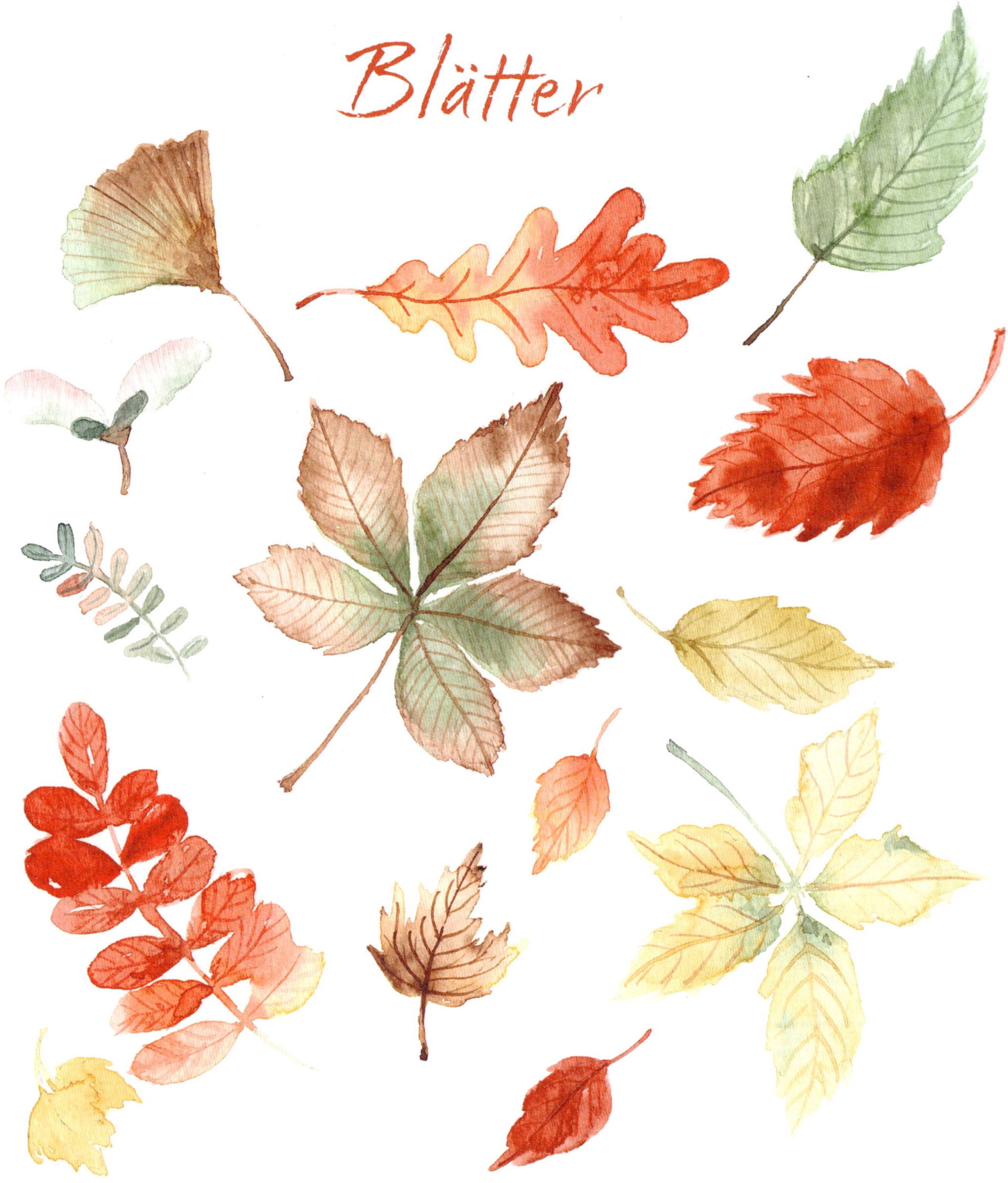

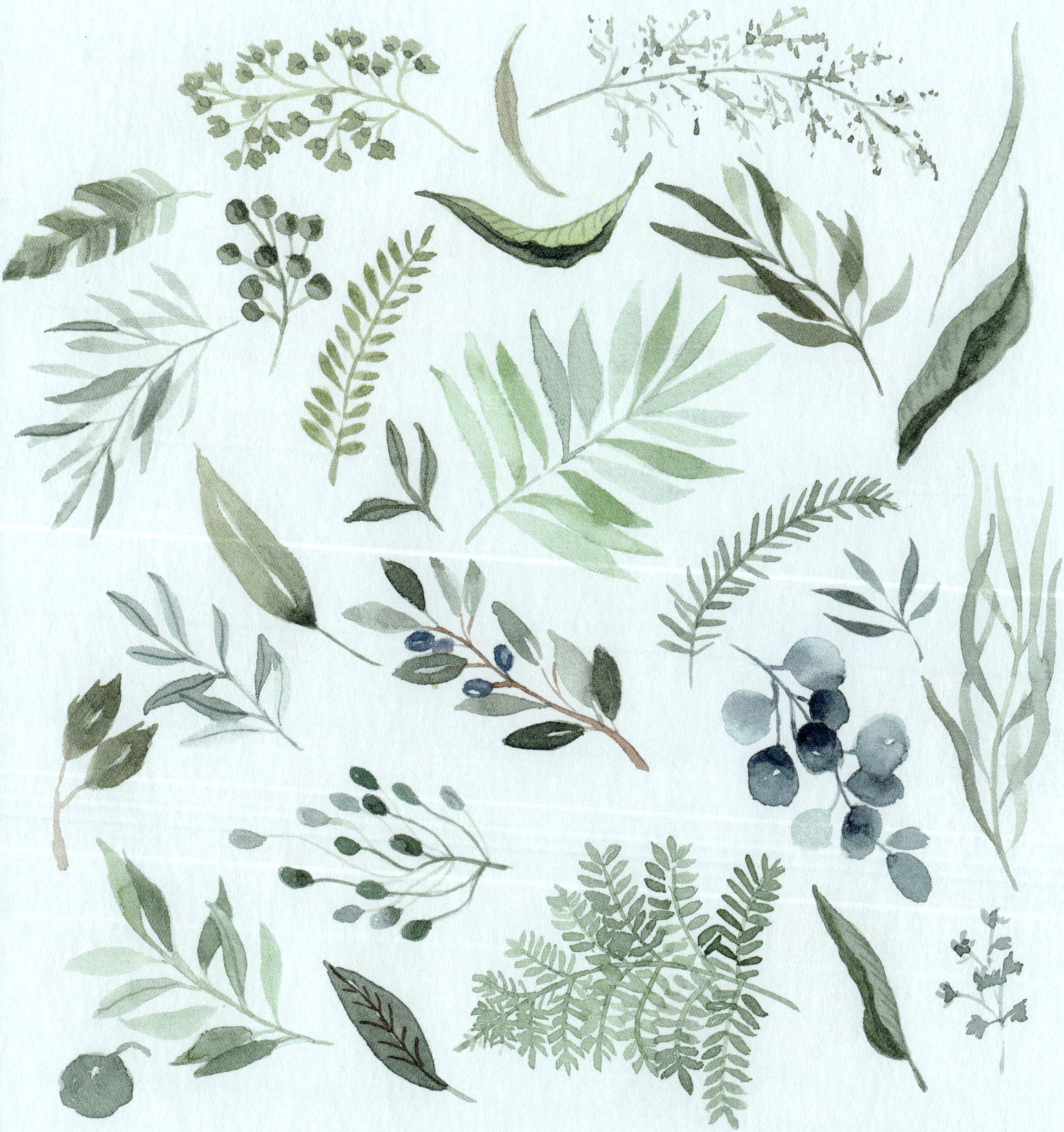

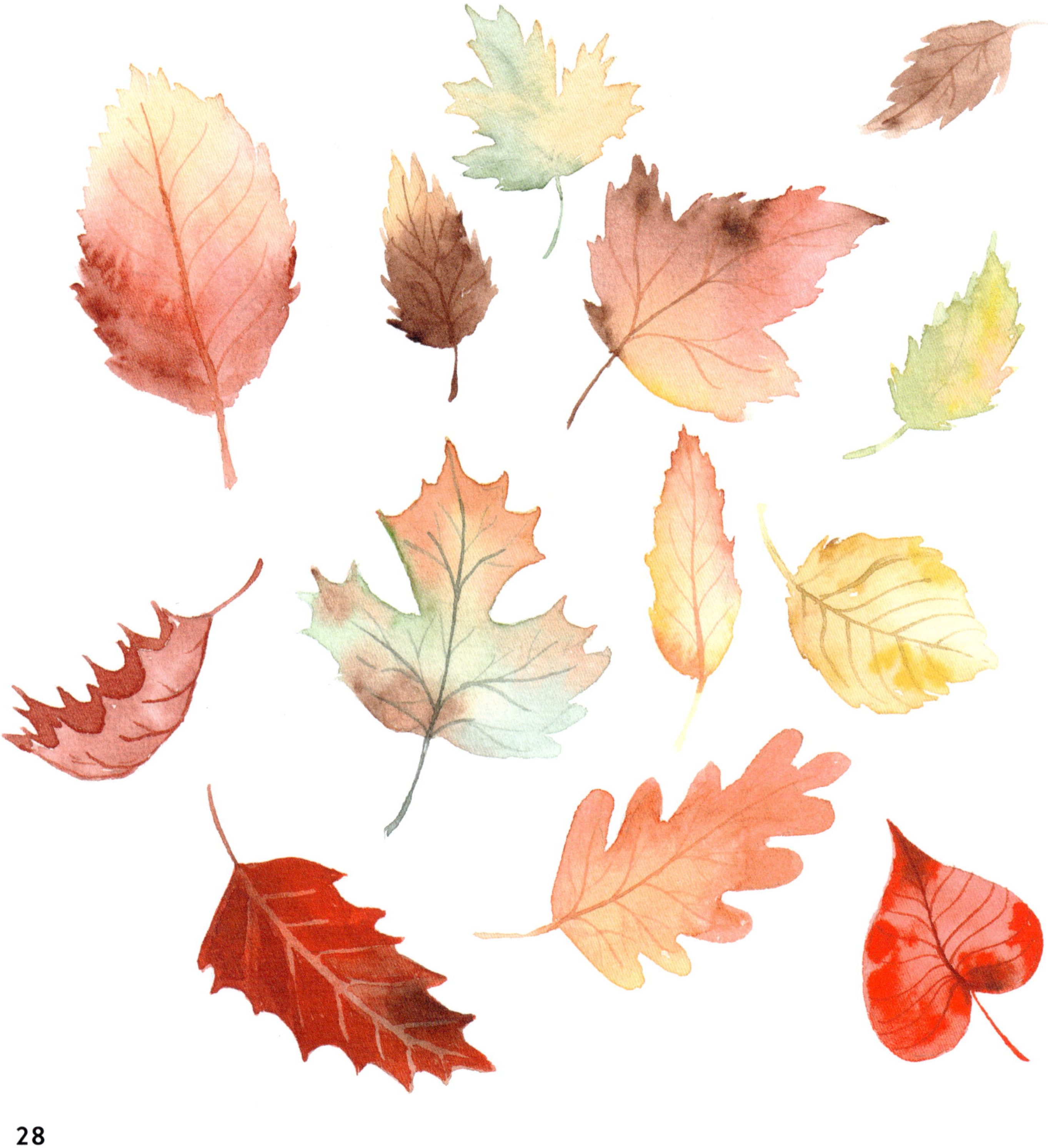

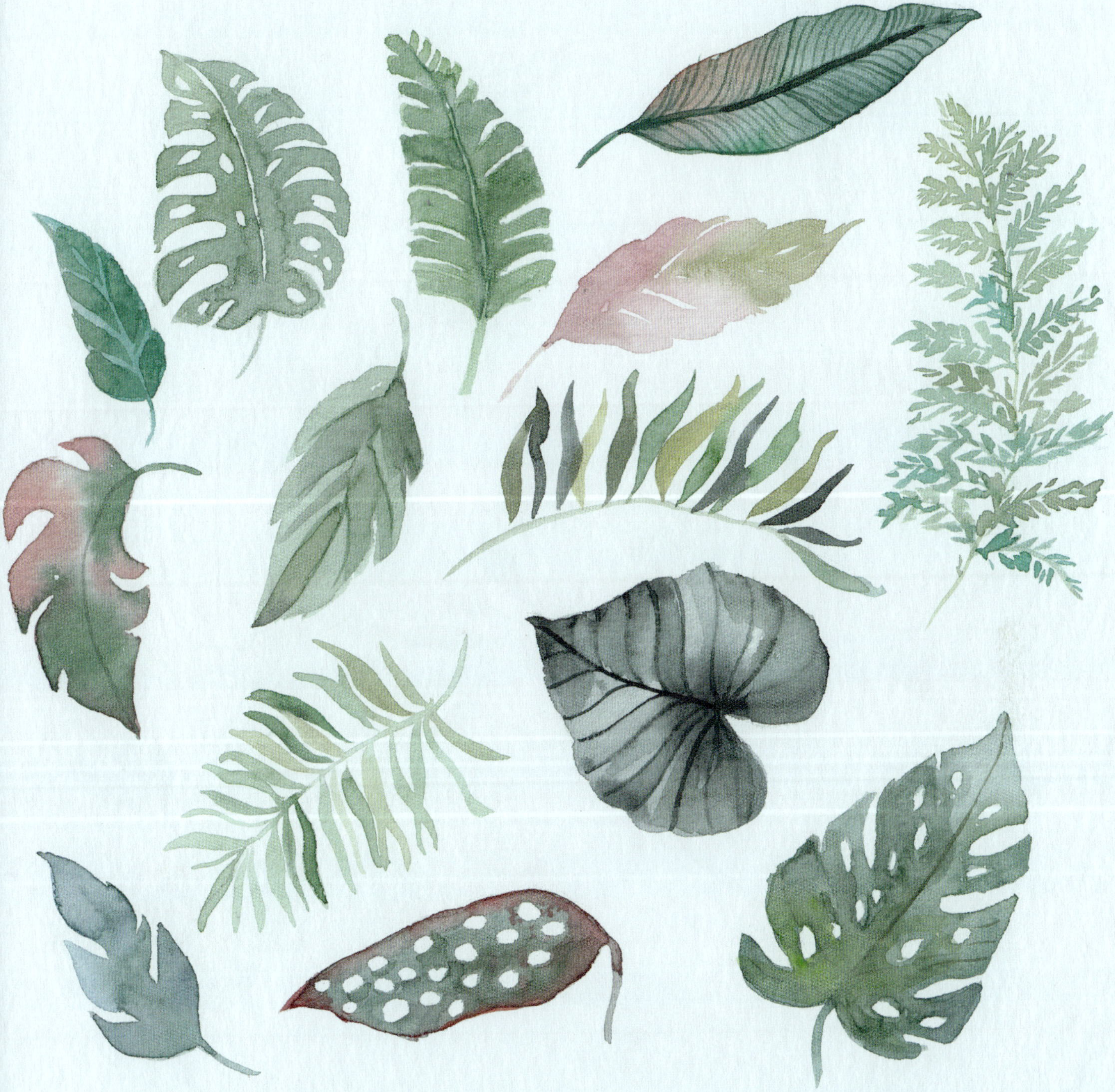

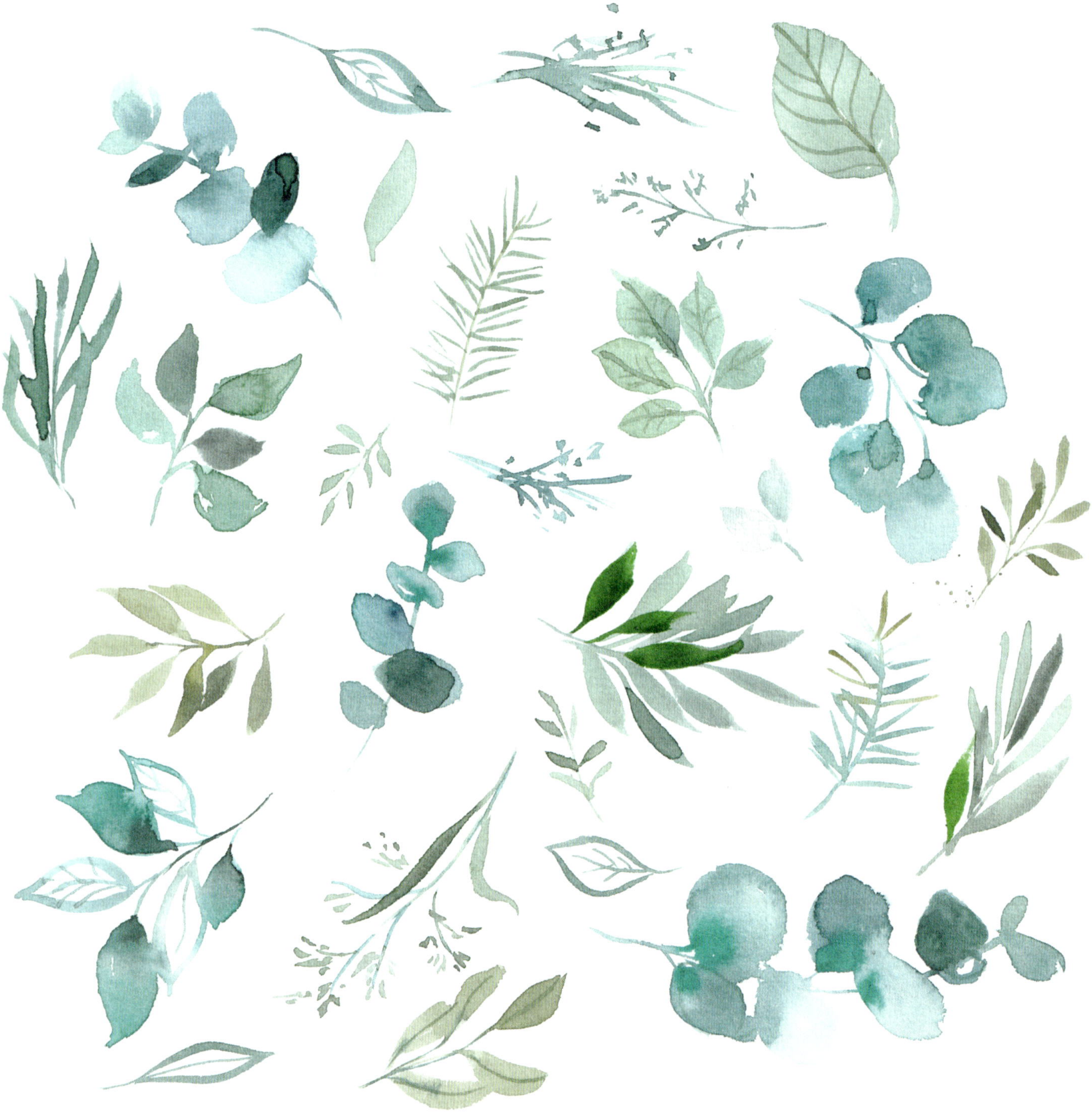

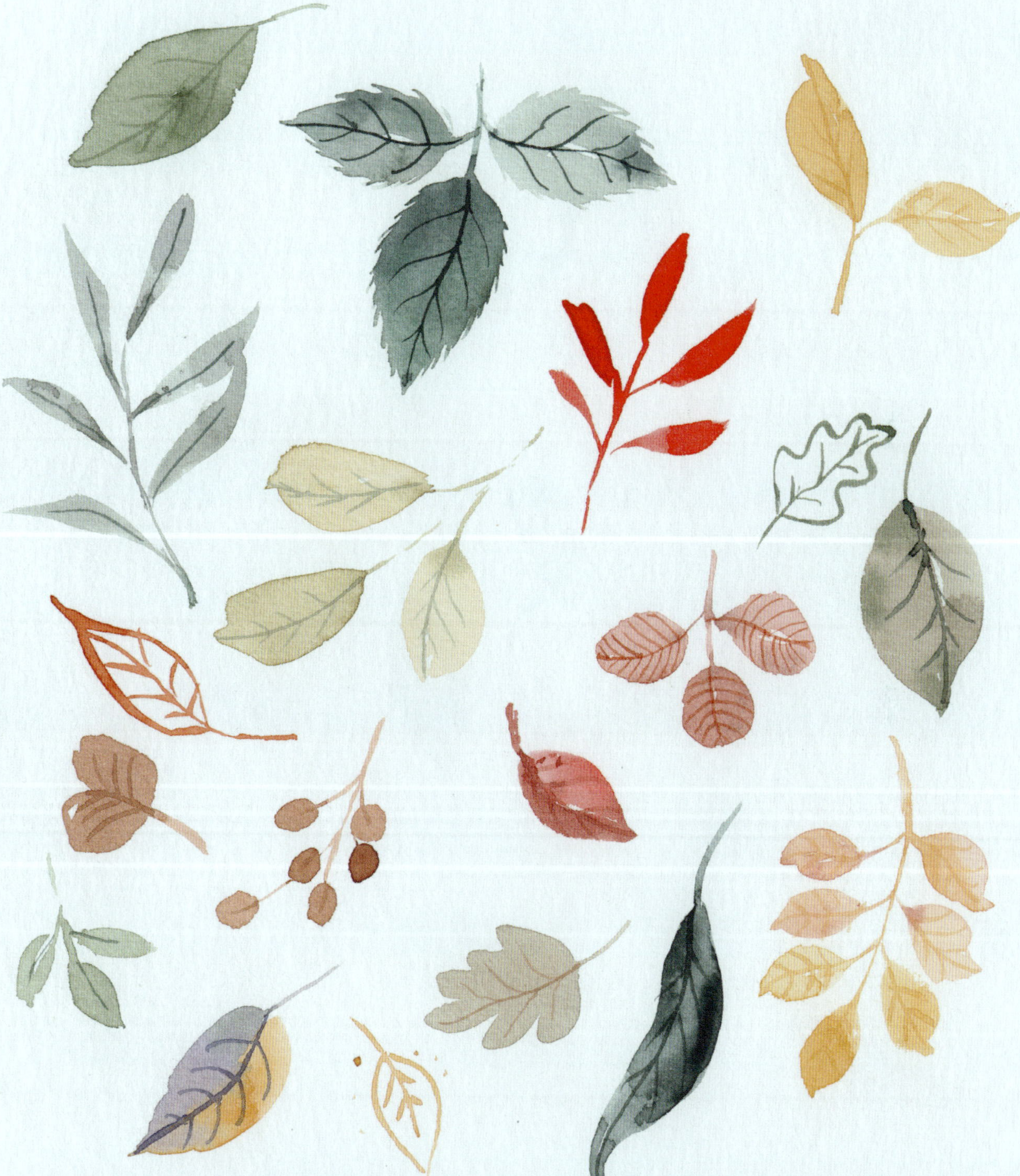

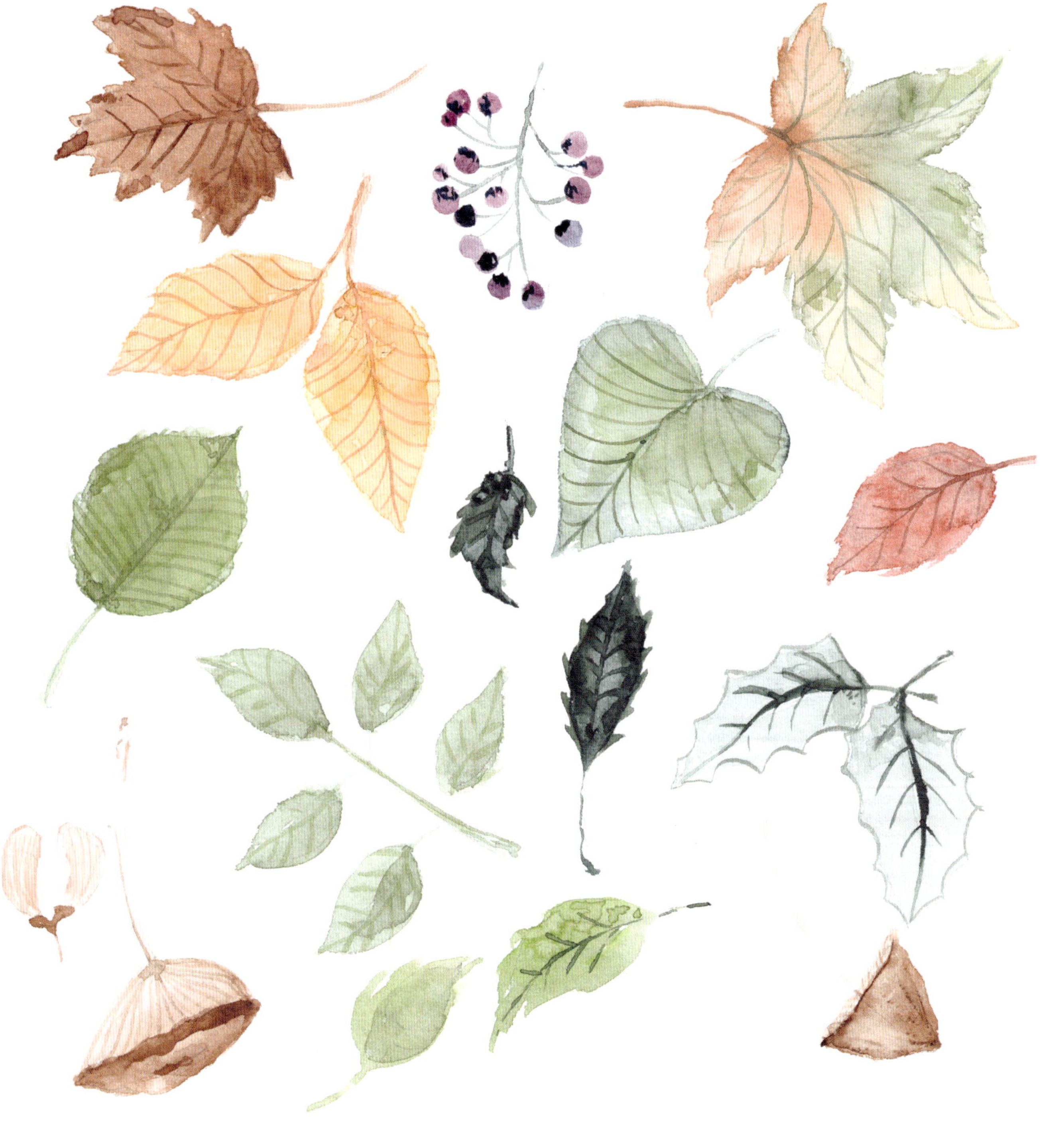

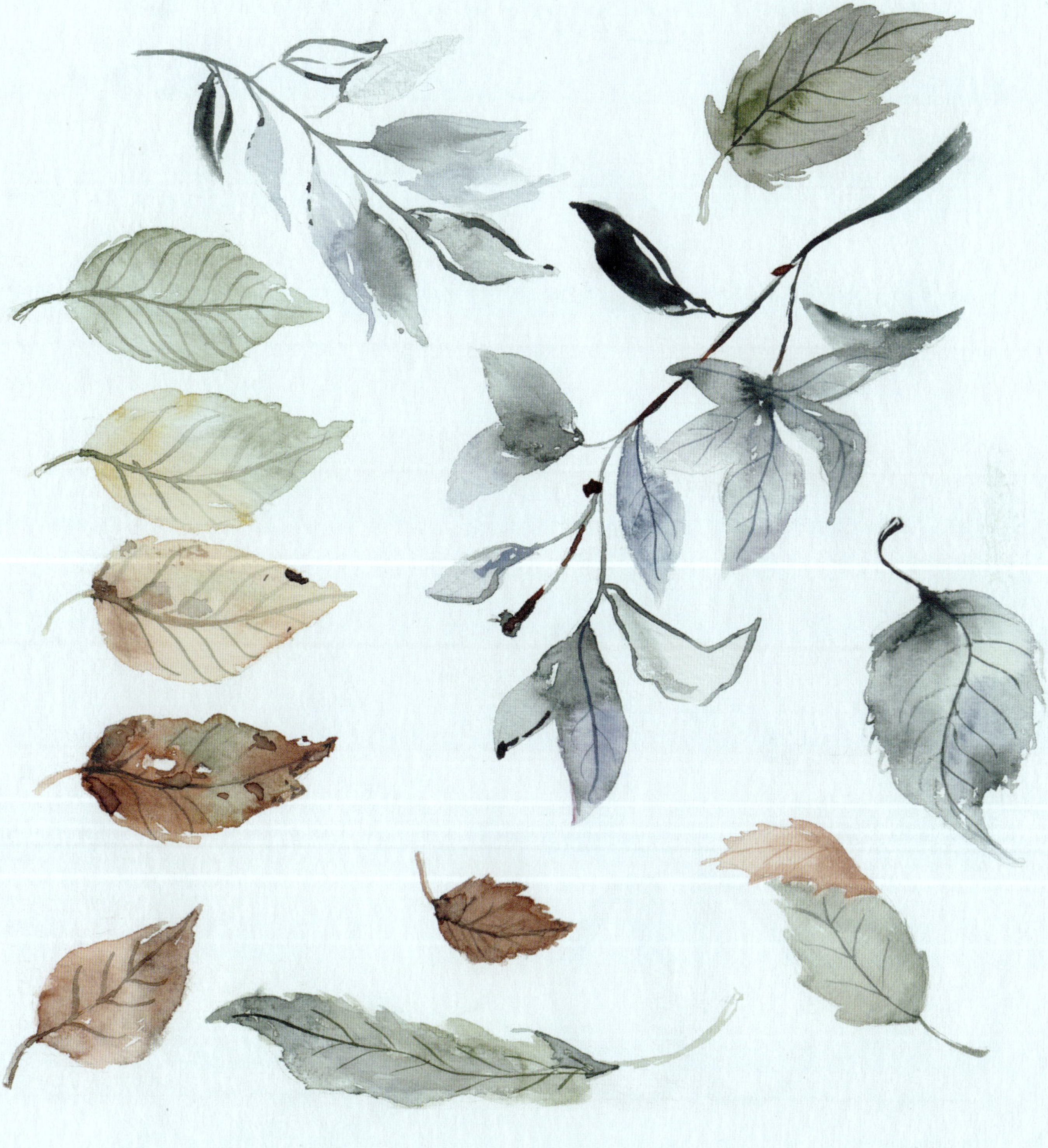

Zweige

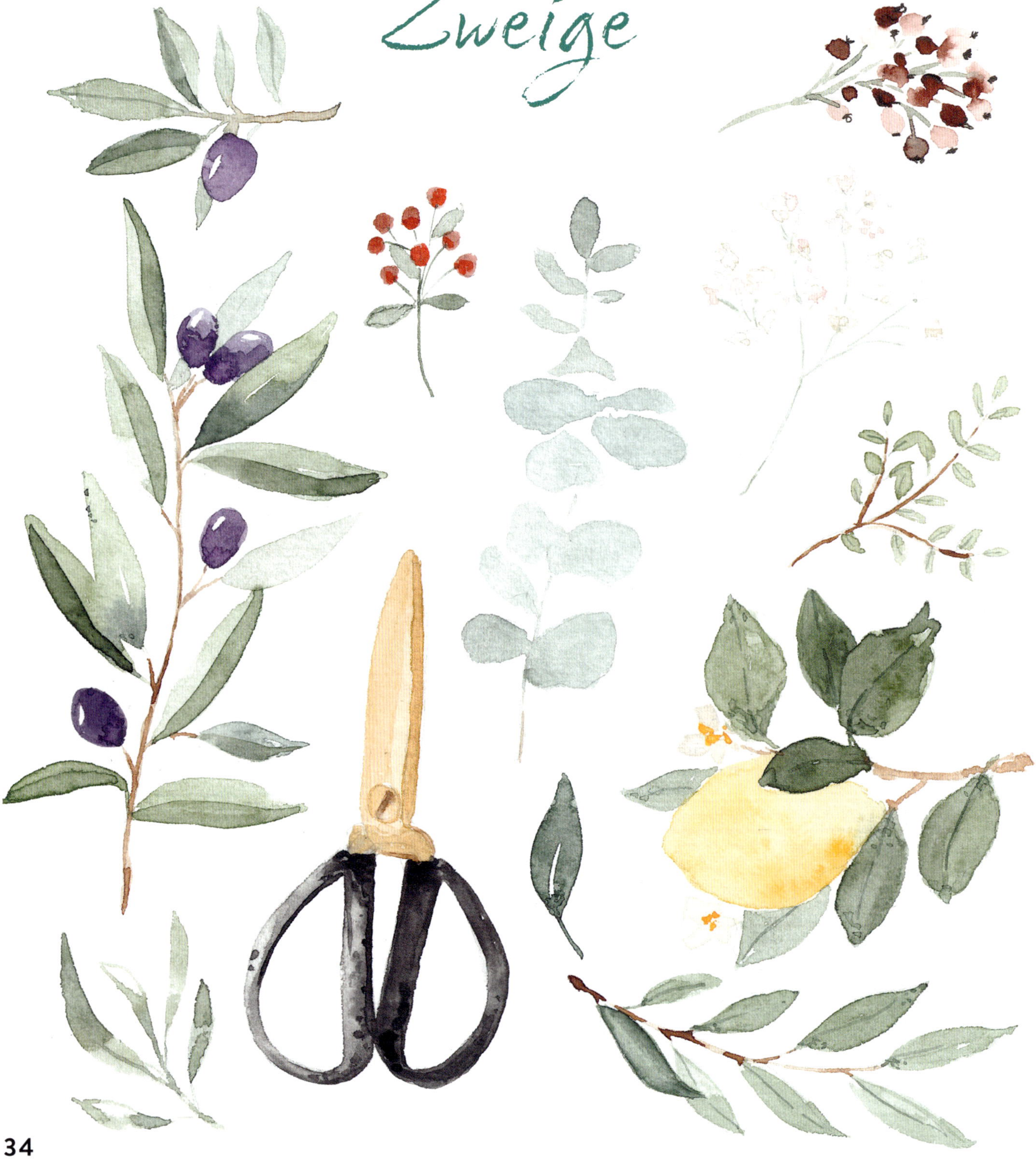

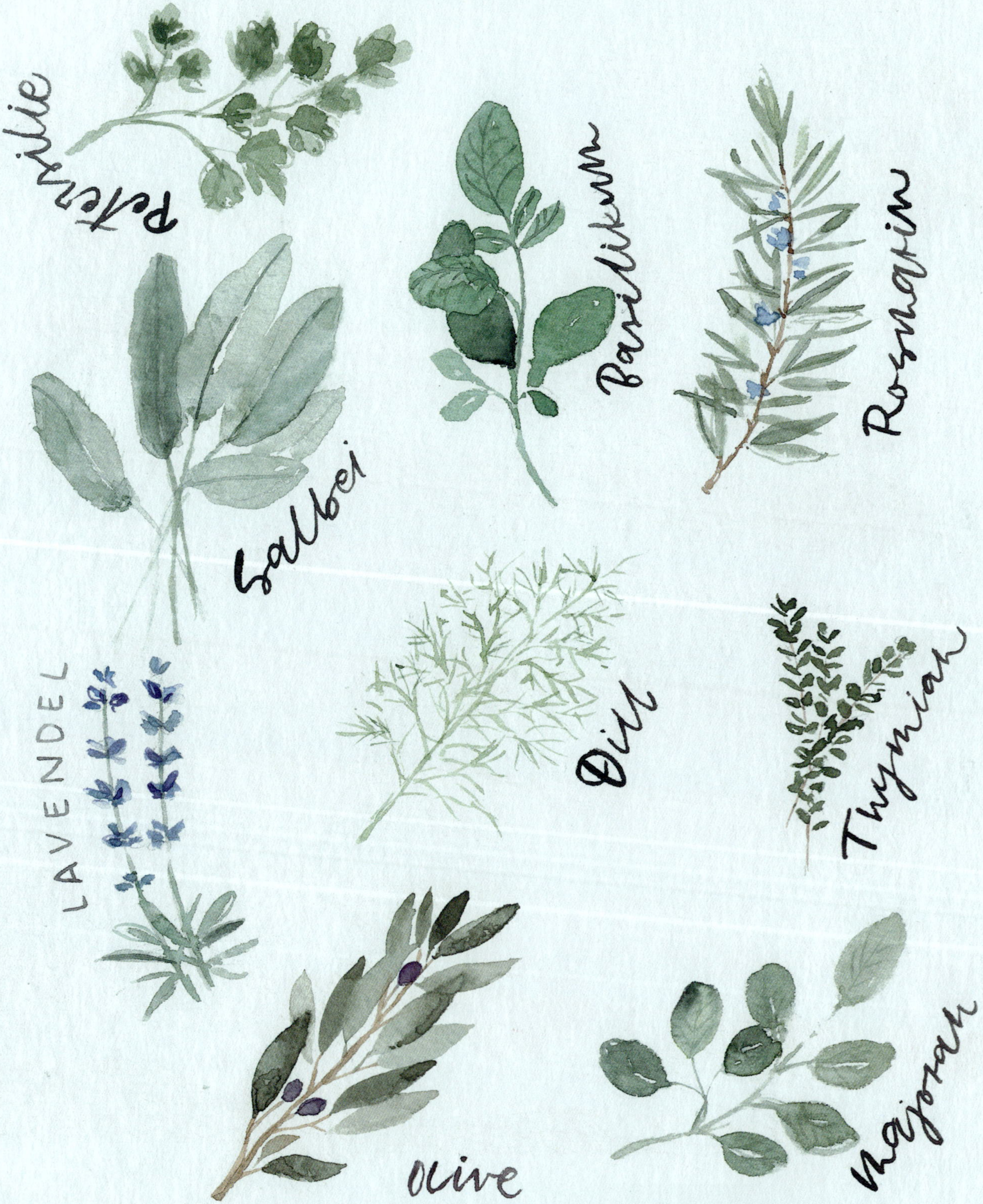
Petersilie
Basilikum
Rosmarin
Salbei
LAVENDEL
Dill
Thymian
olive
Majoran

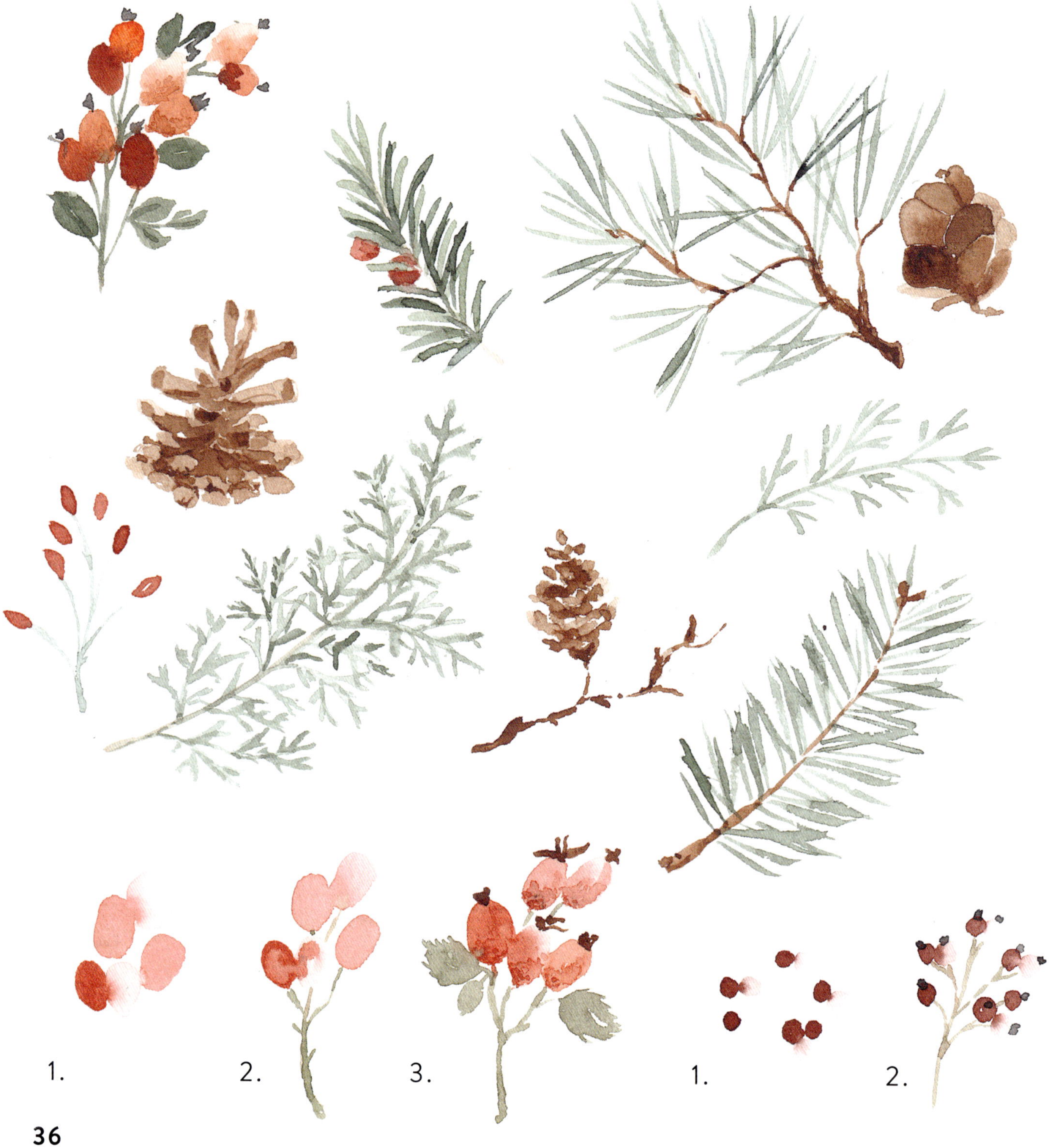
1.
2.
3.
1.
2.

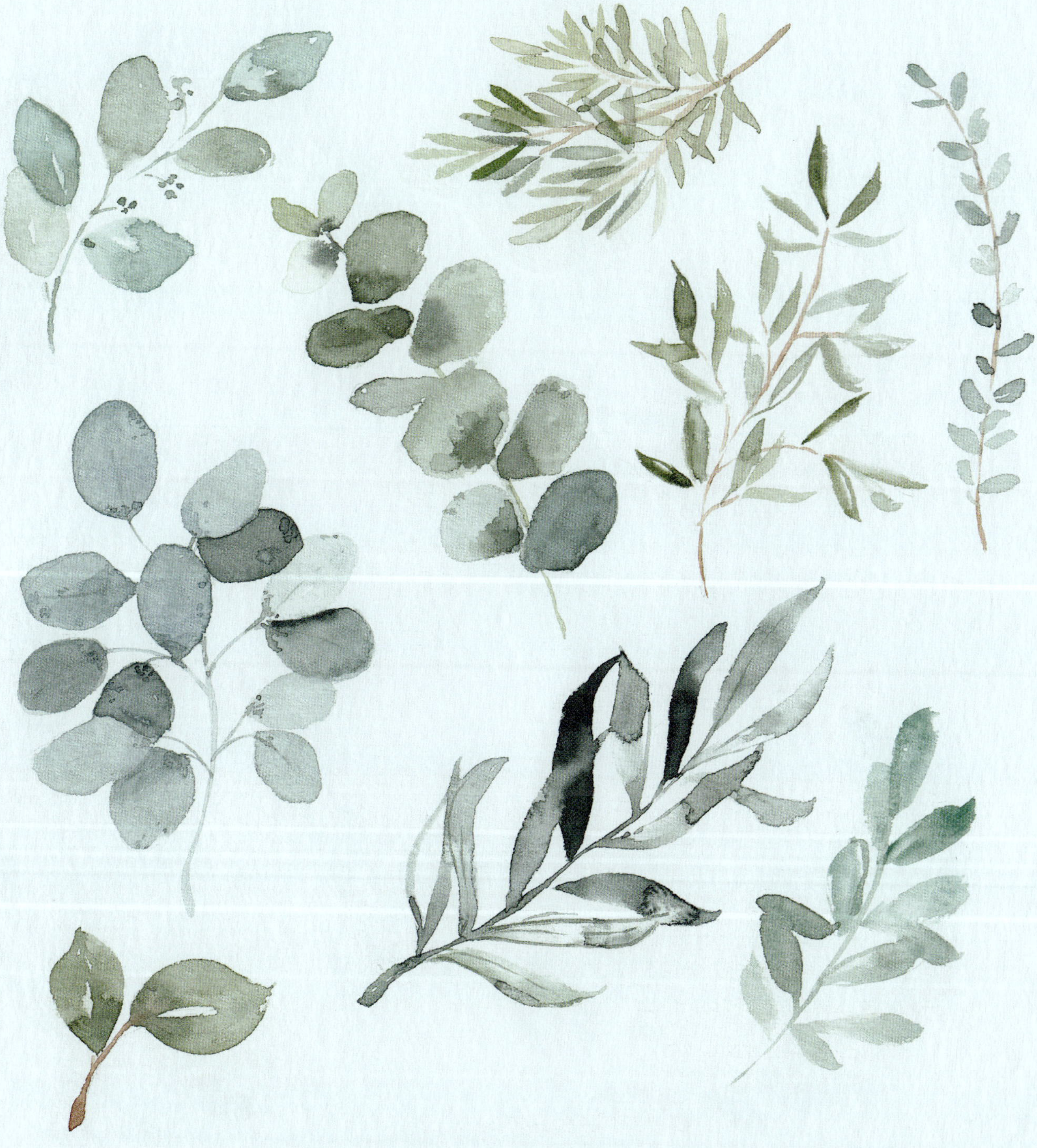

Kränze

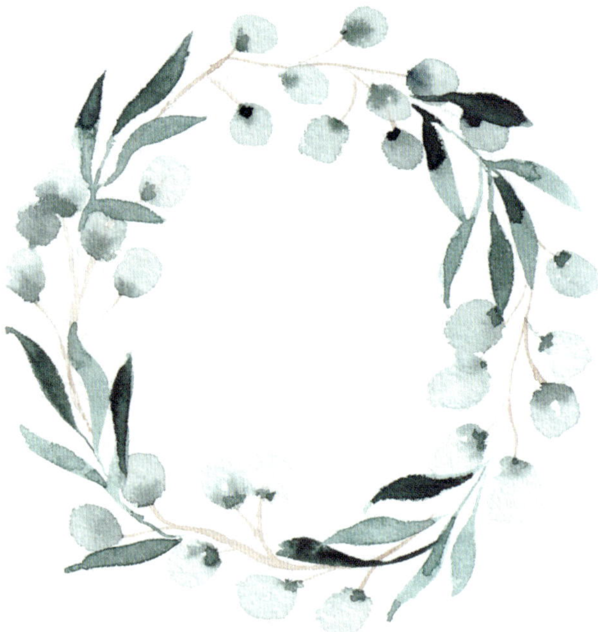

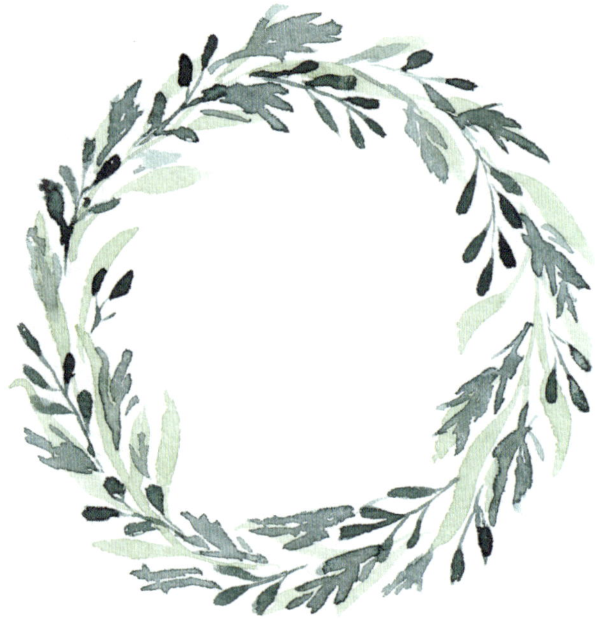

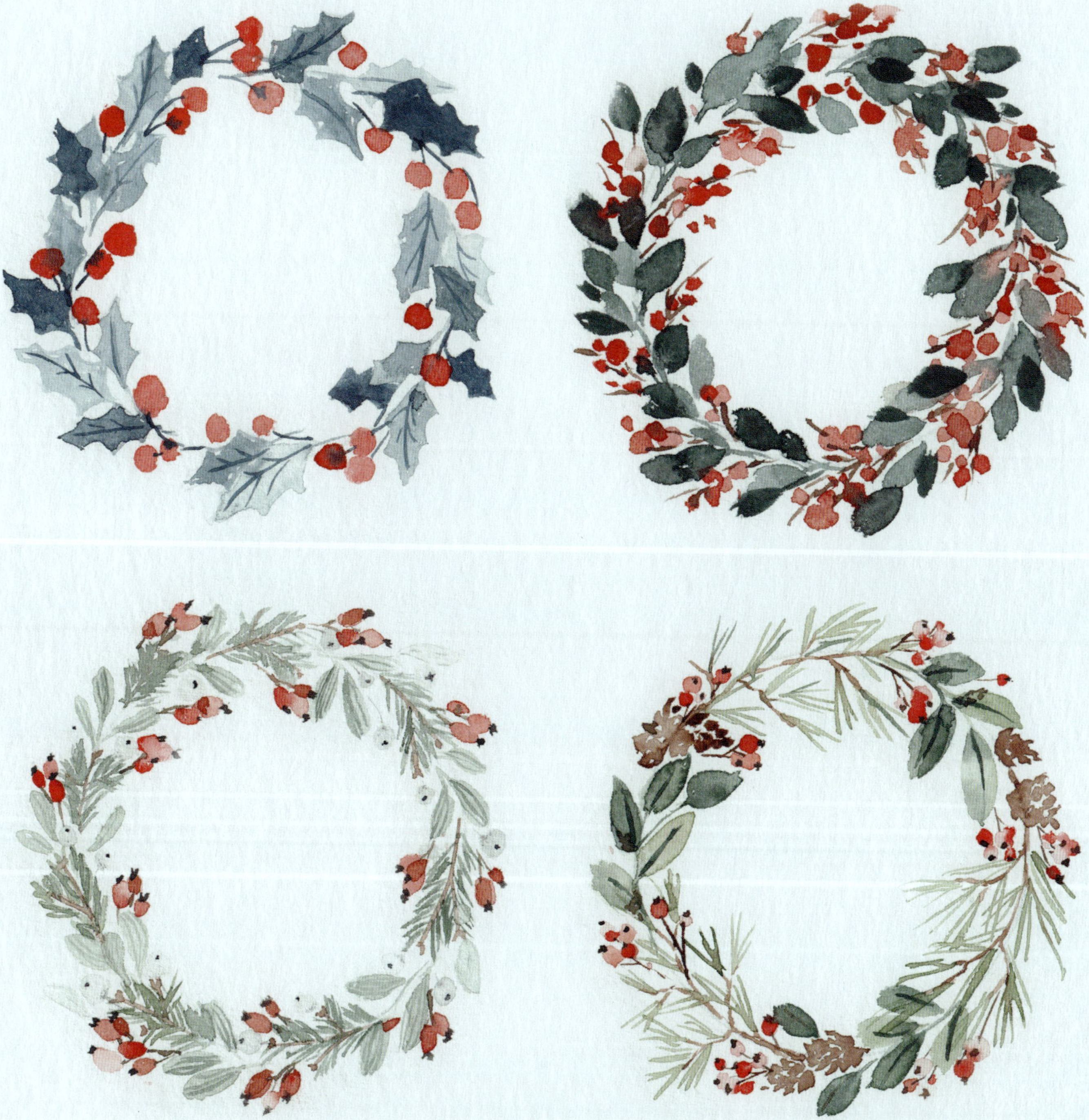

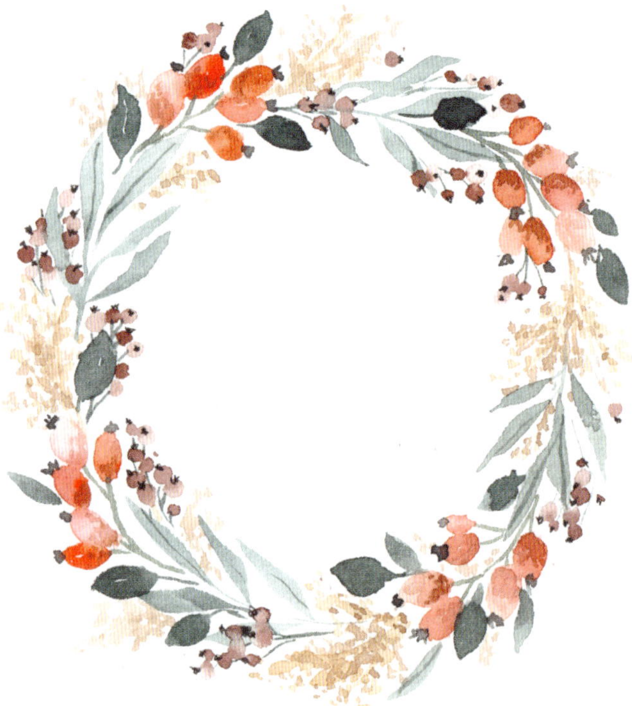
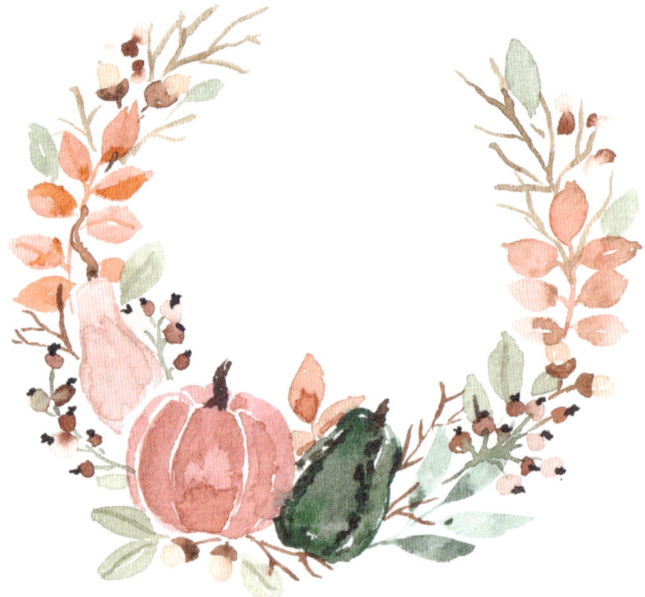
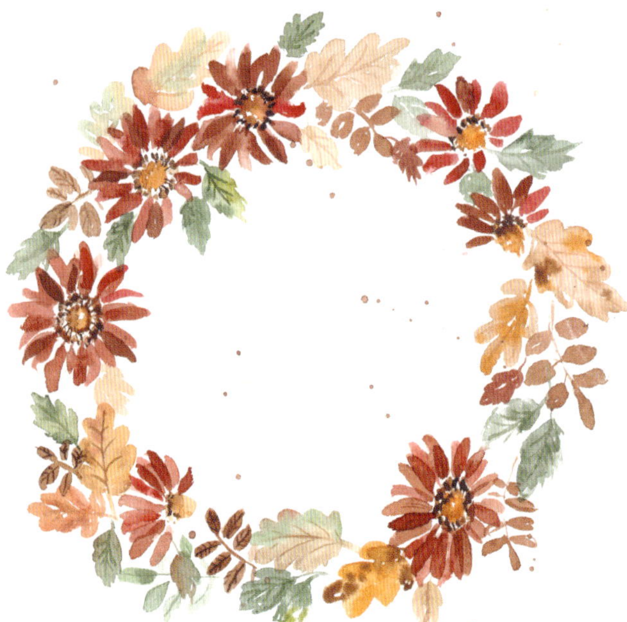
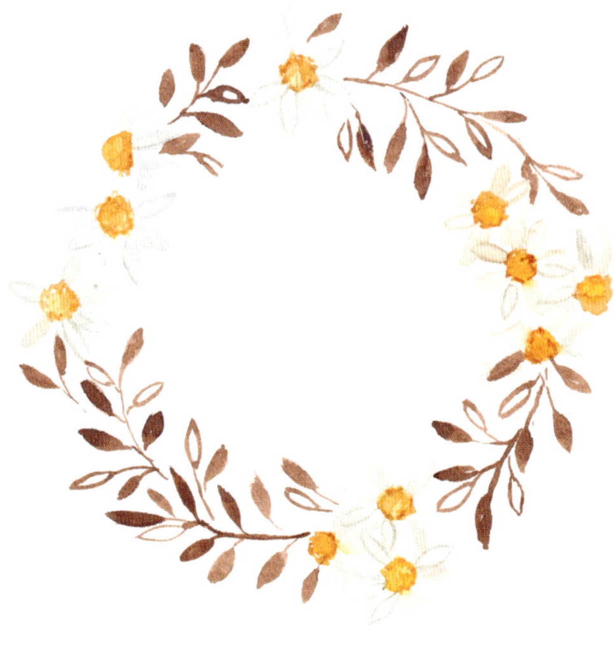

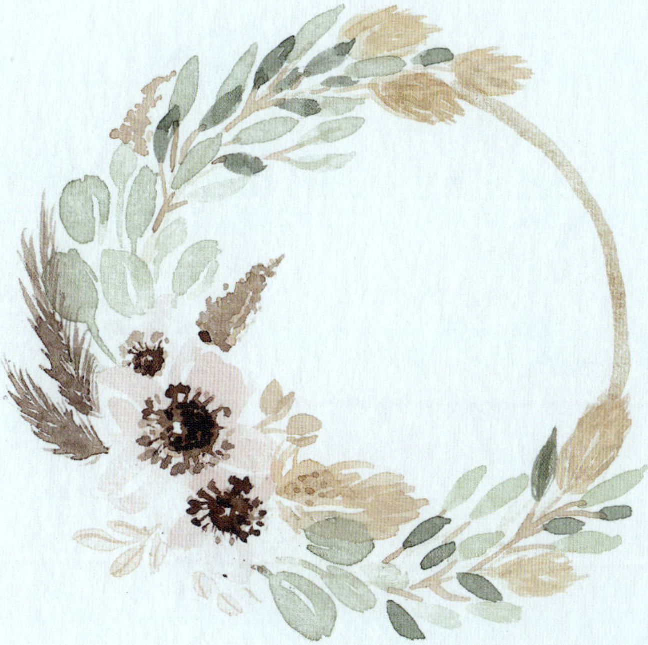

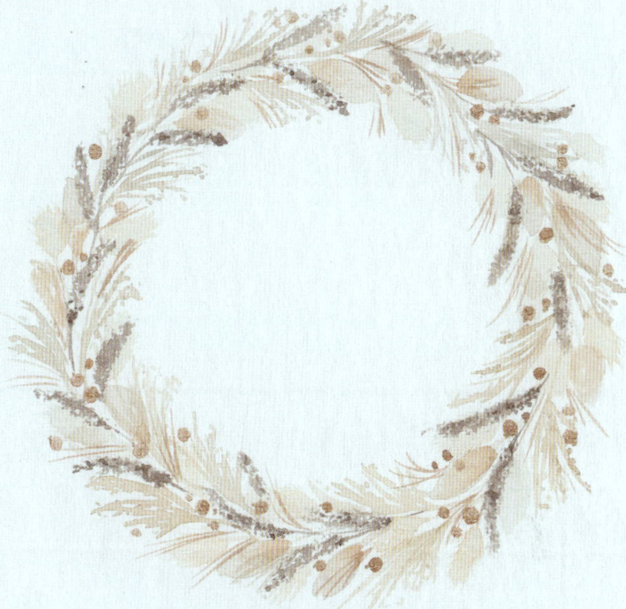

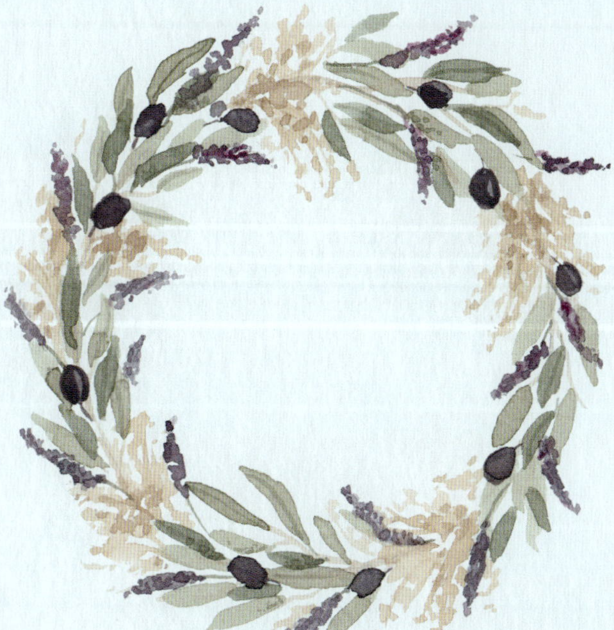

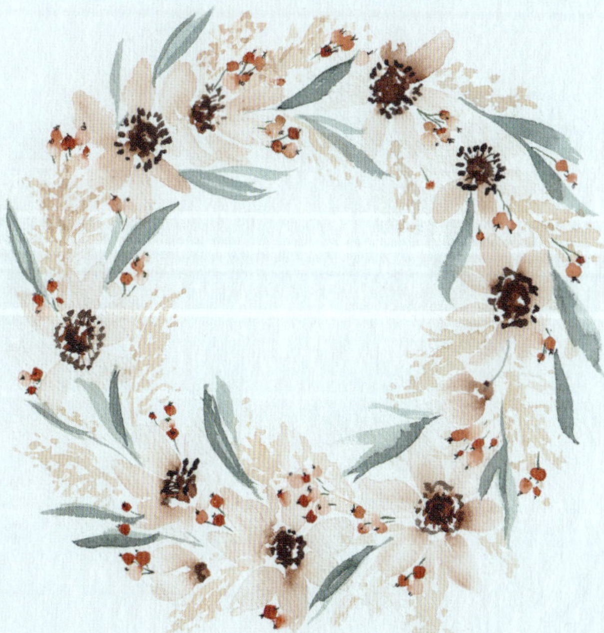

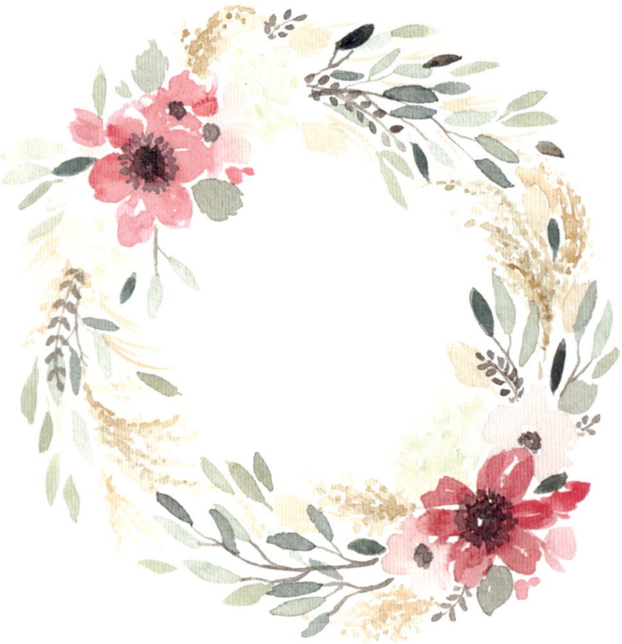

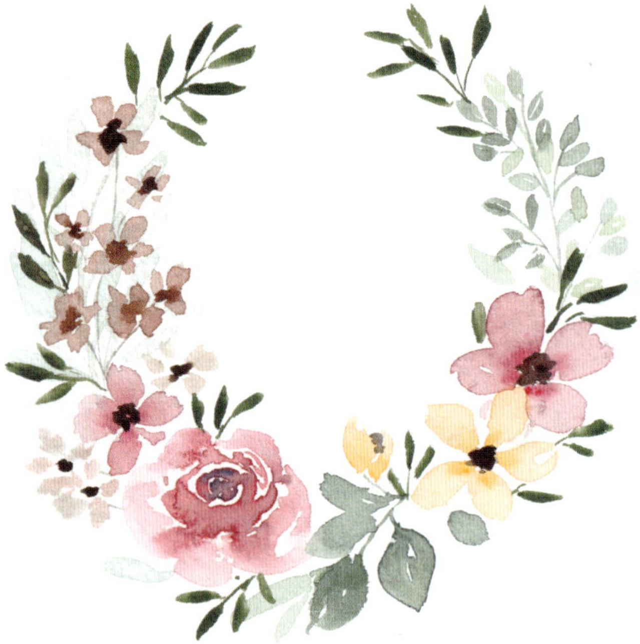

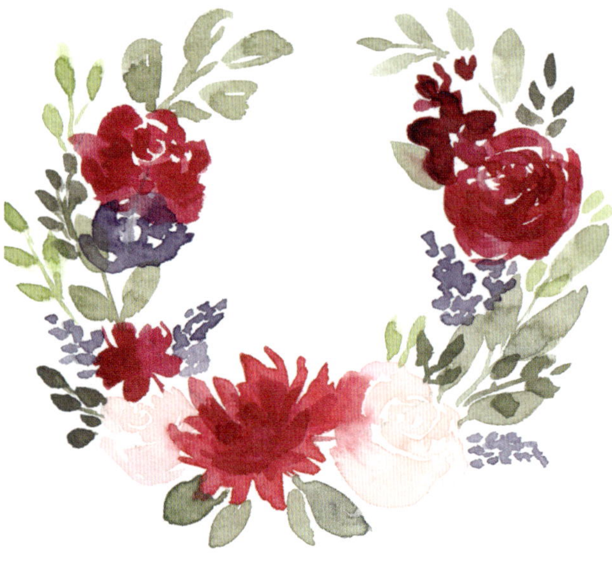

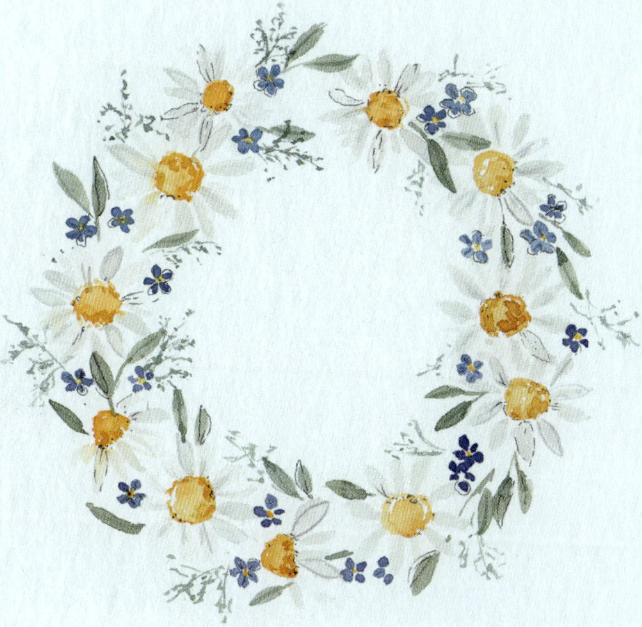
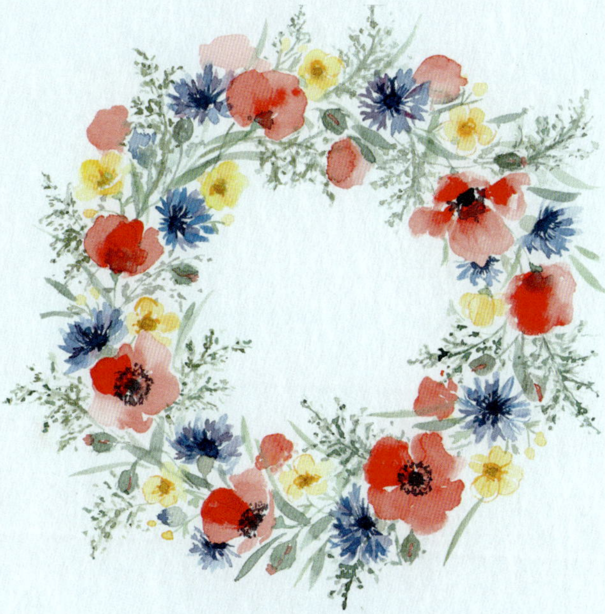
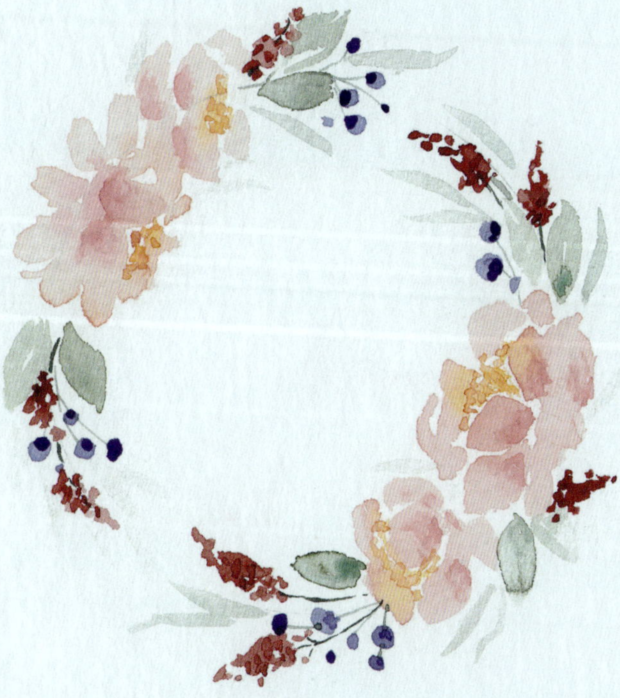
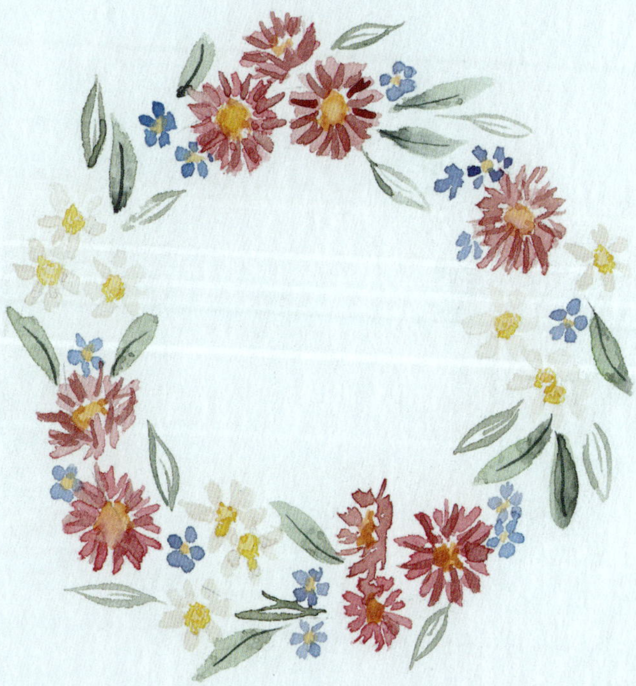

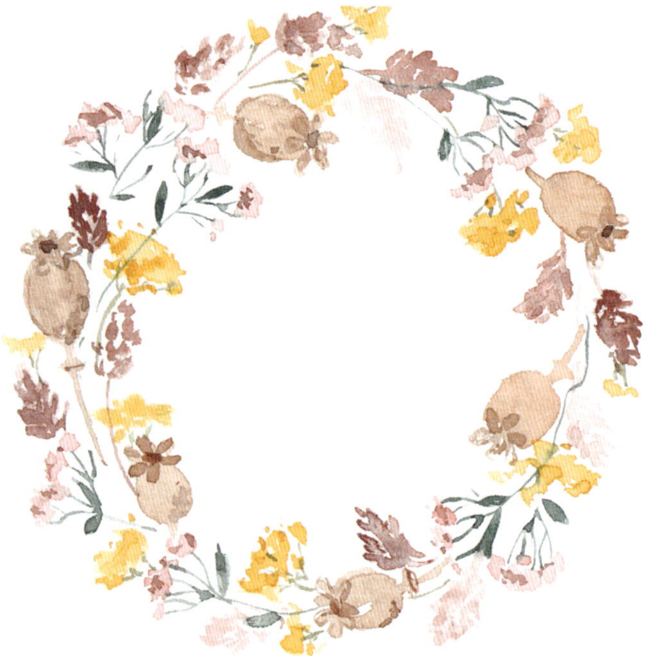
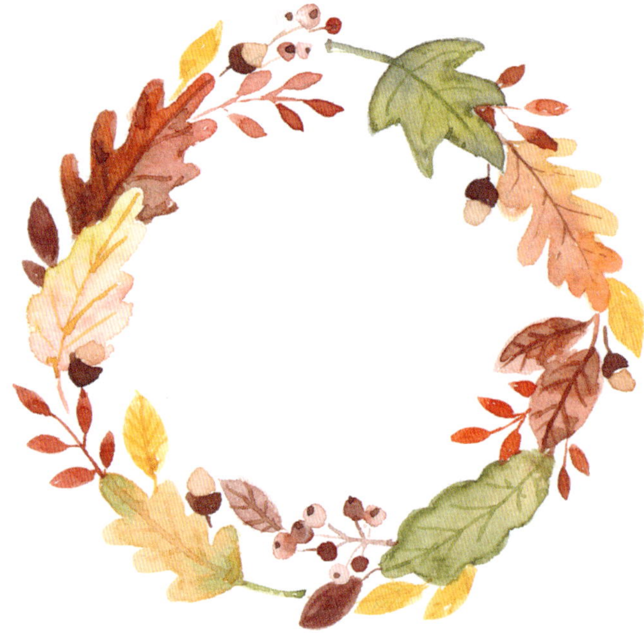
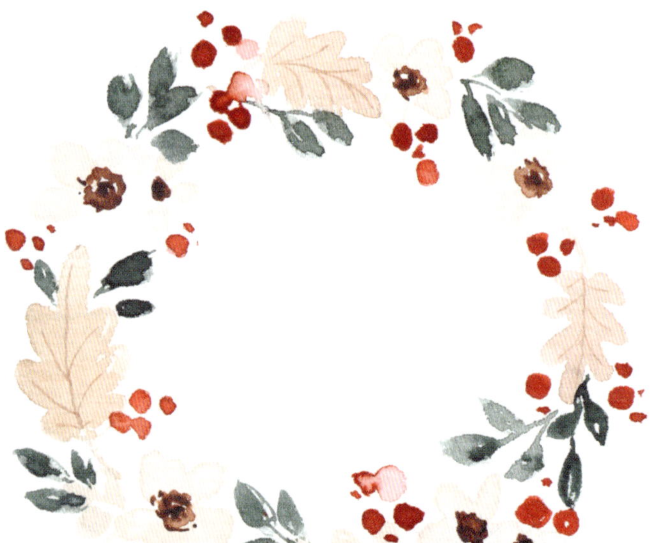

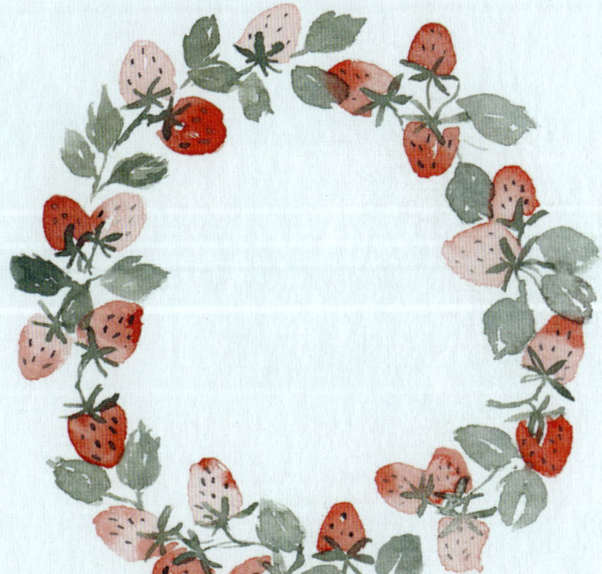

Pflanzen

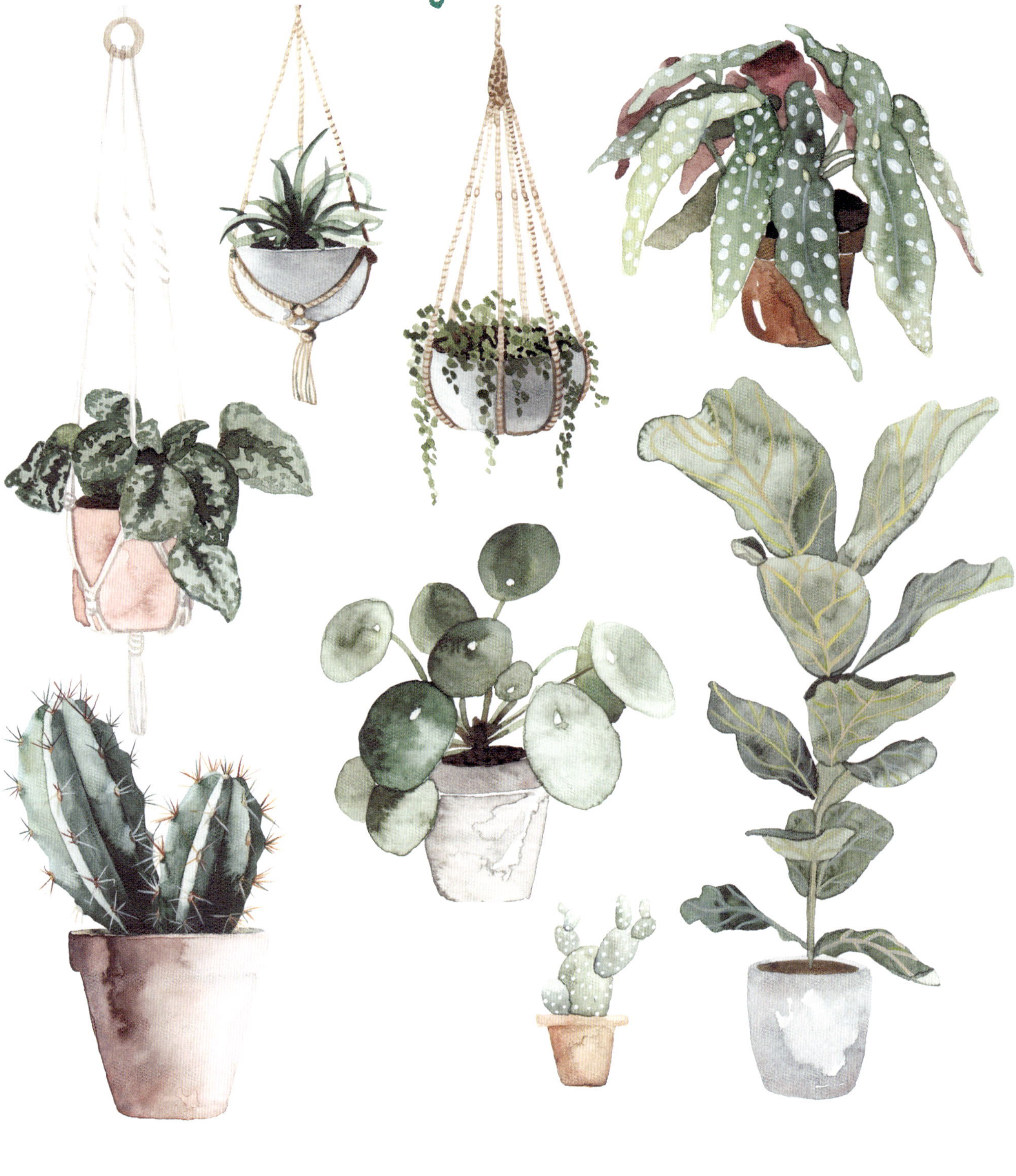

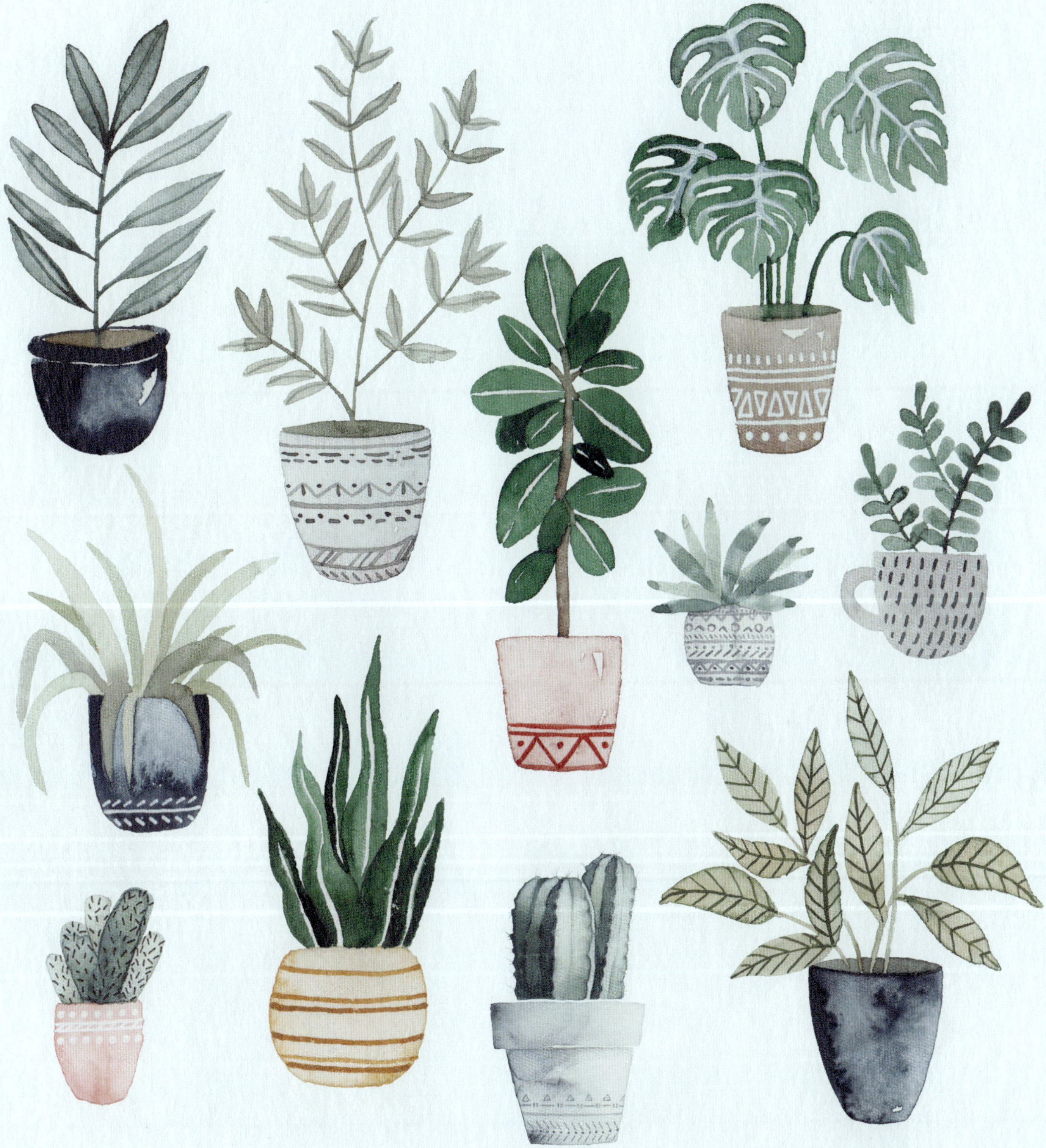

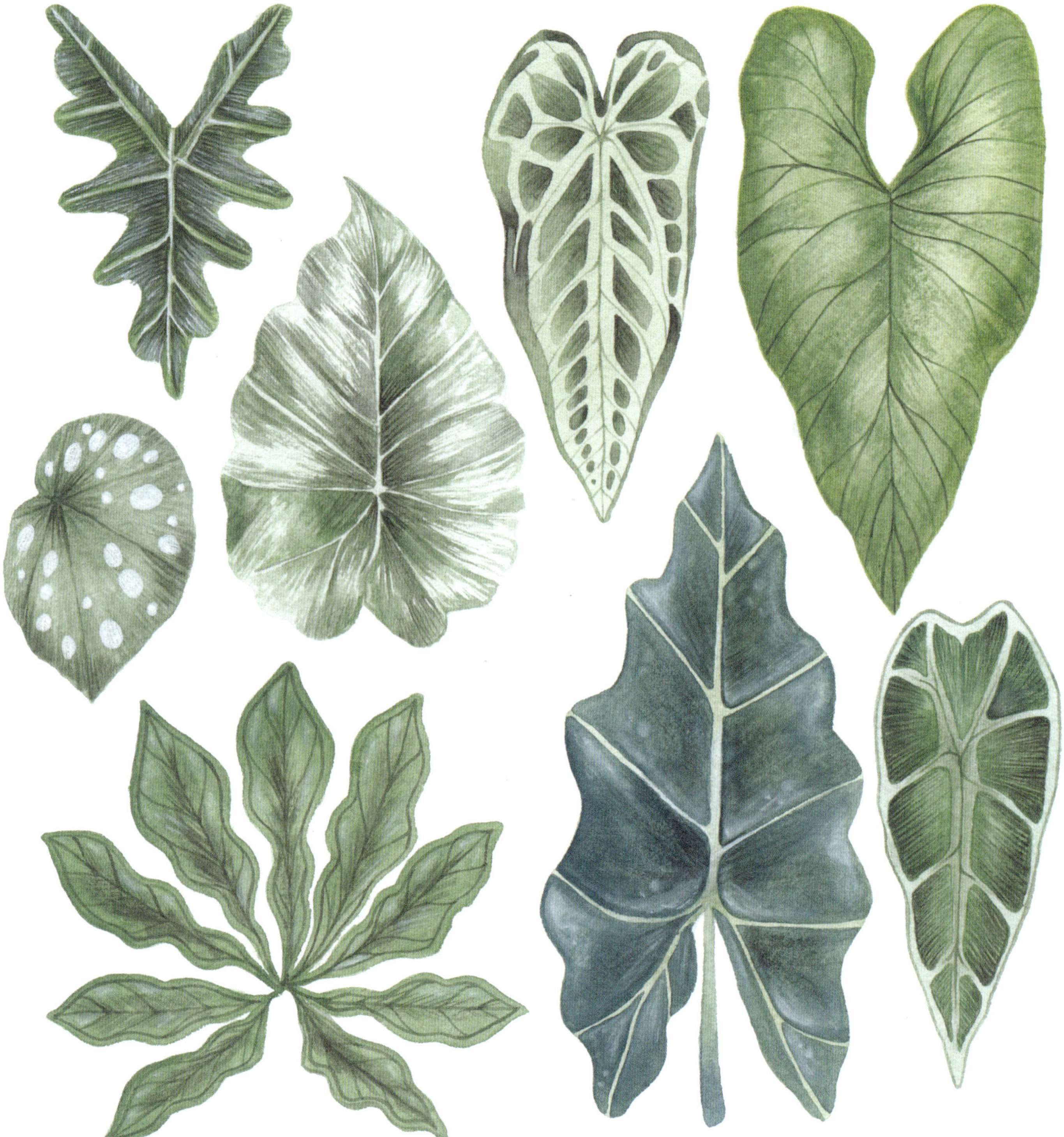

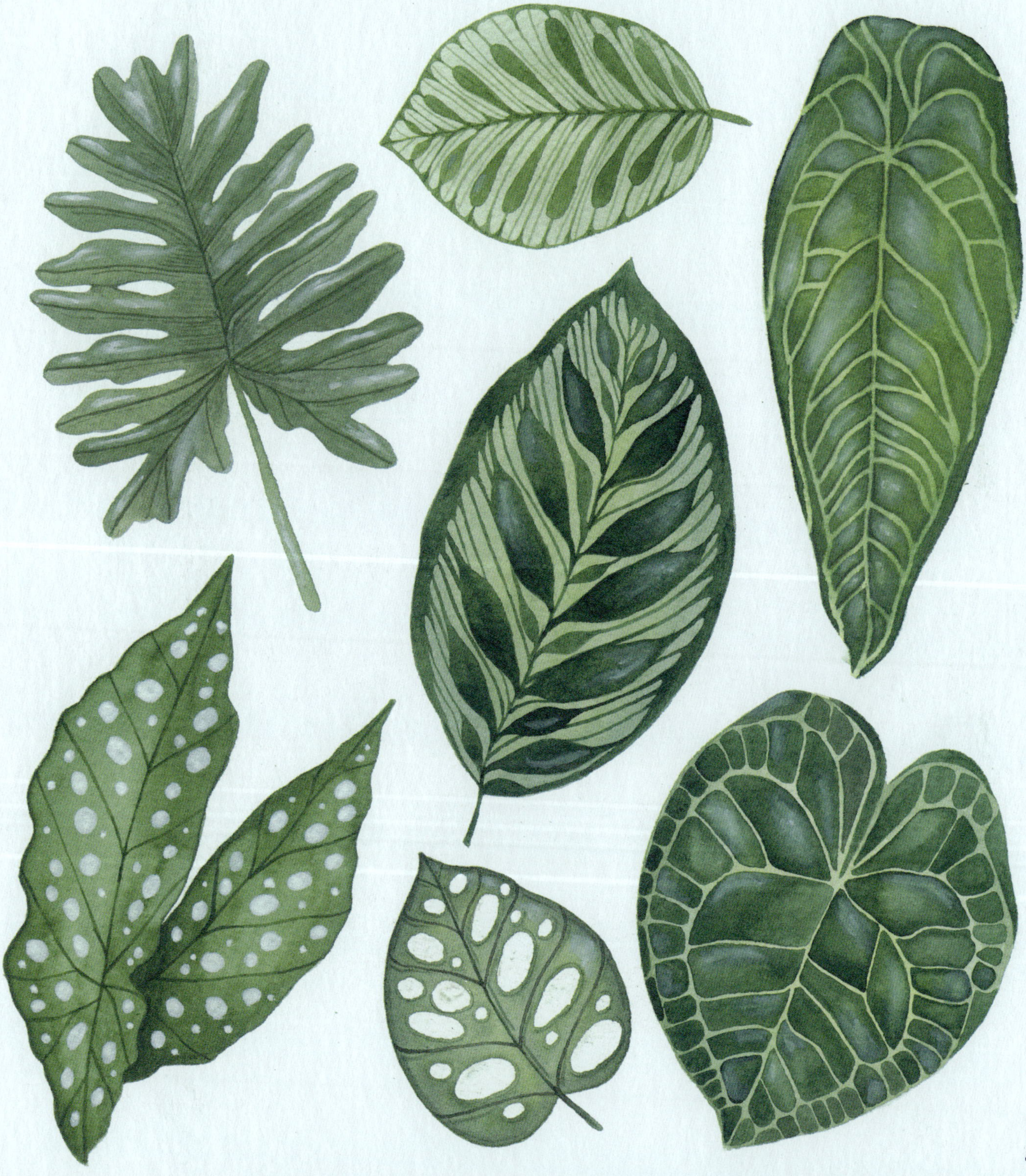

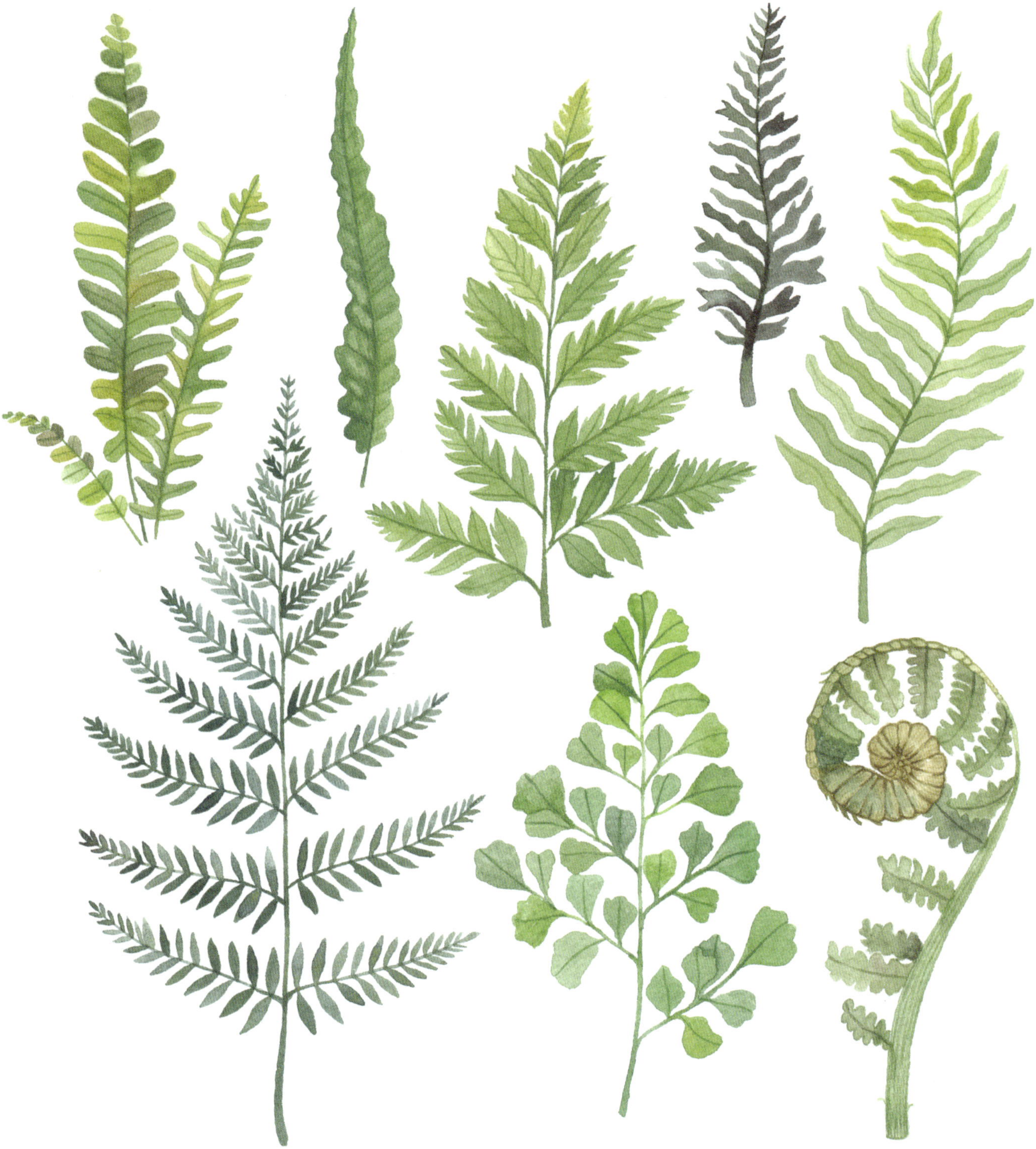

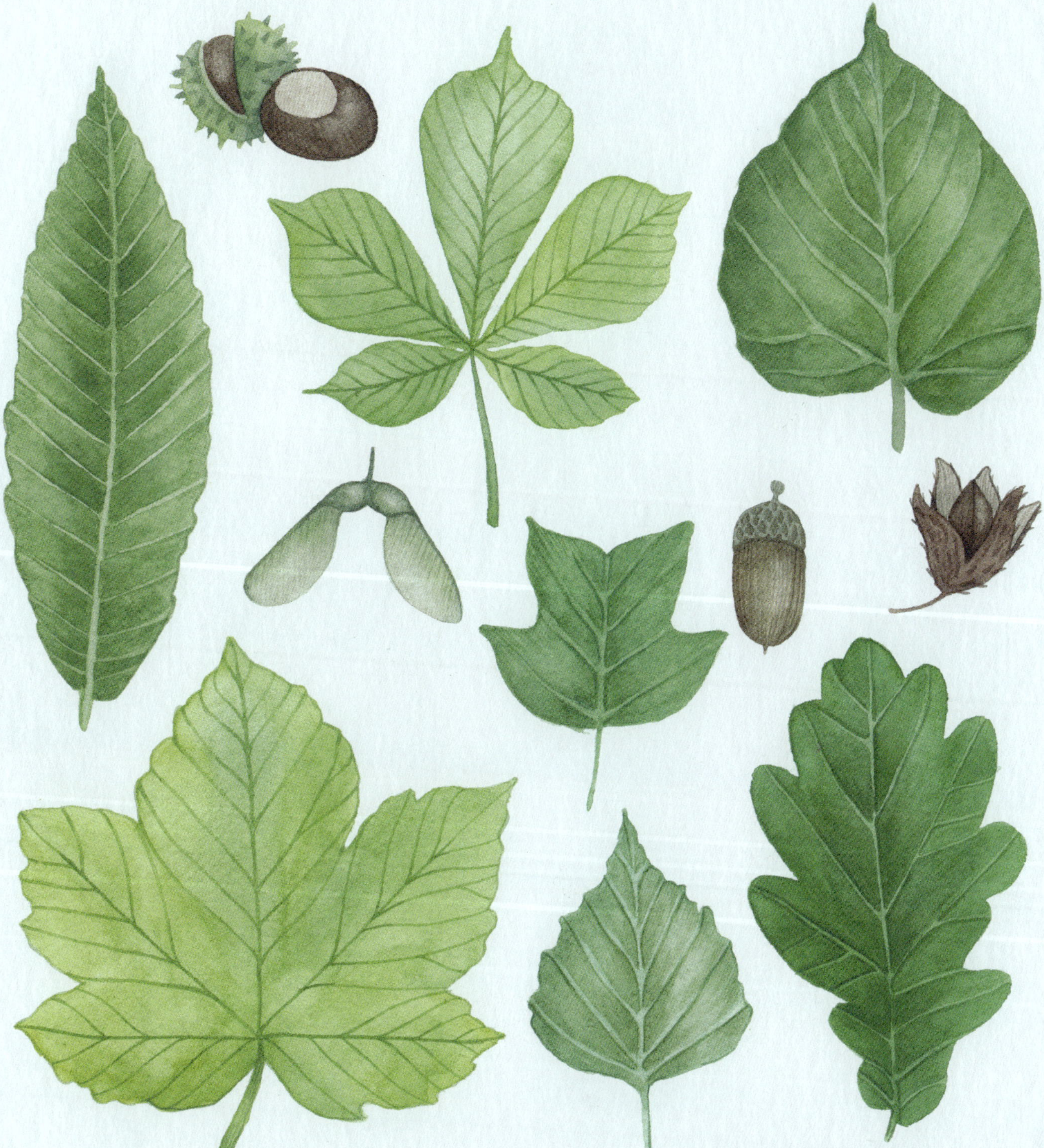

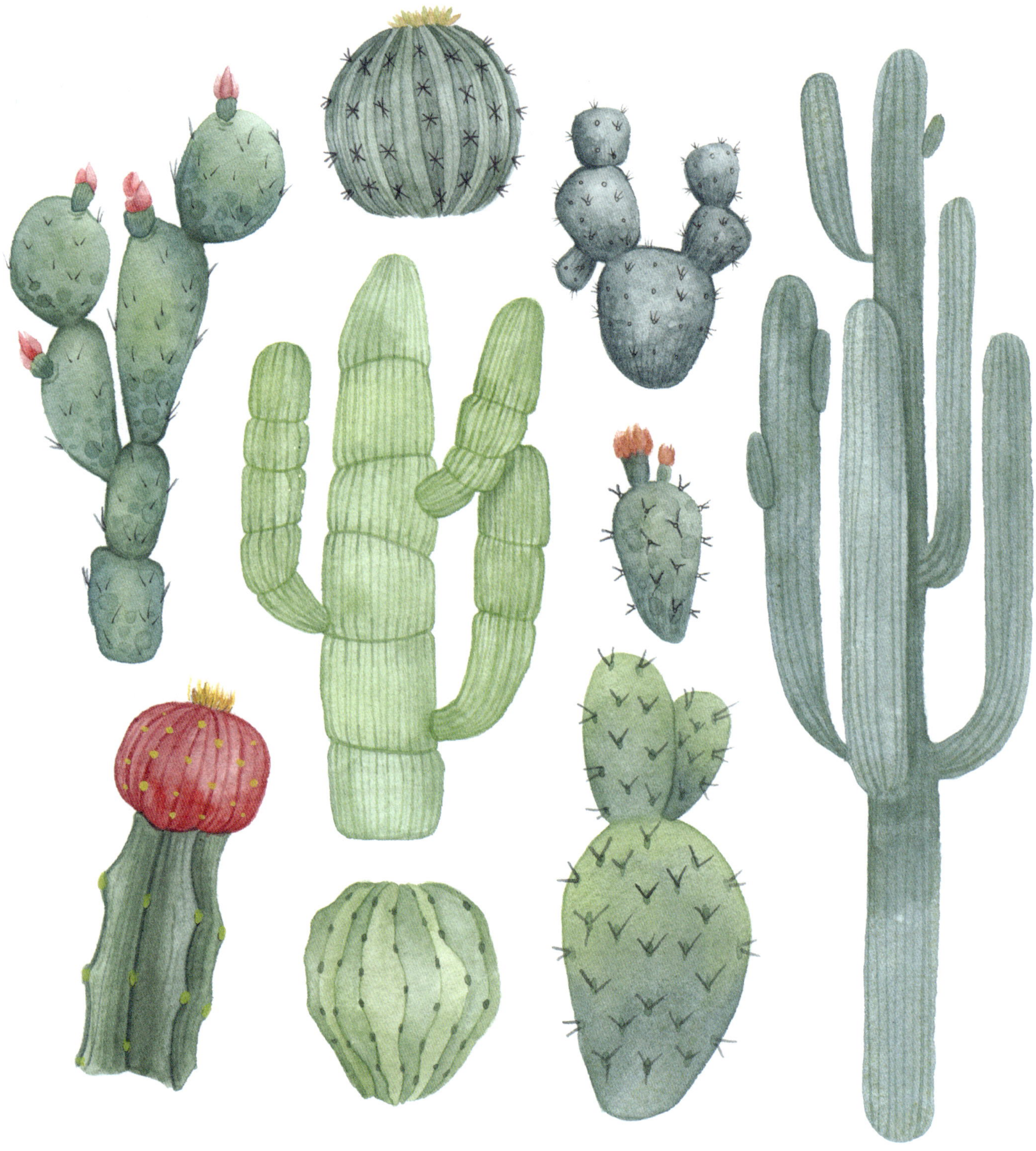

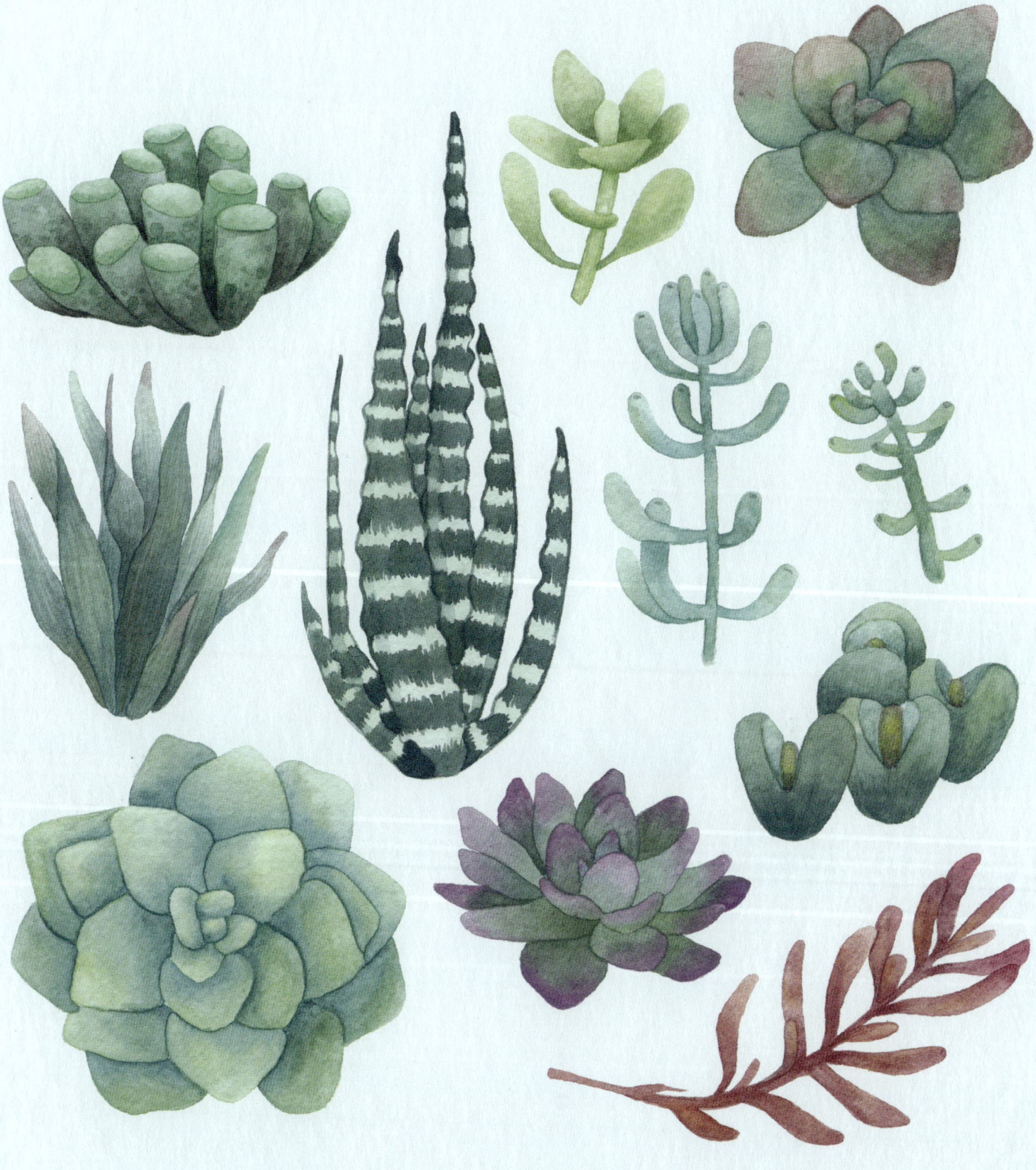

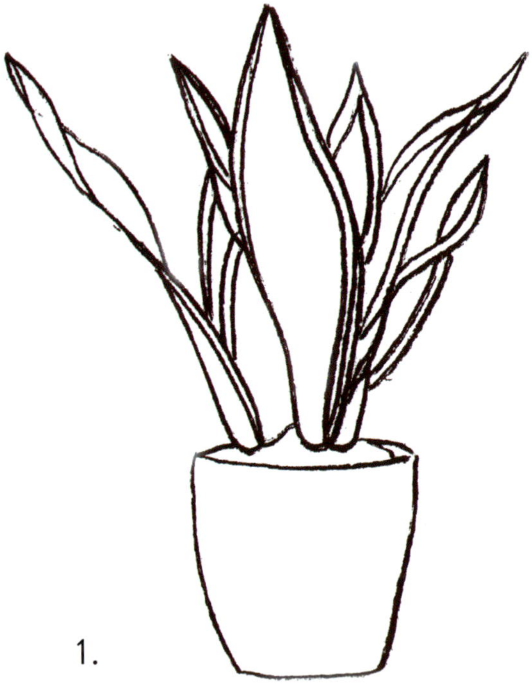

1.

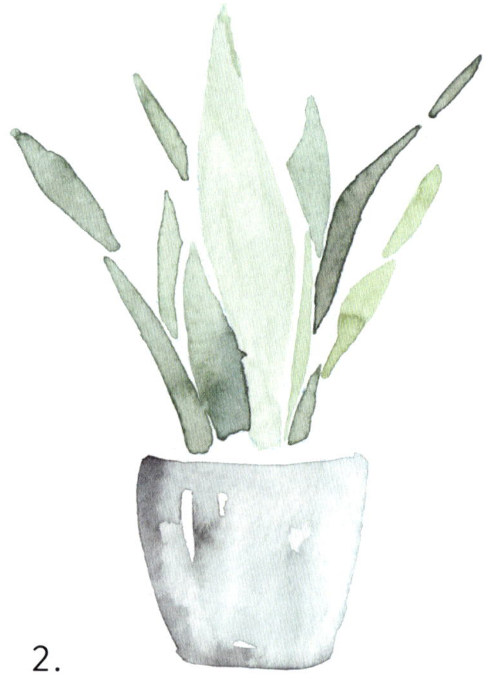

2.

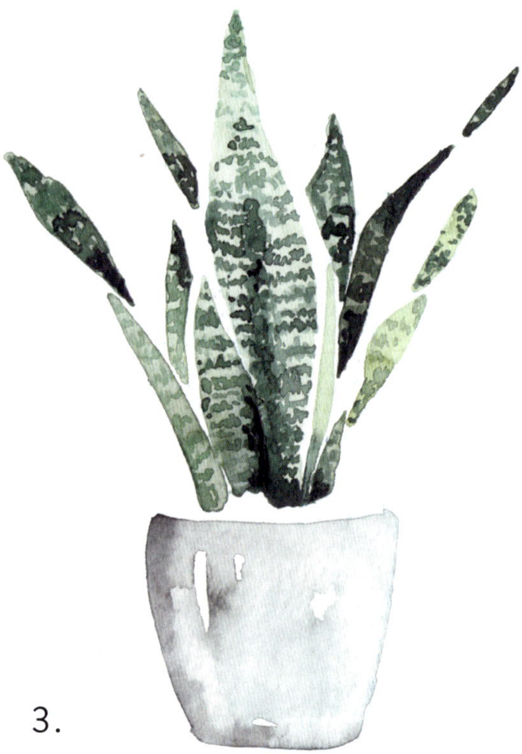

3.

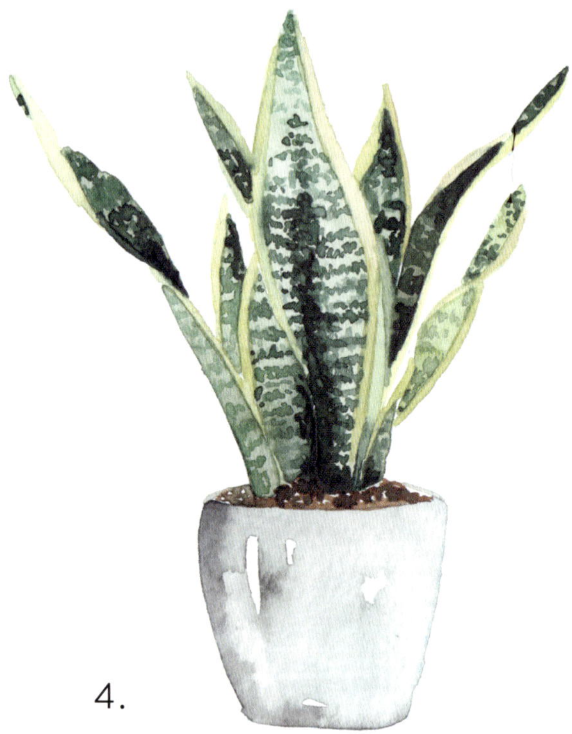

4.

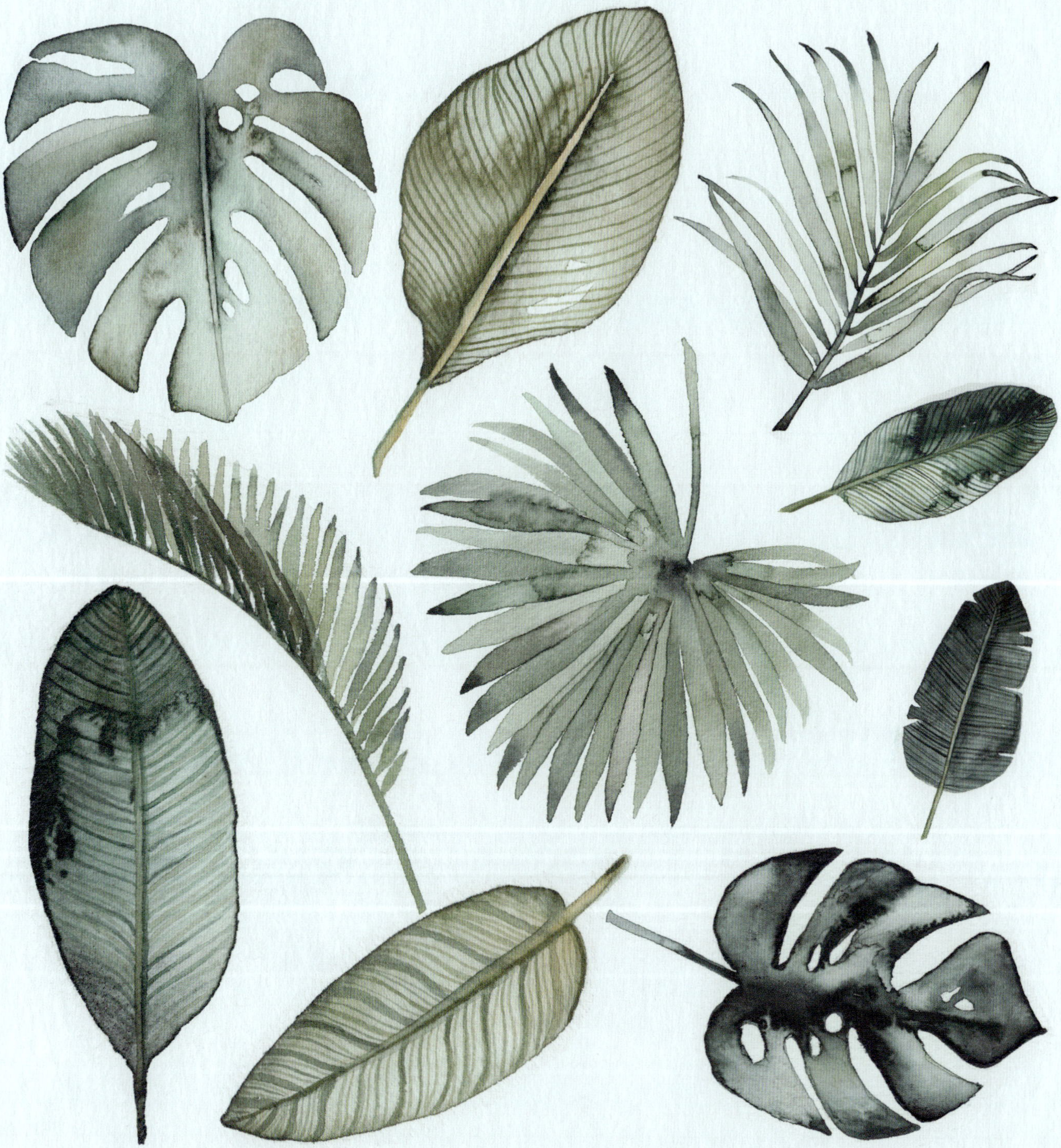

Tiere

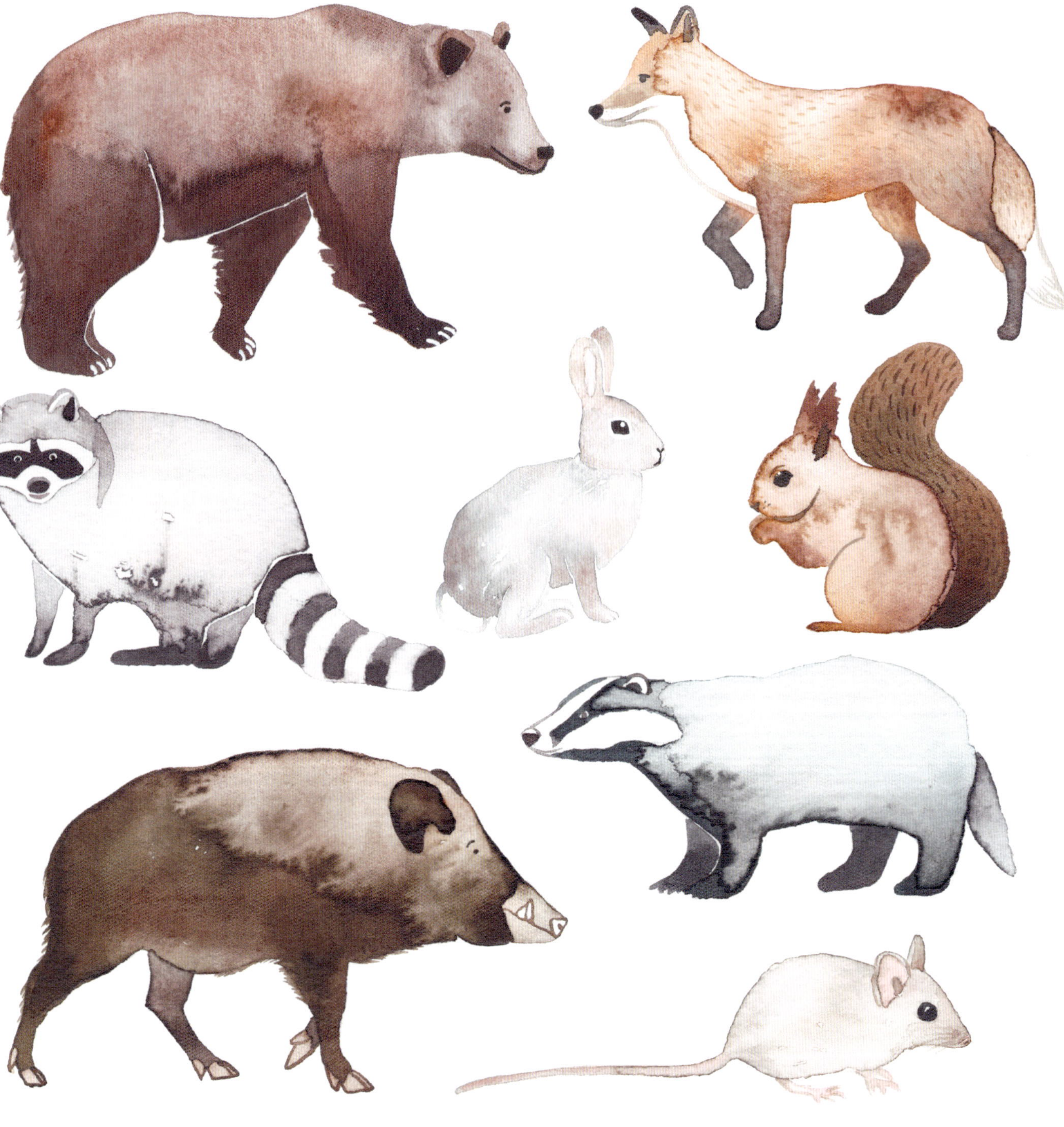

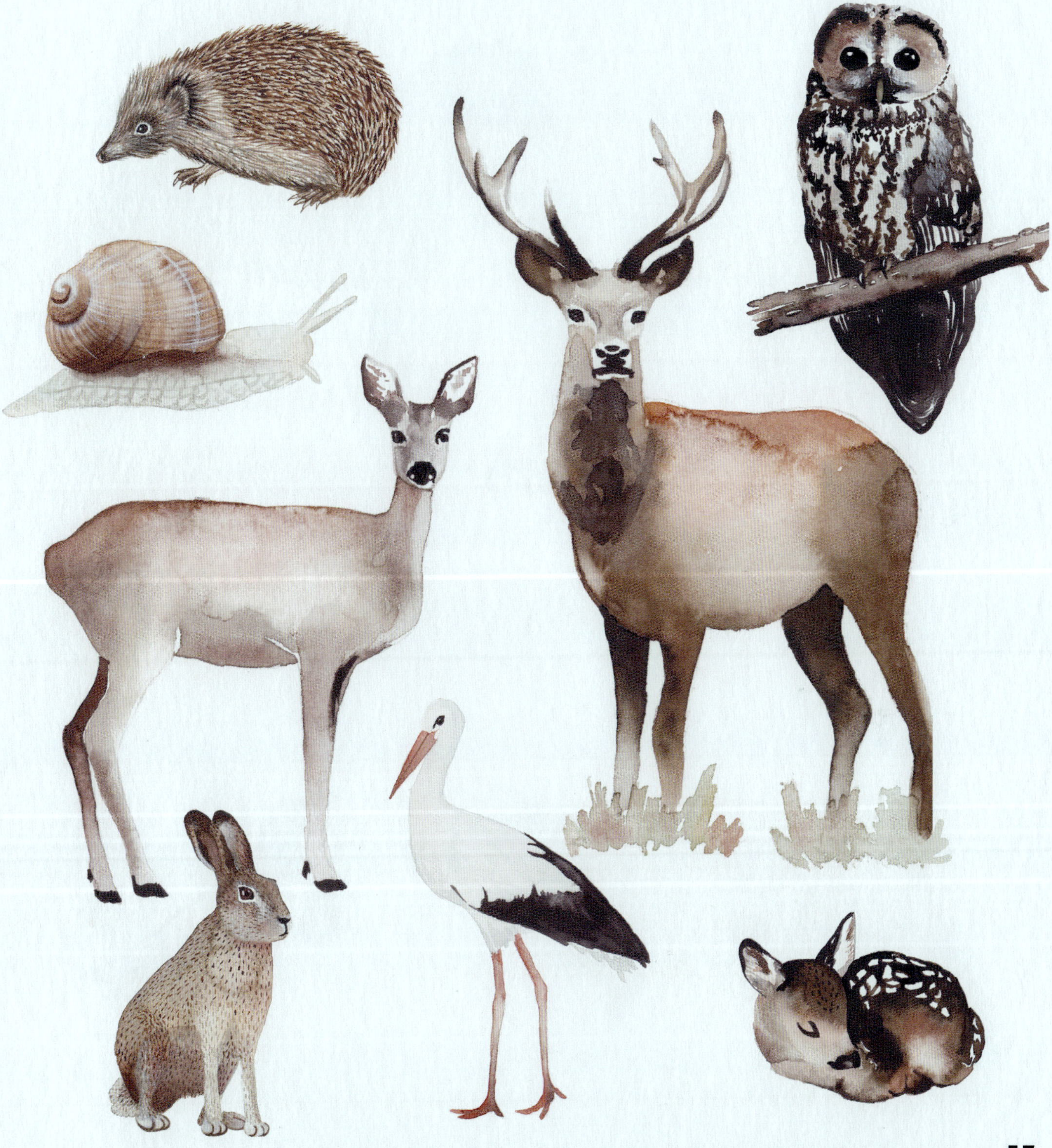

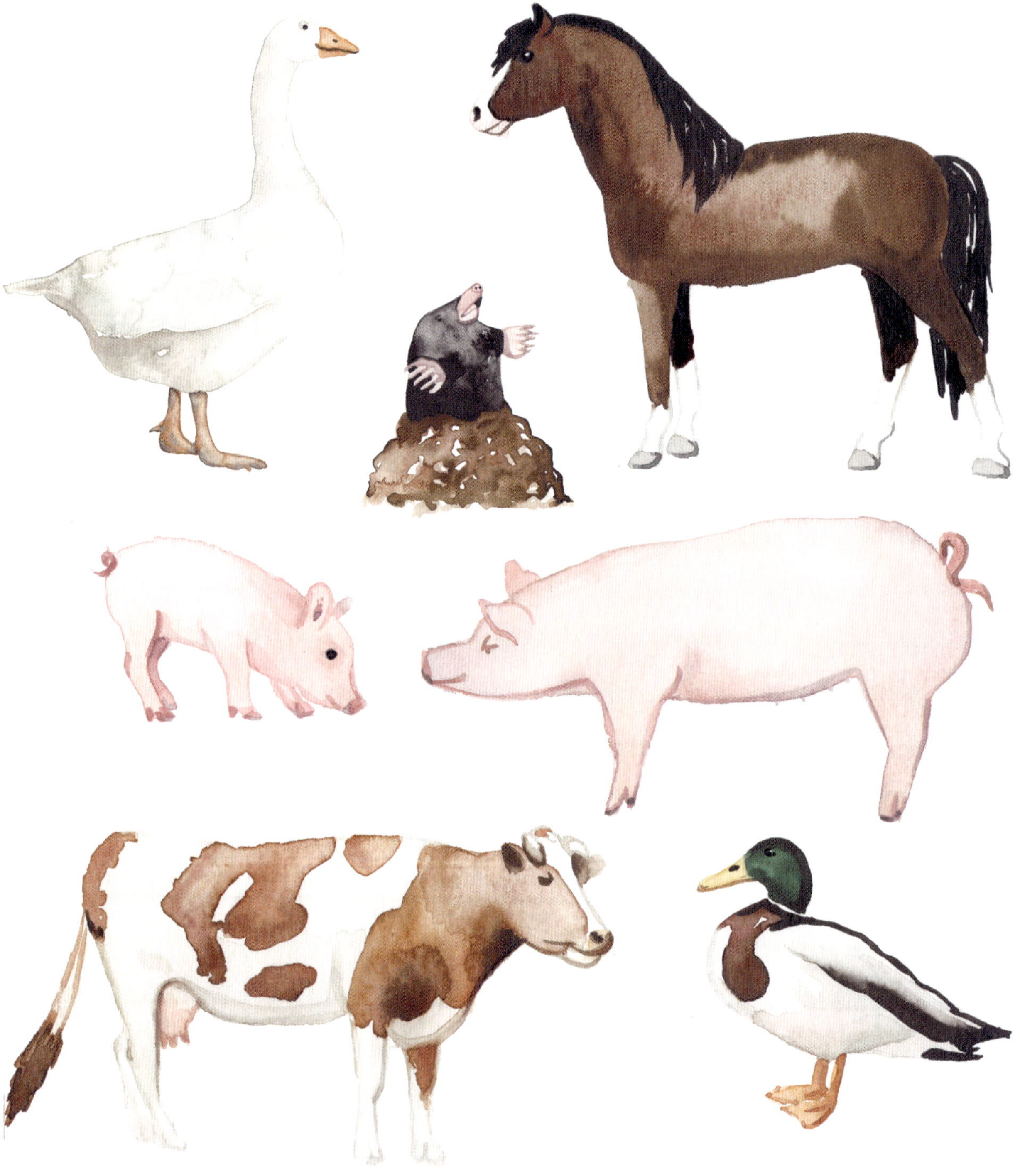

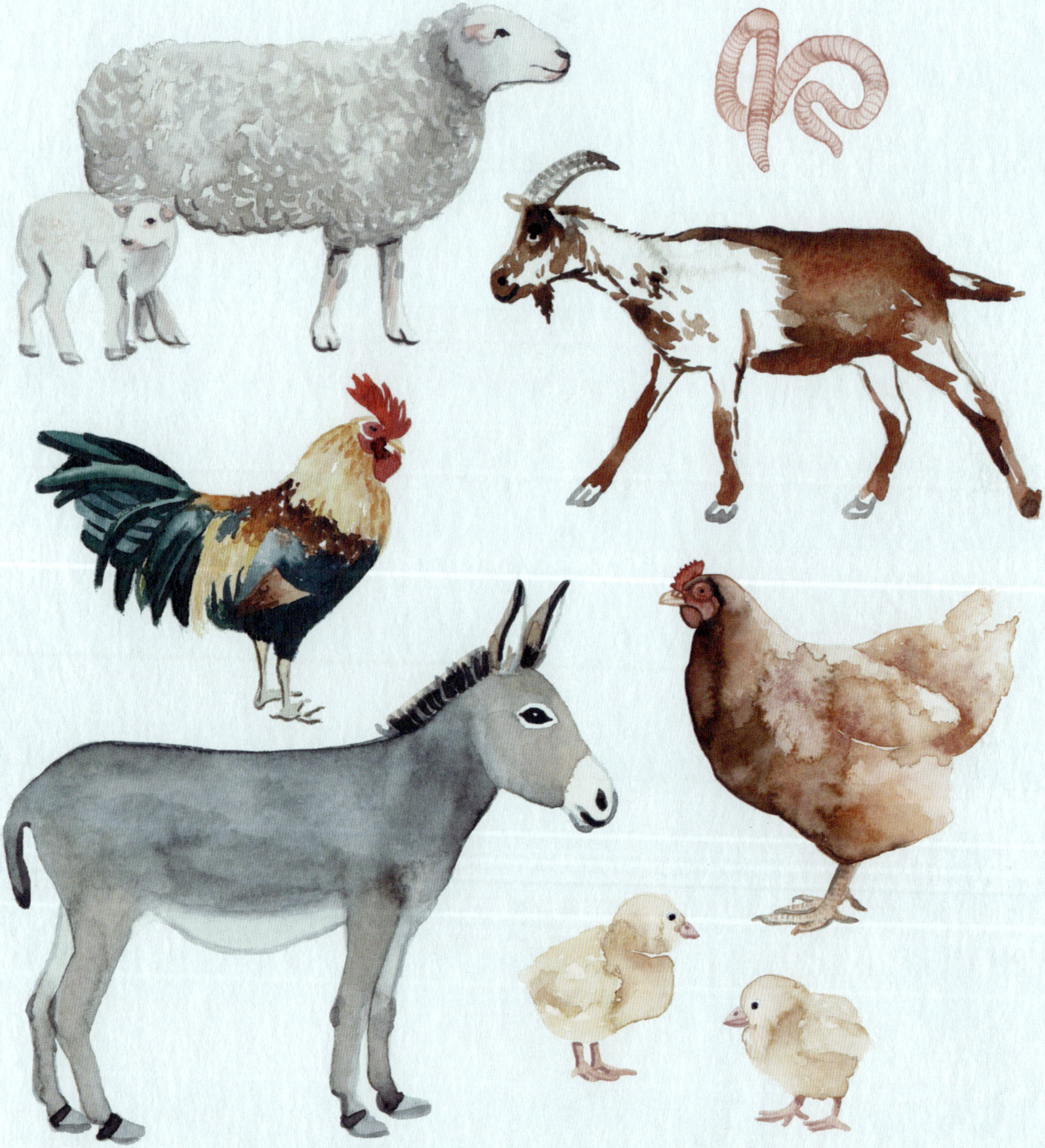

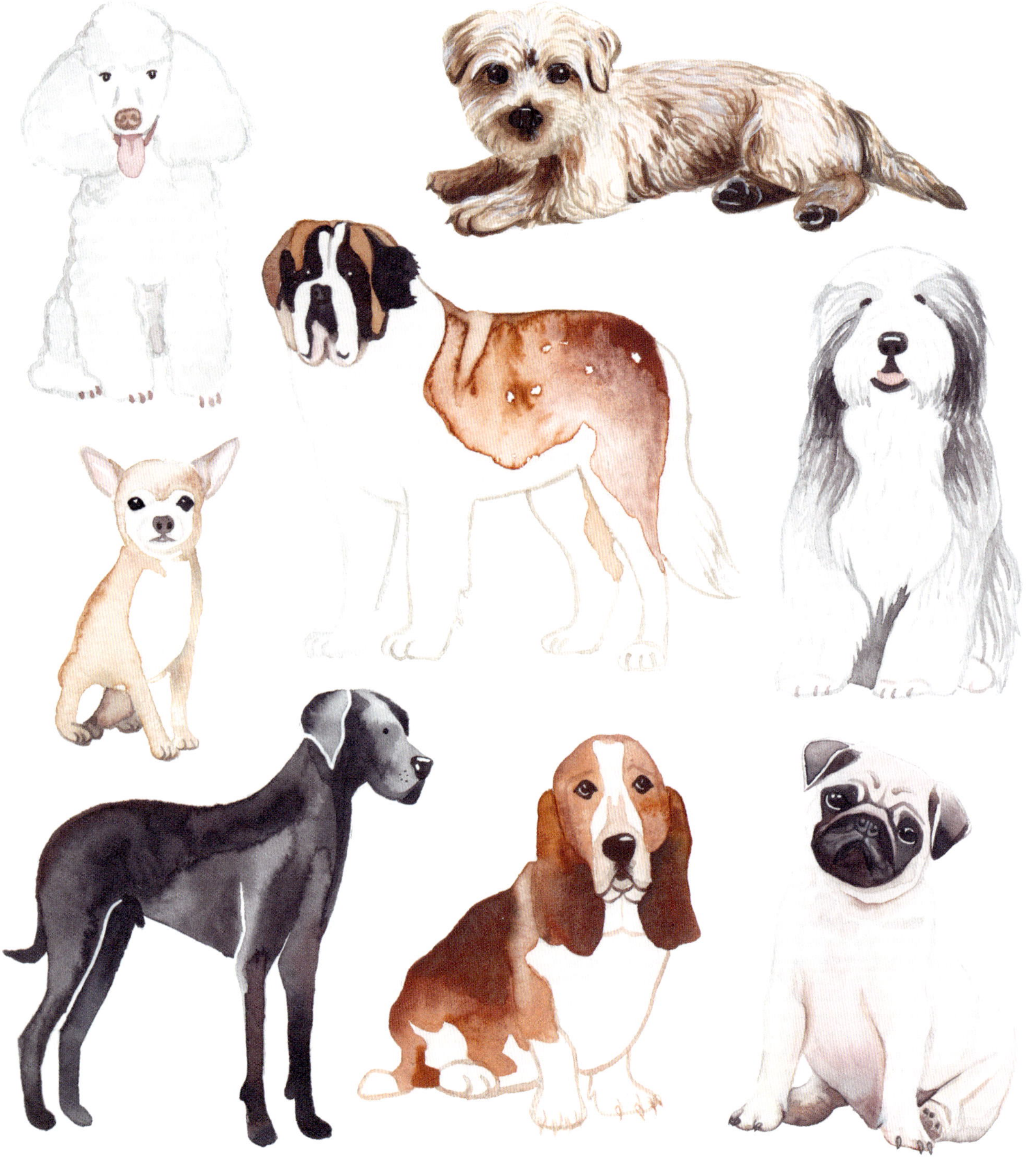

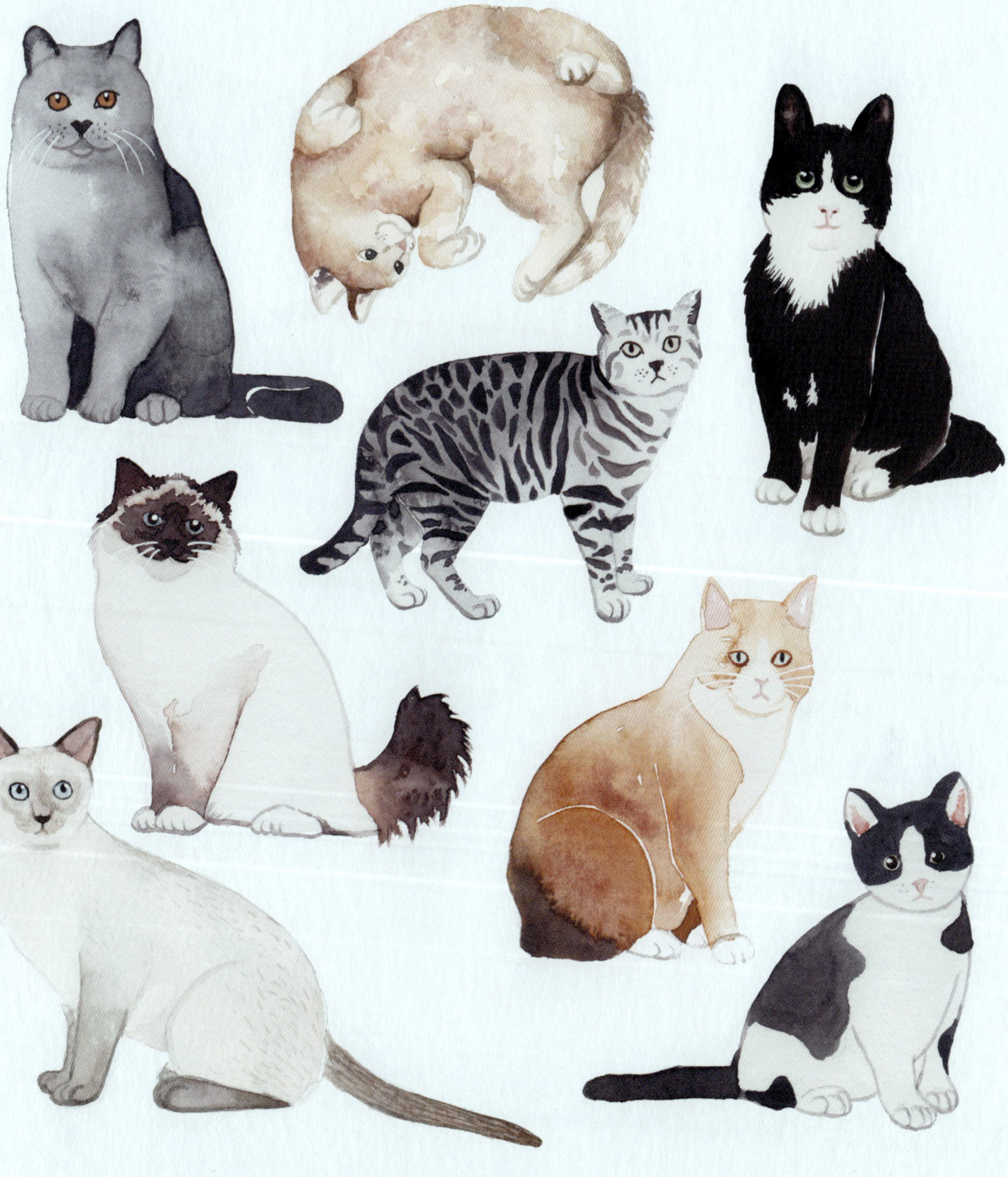

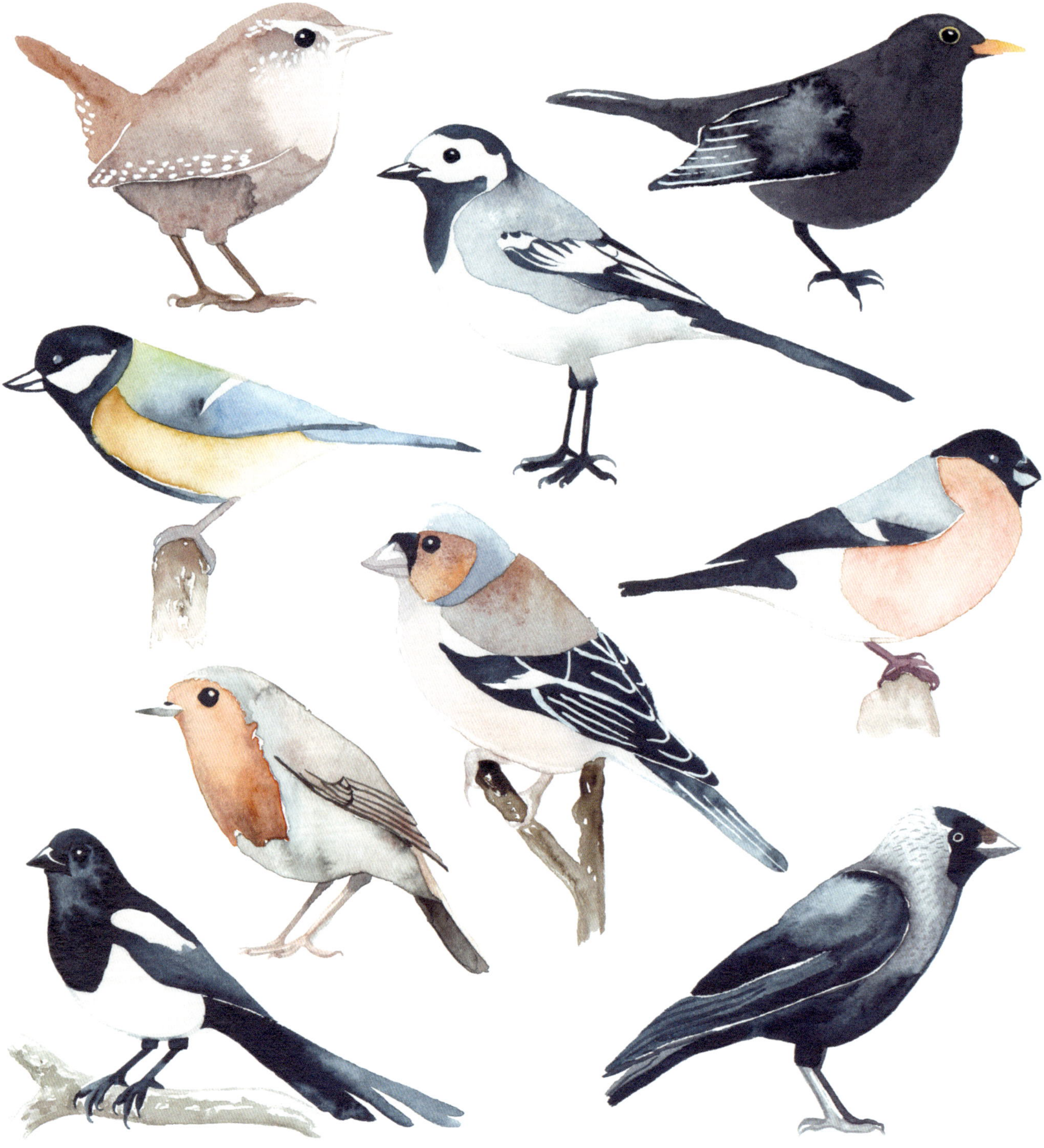

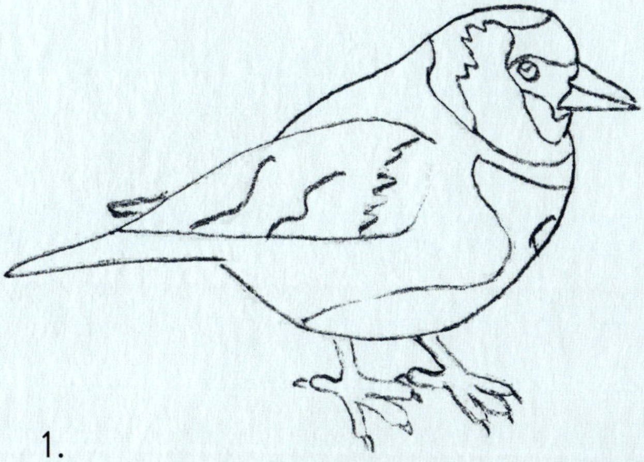

1.

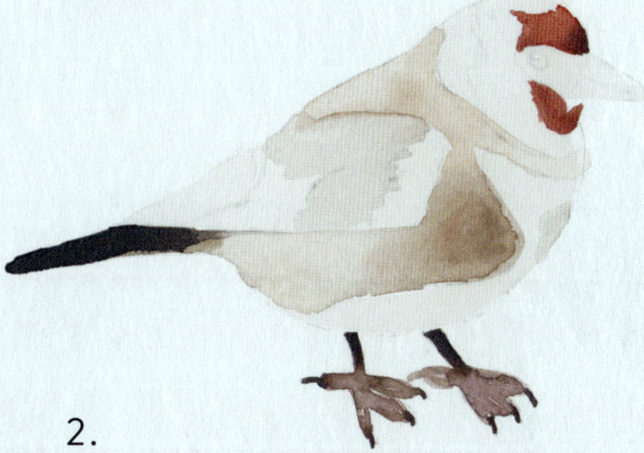

2.

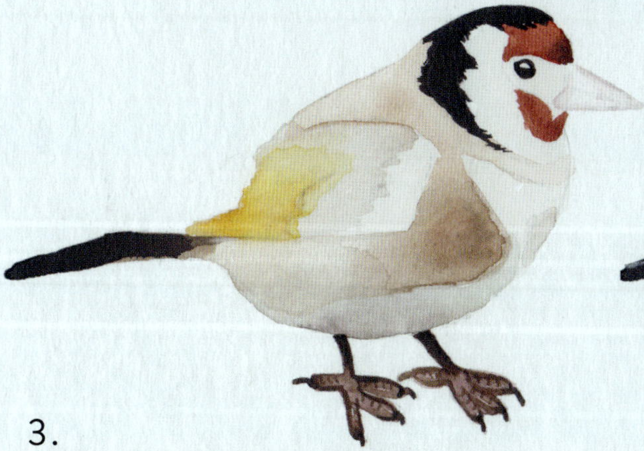

3.

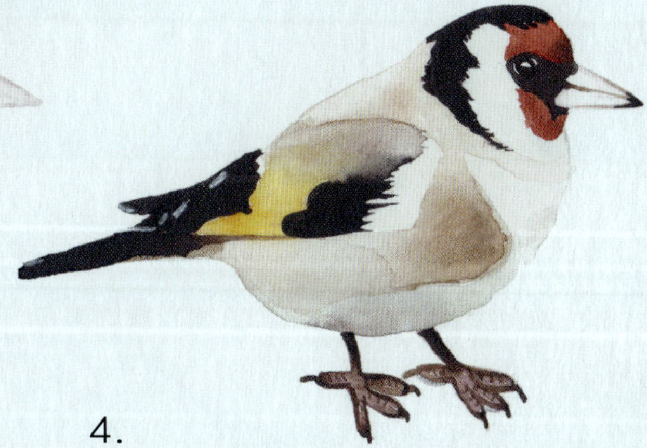

4.

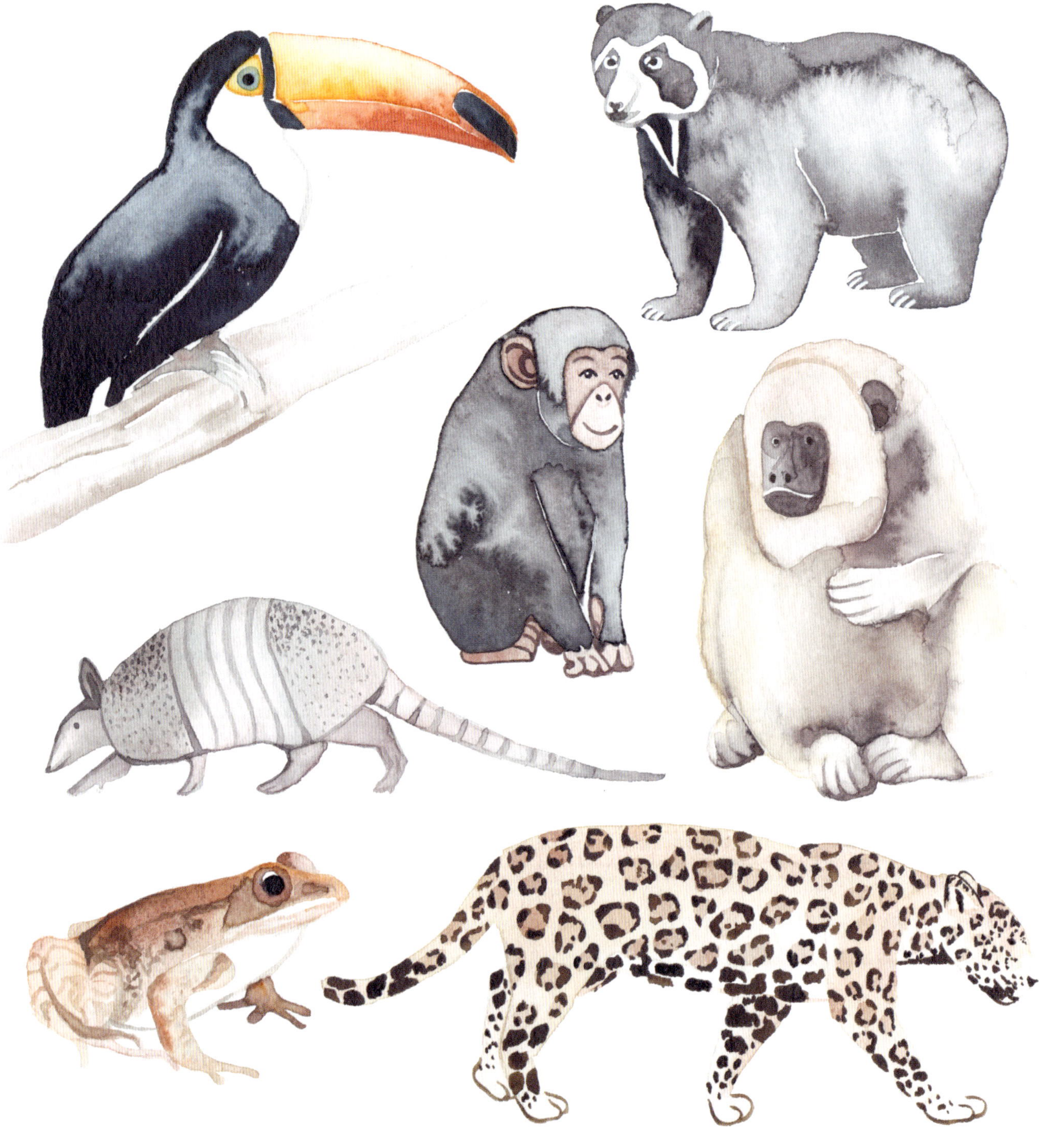

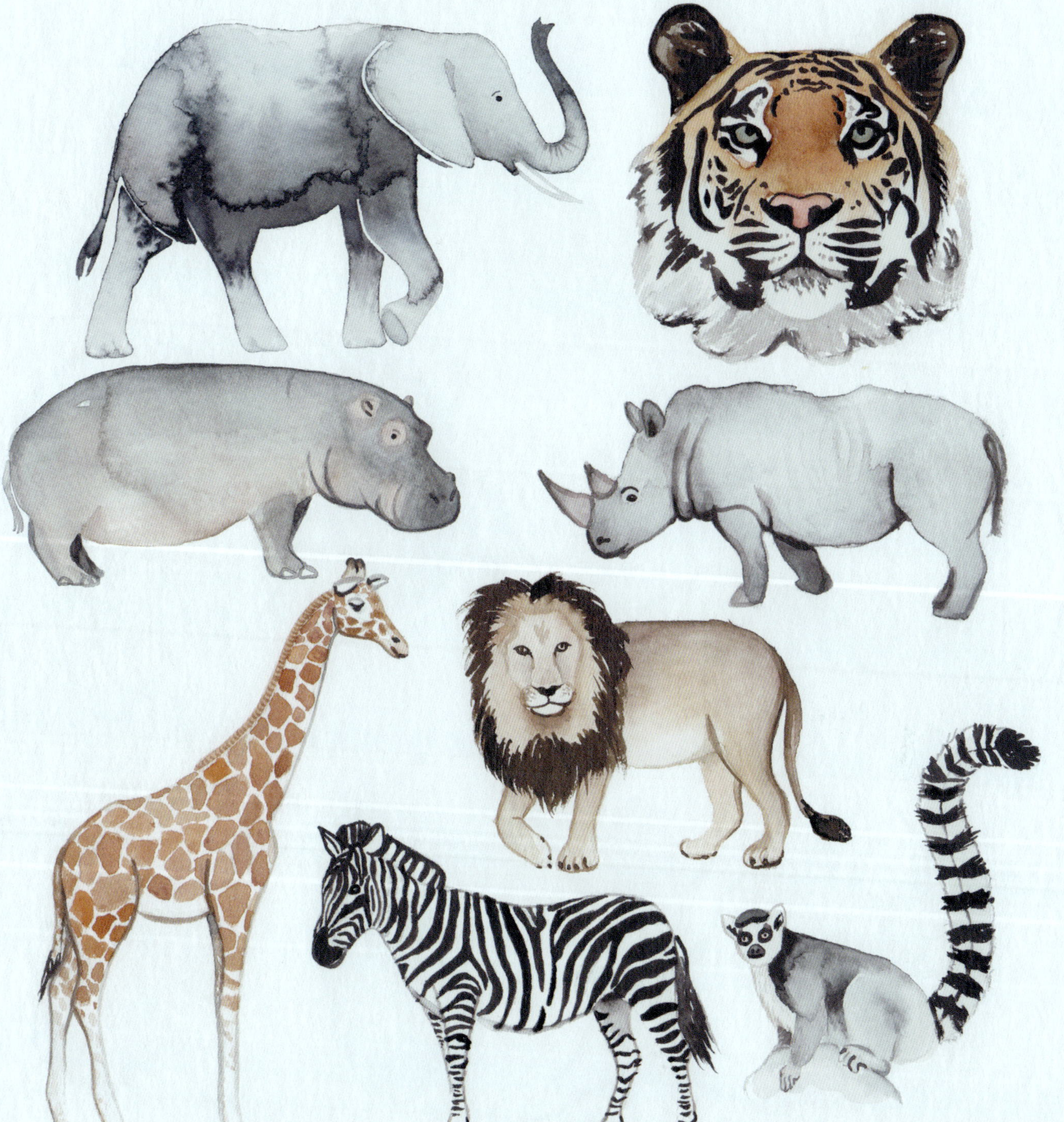

Insekten

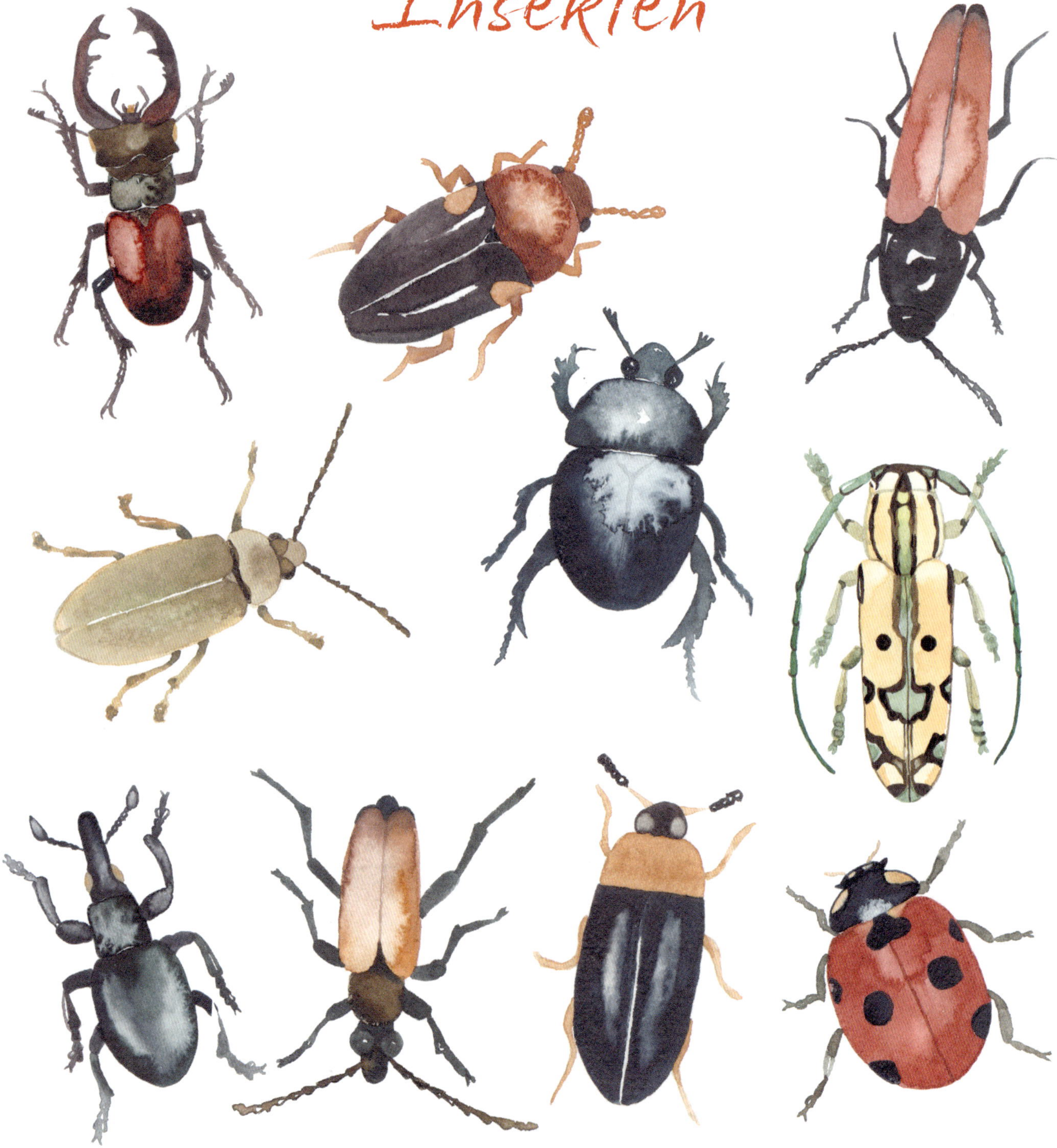

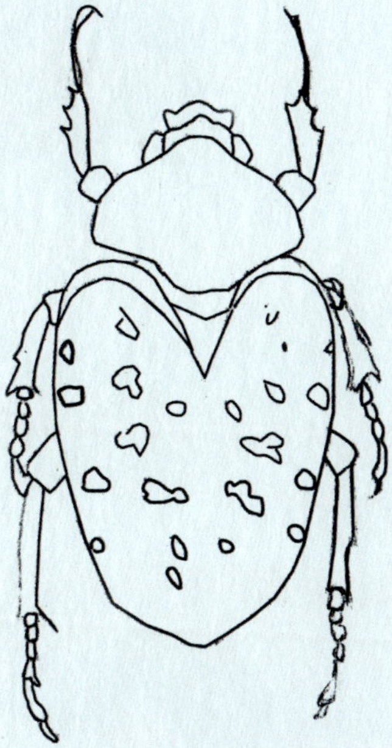

1.

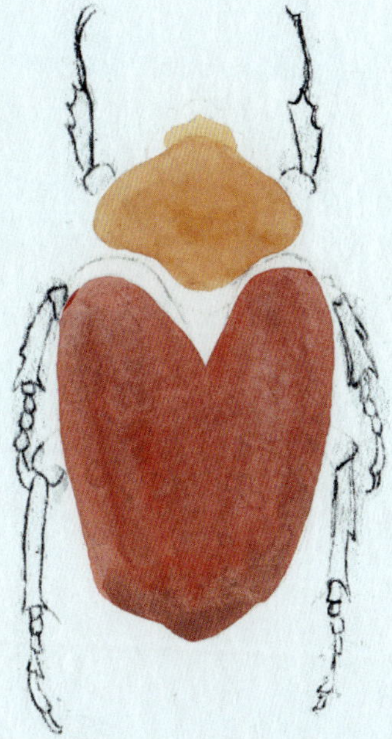

2.

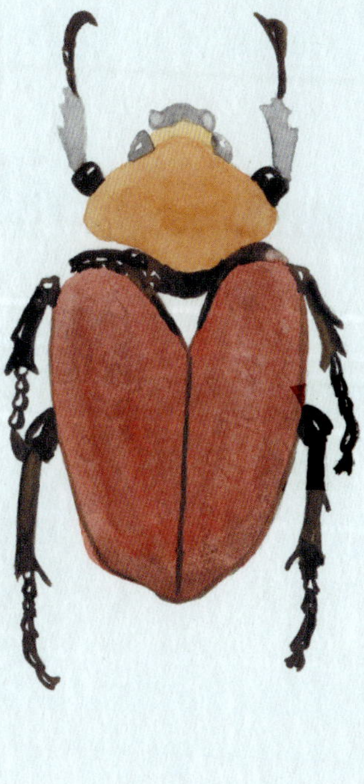

3.

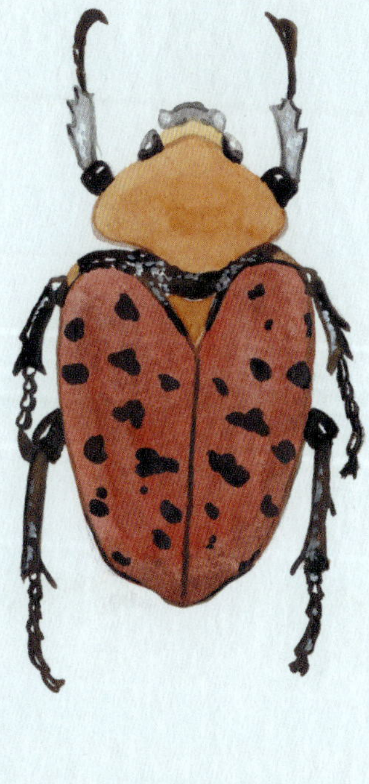

4.

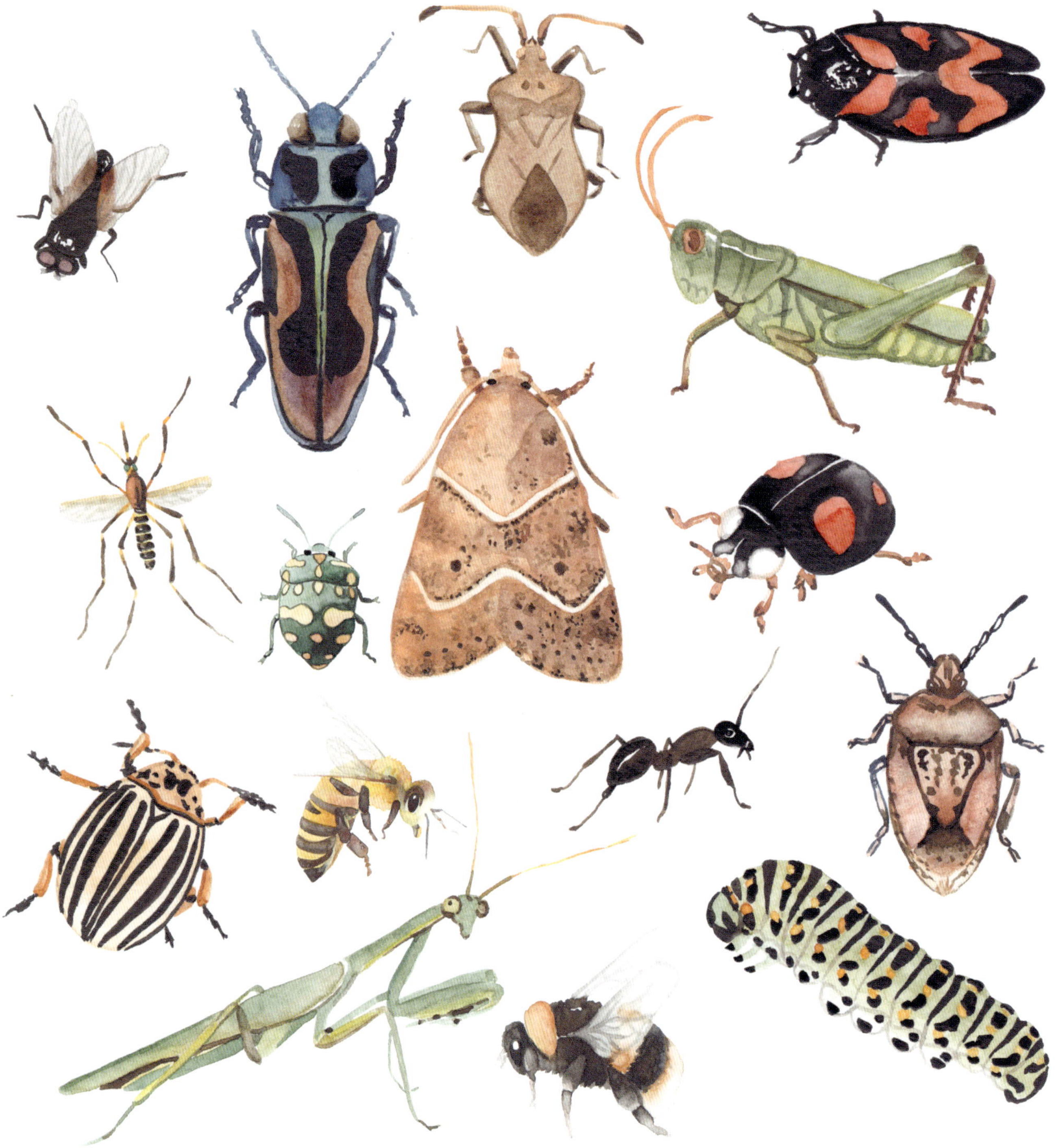

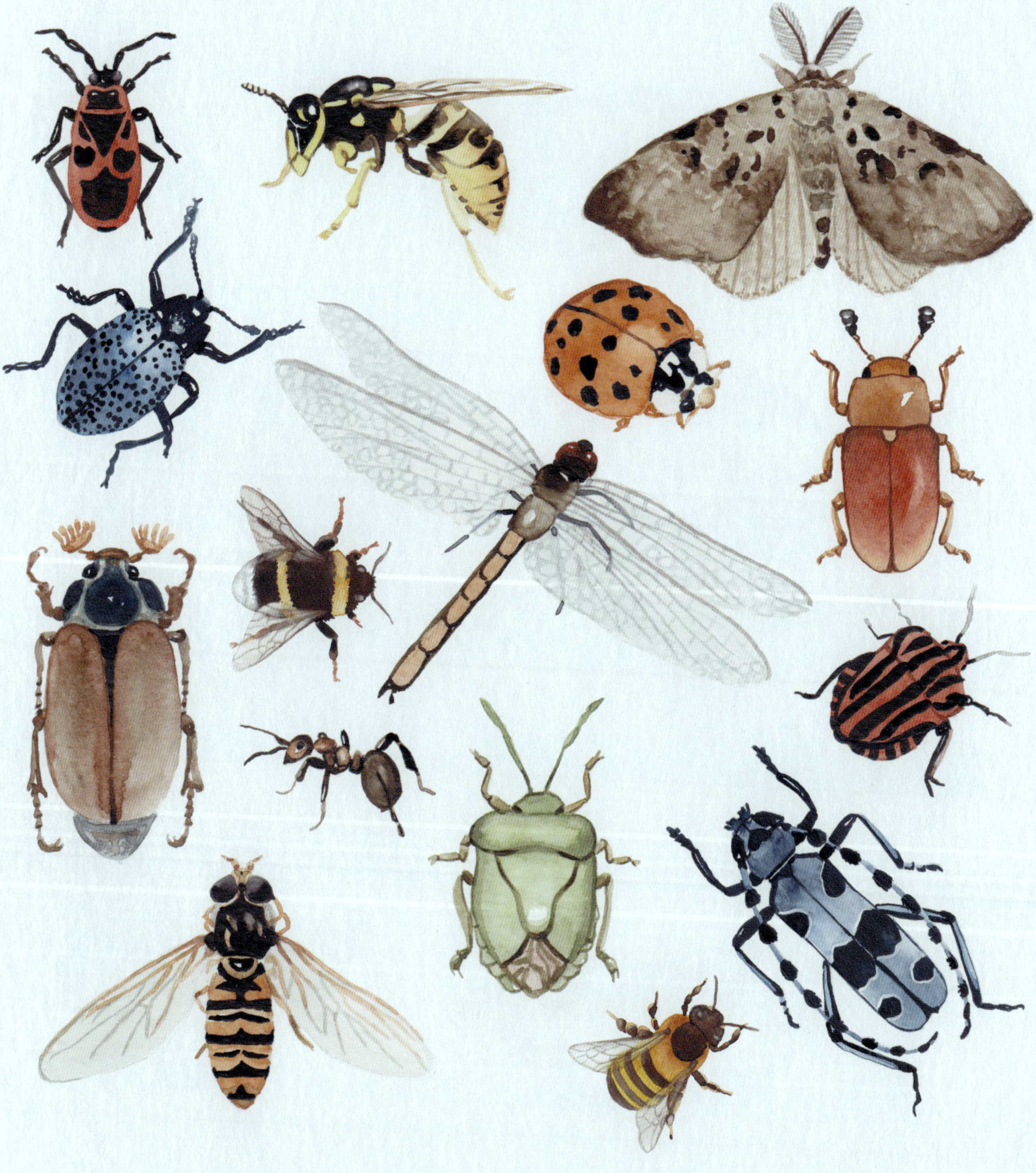

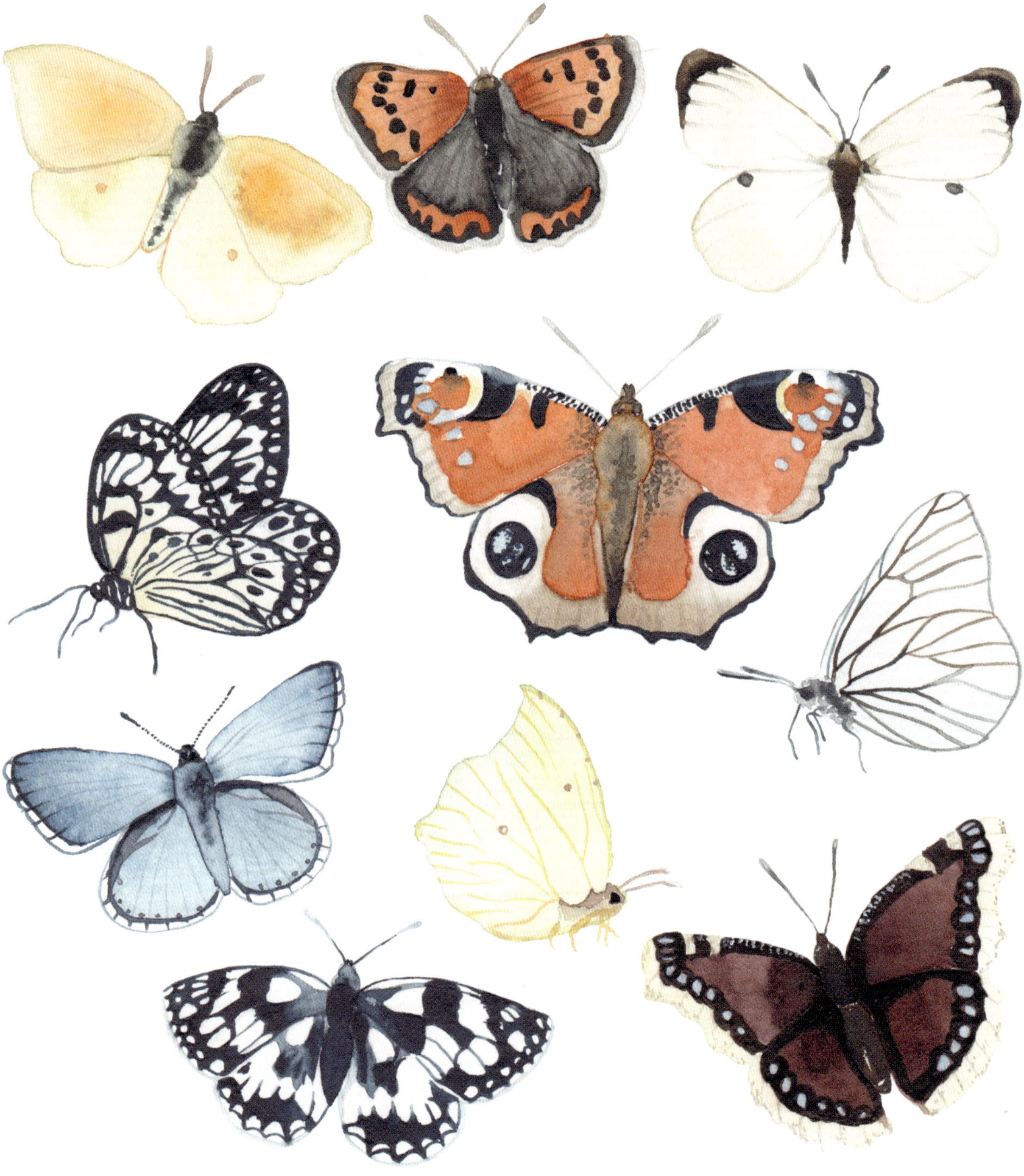

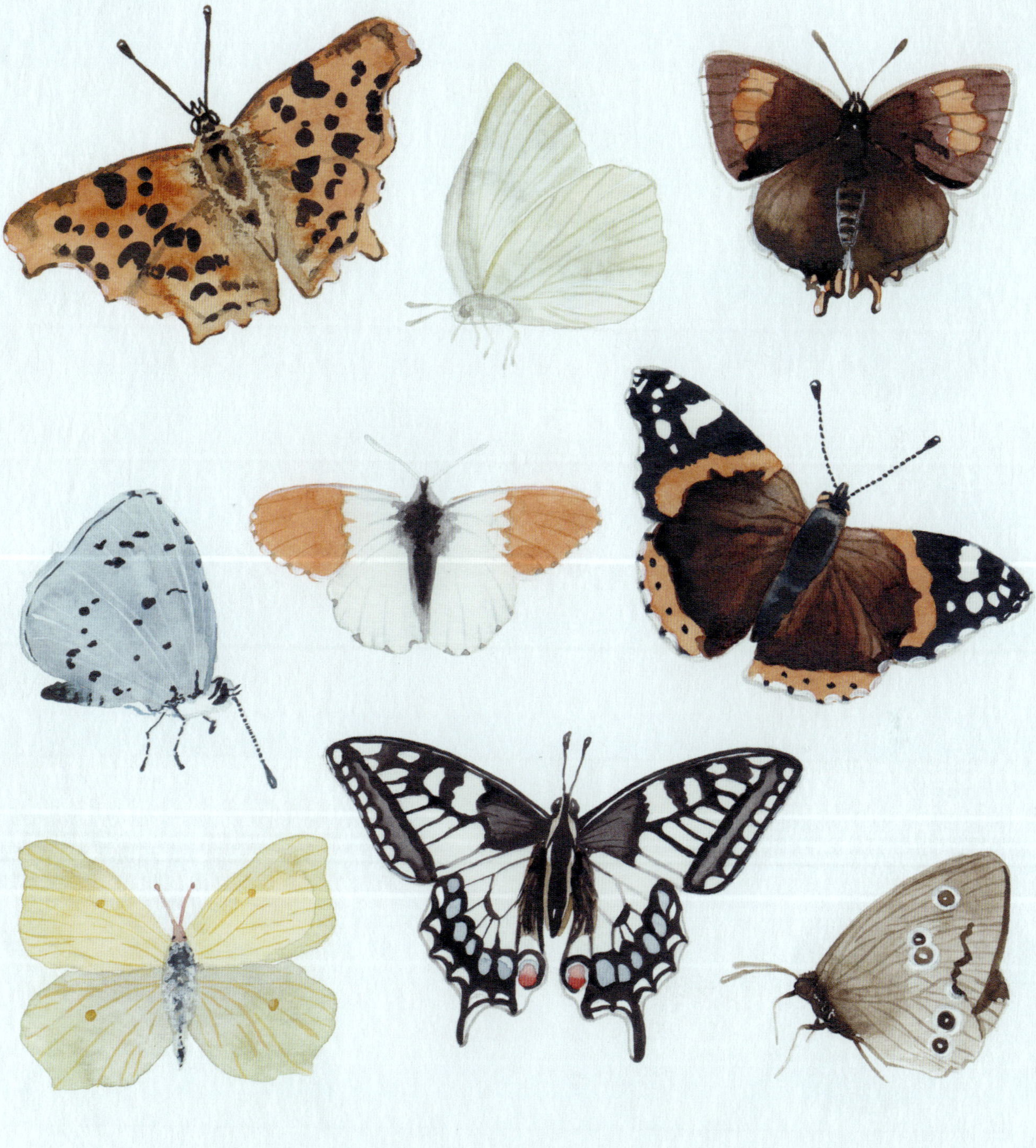

Food

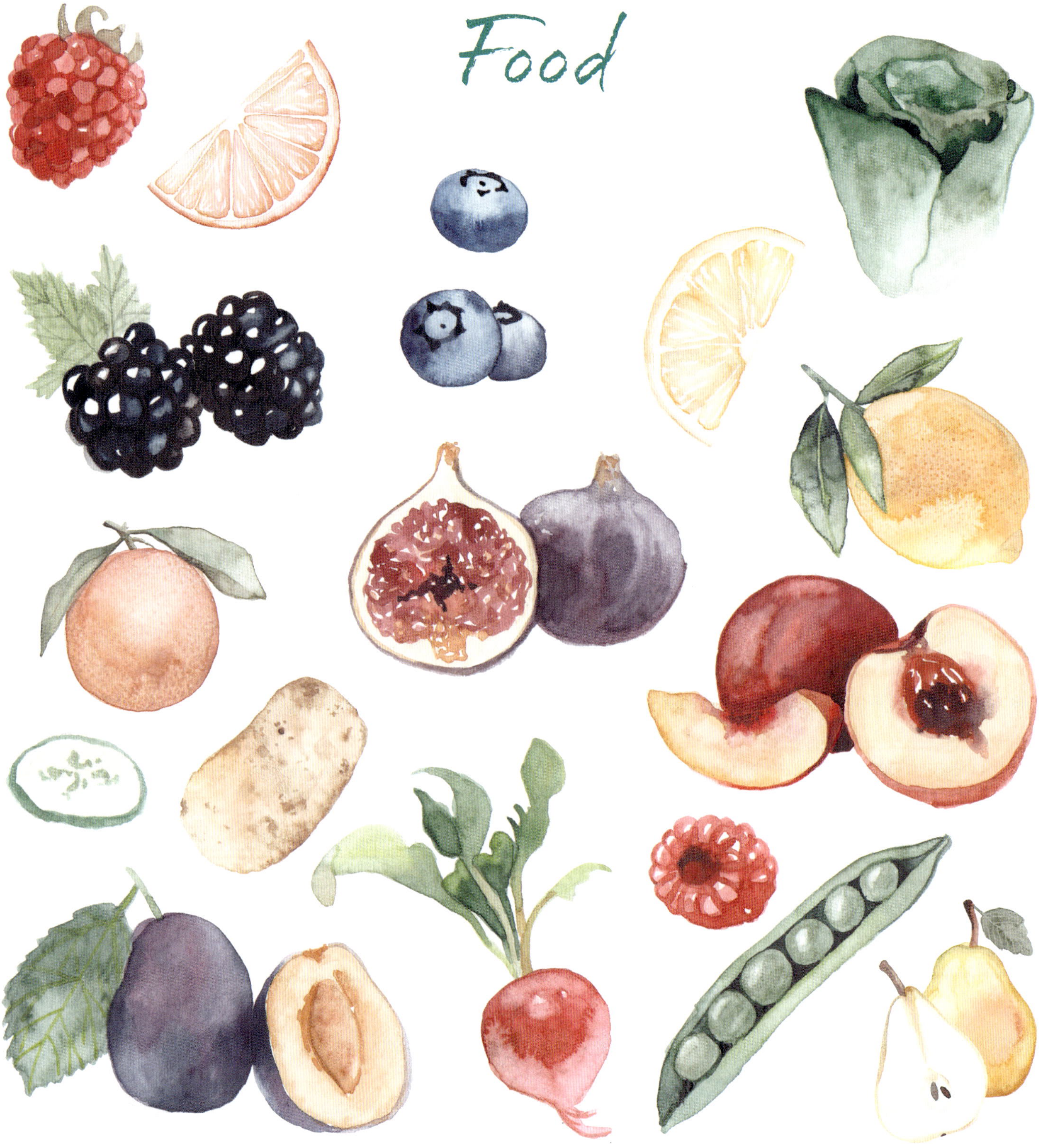

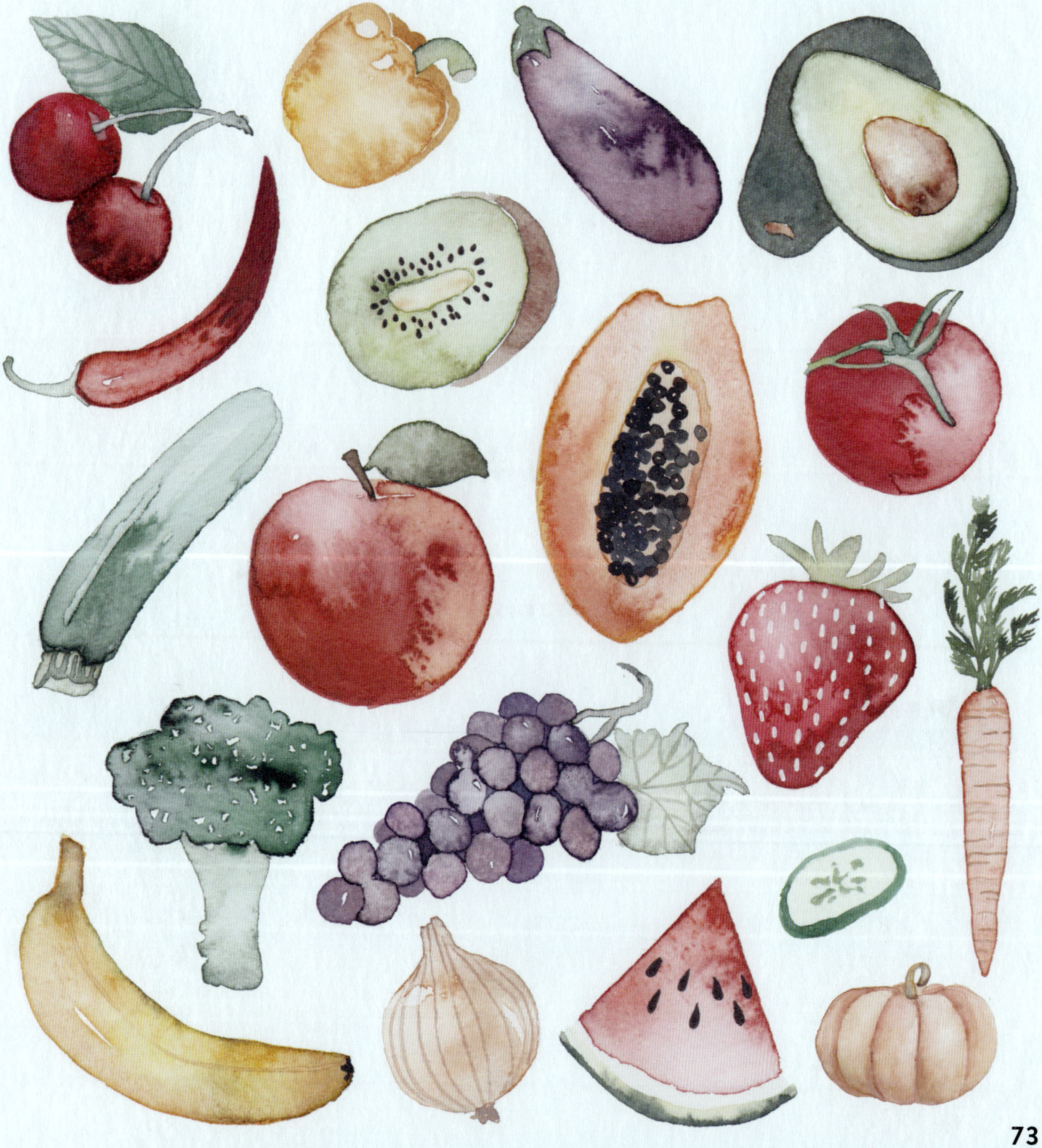

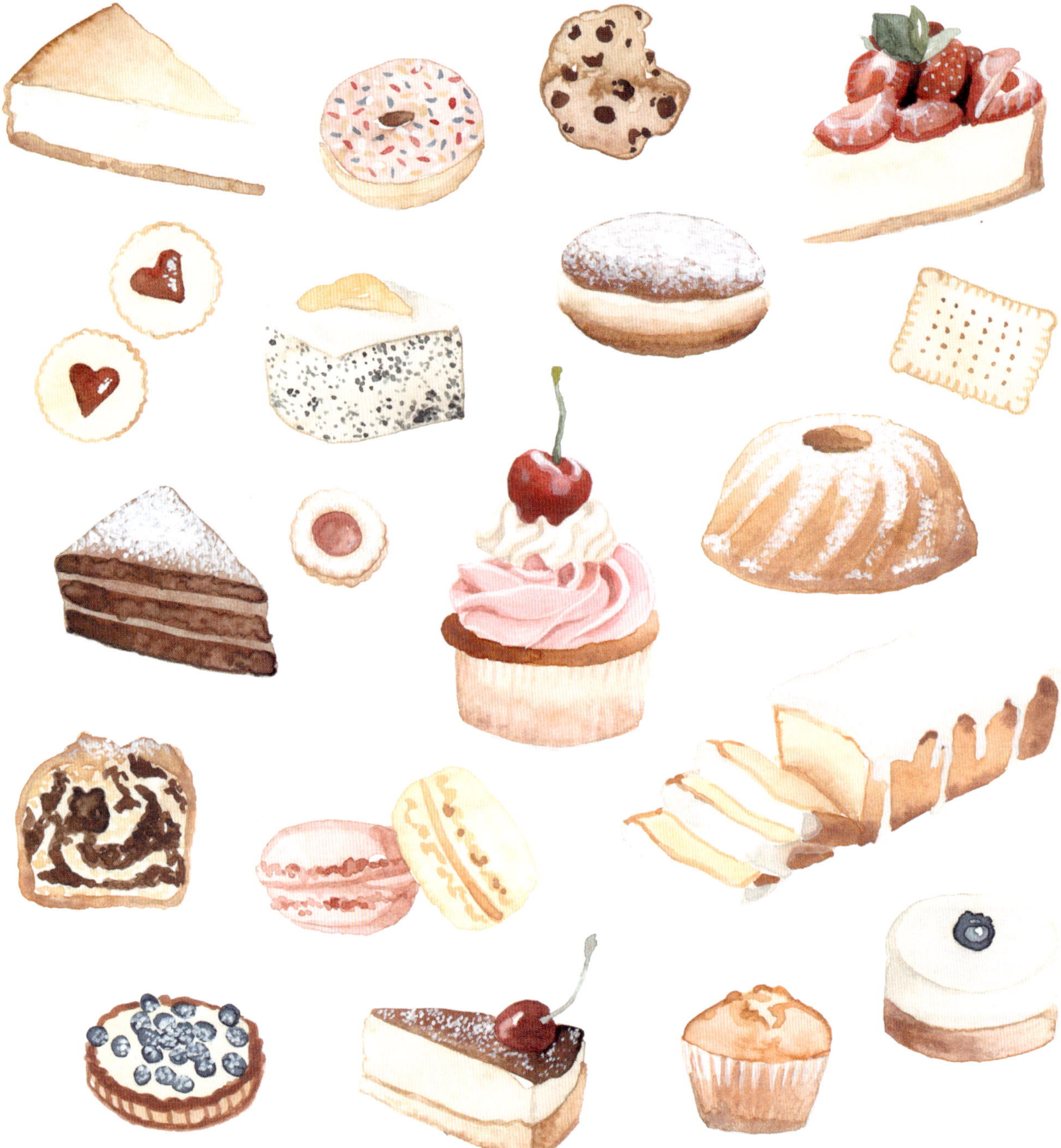

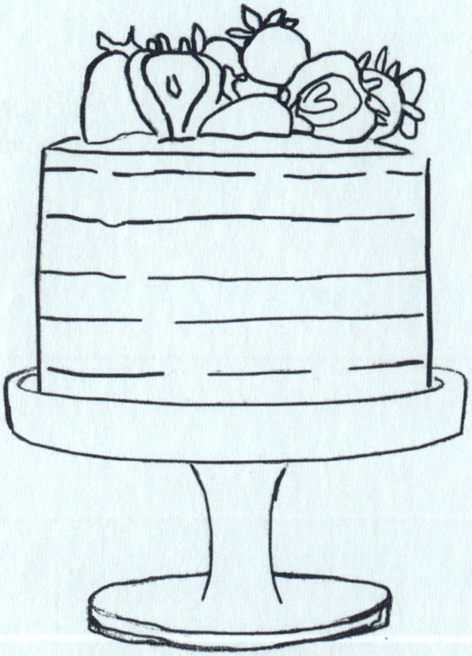

1.

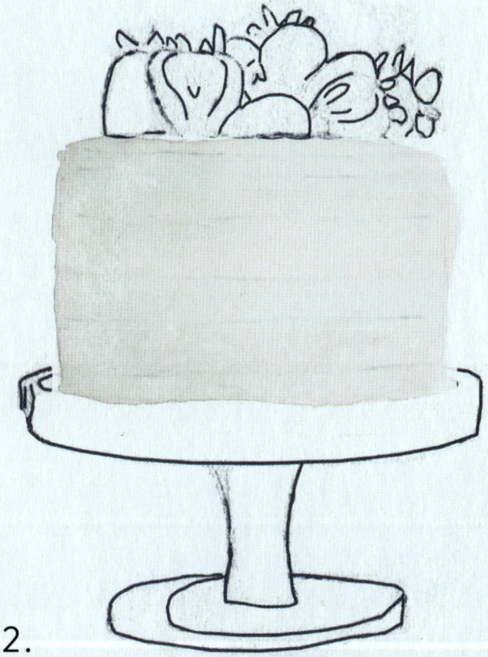

2.

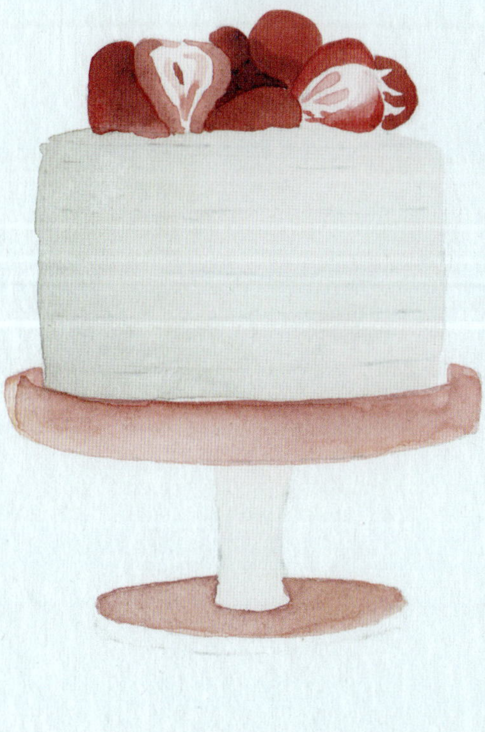

3.

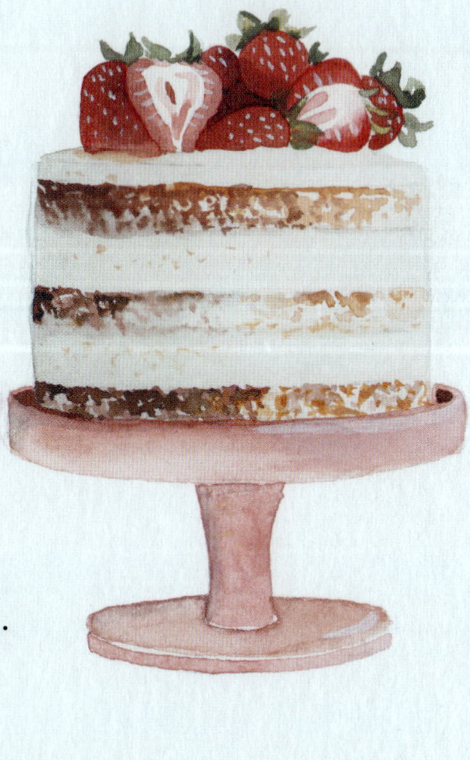

4.

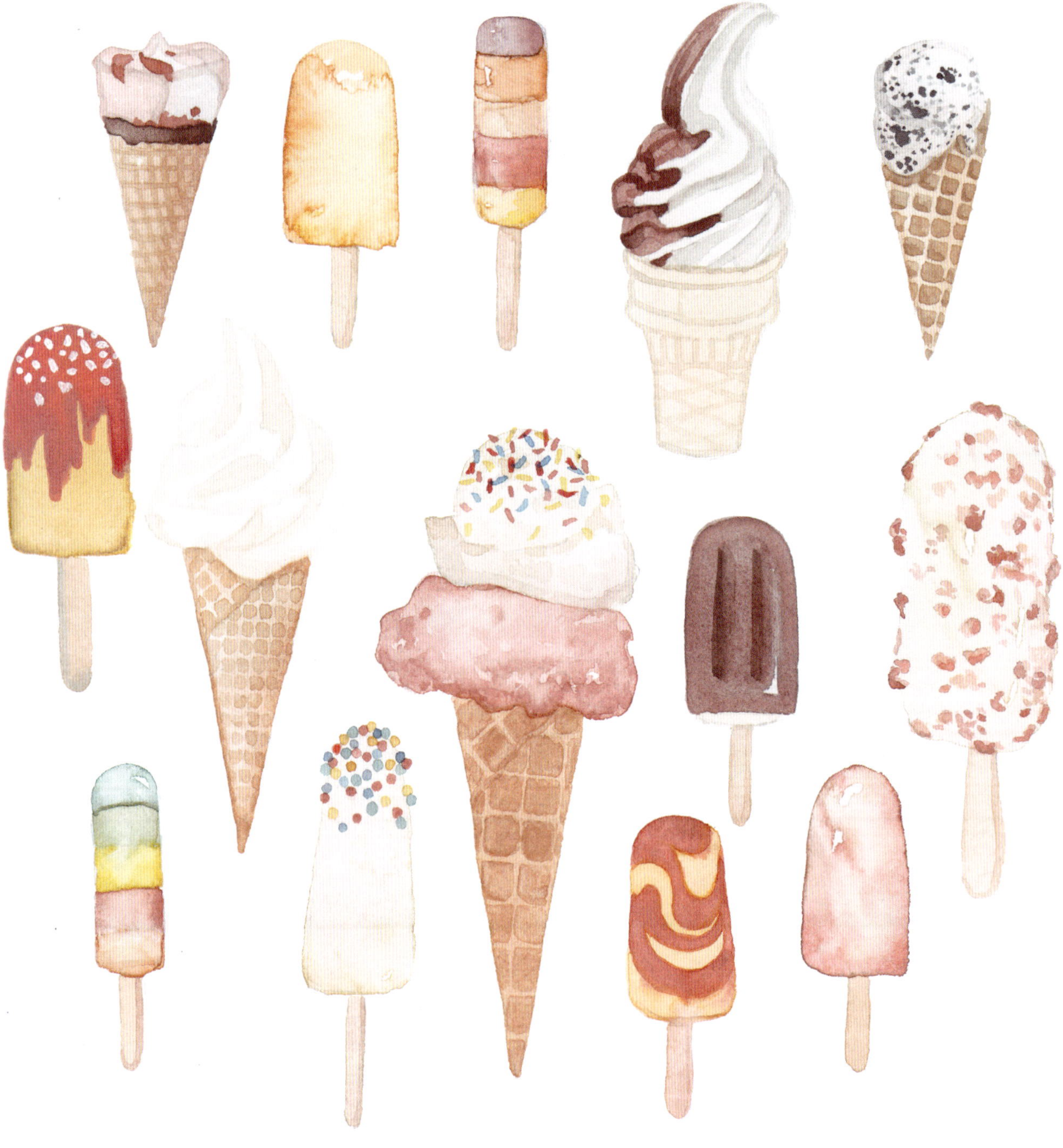

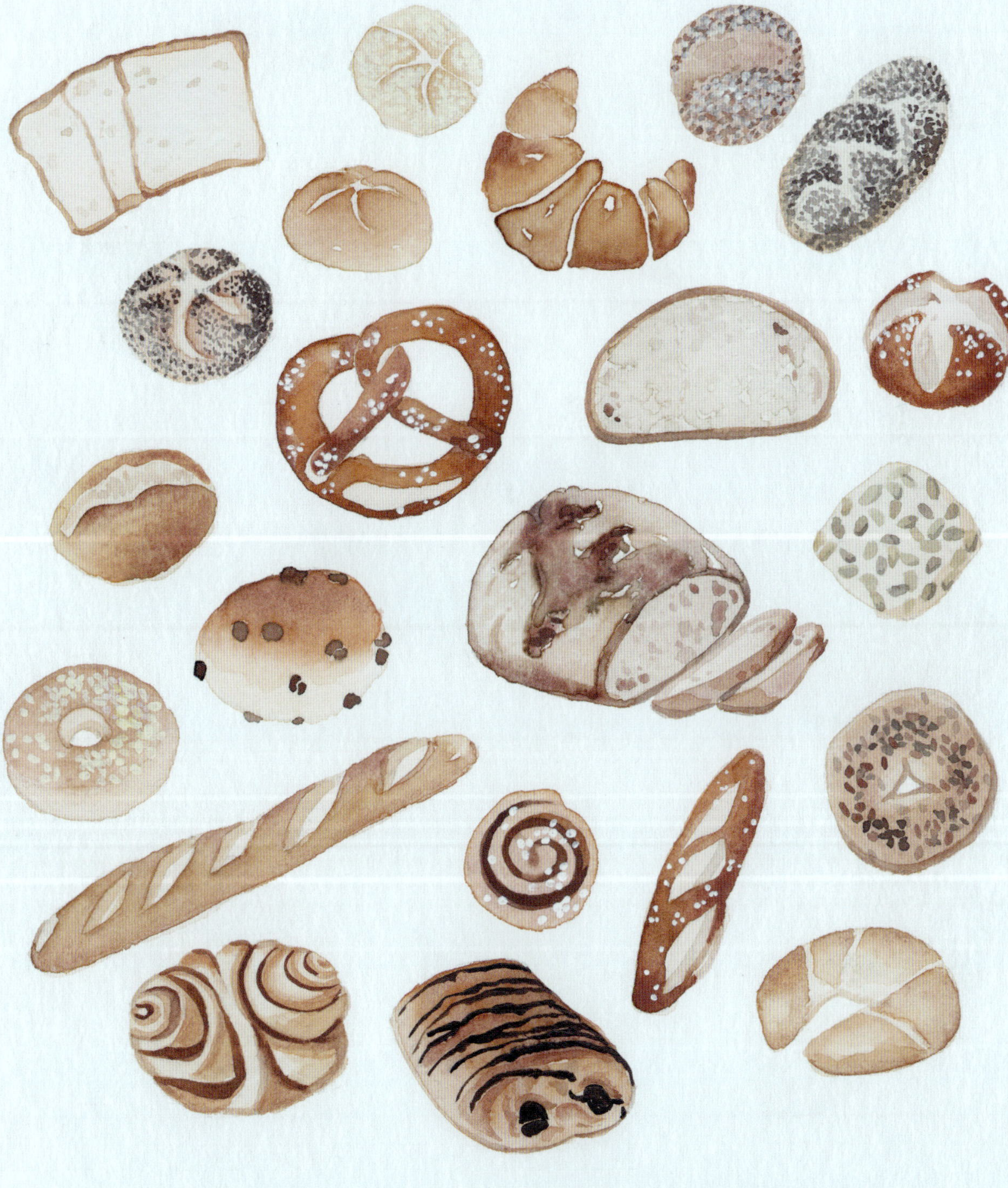

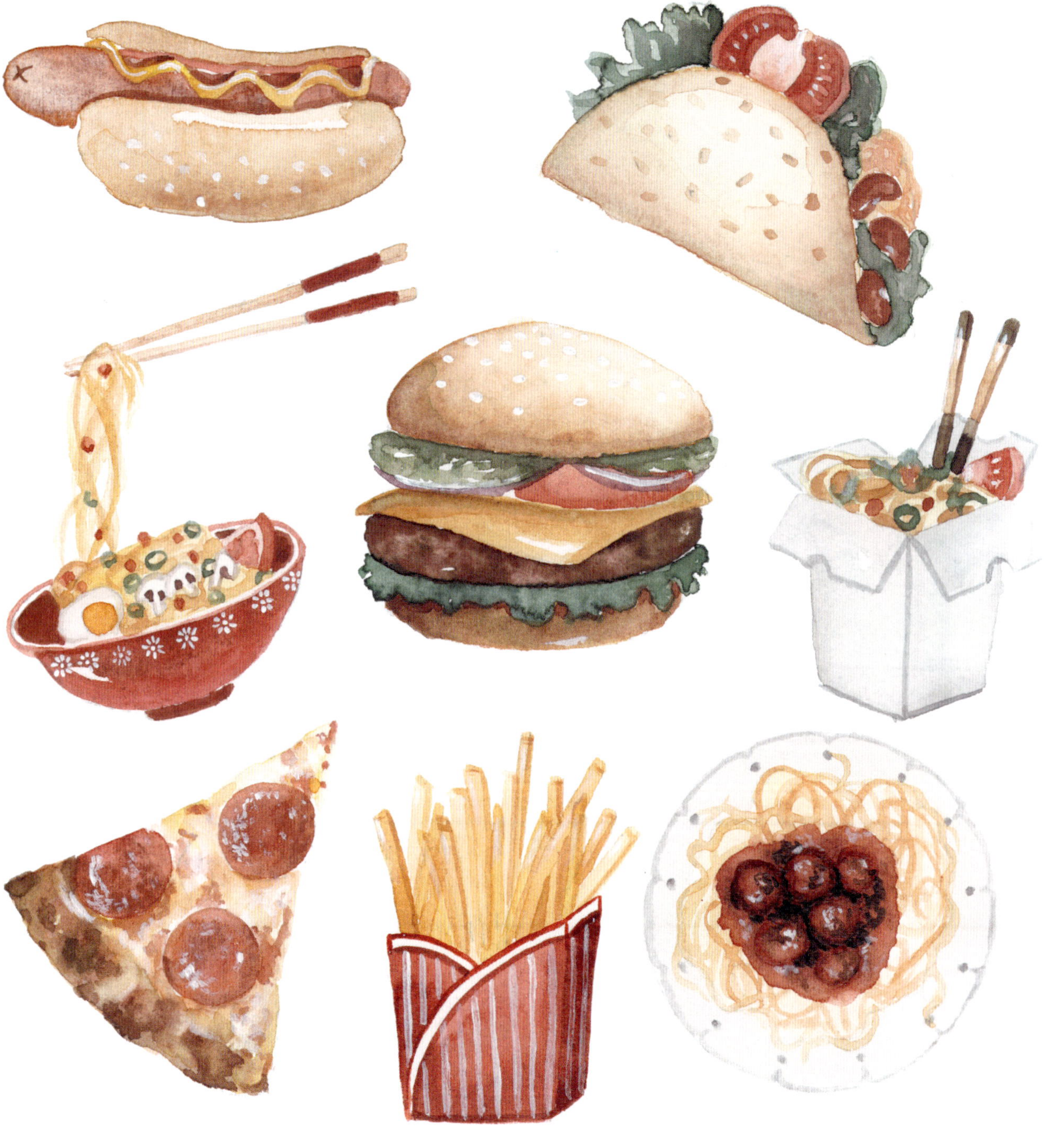

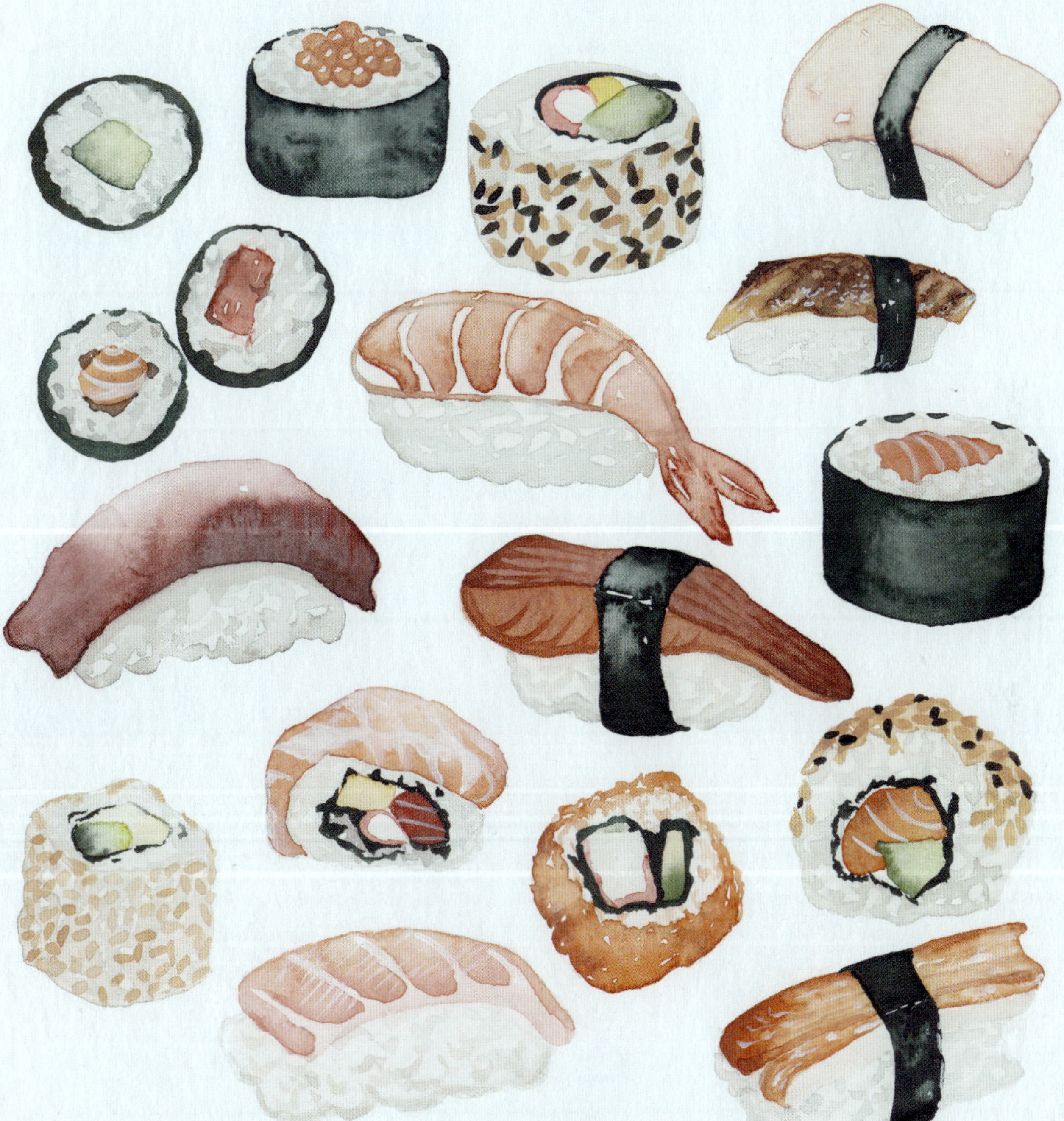

Universum

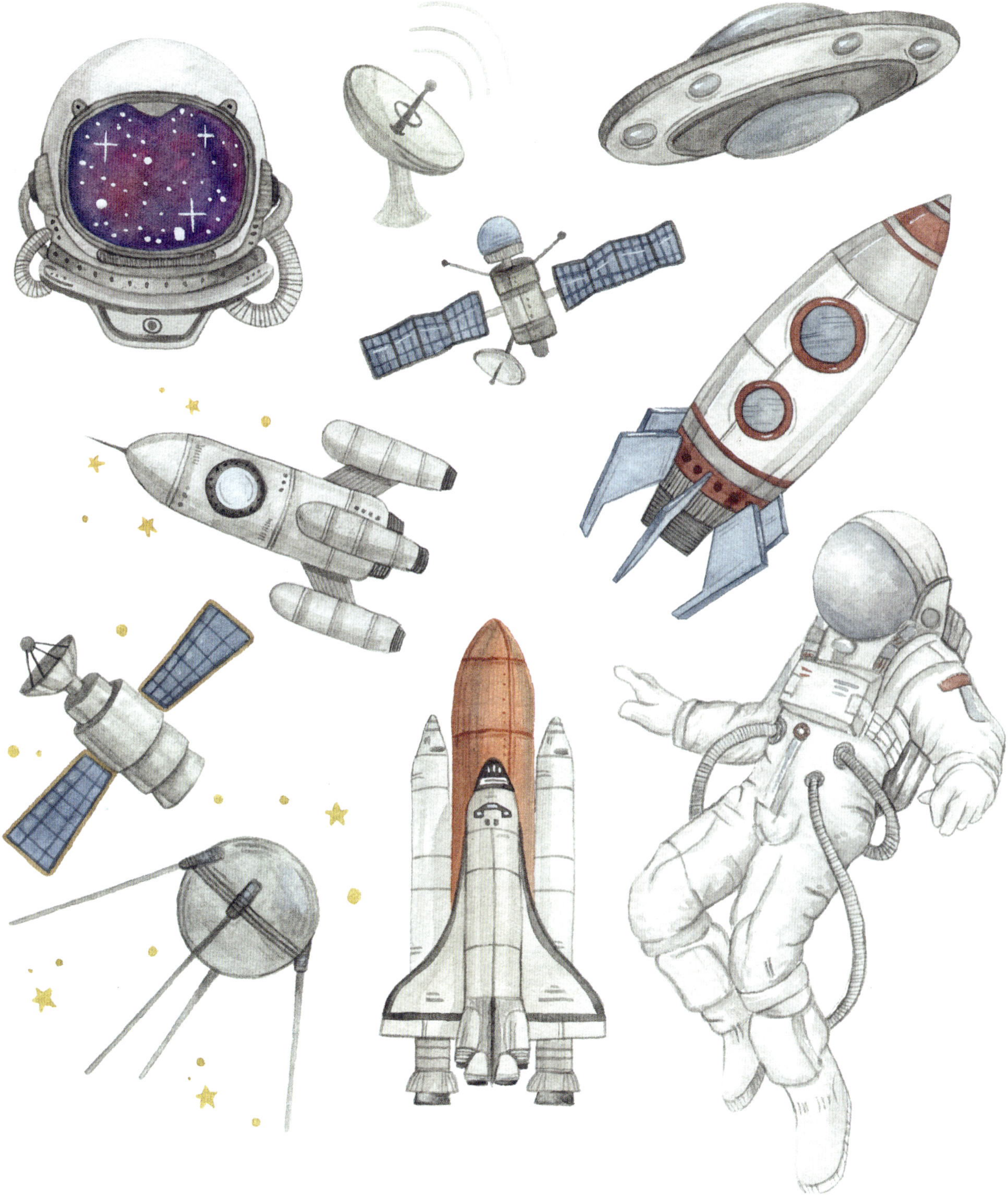

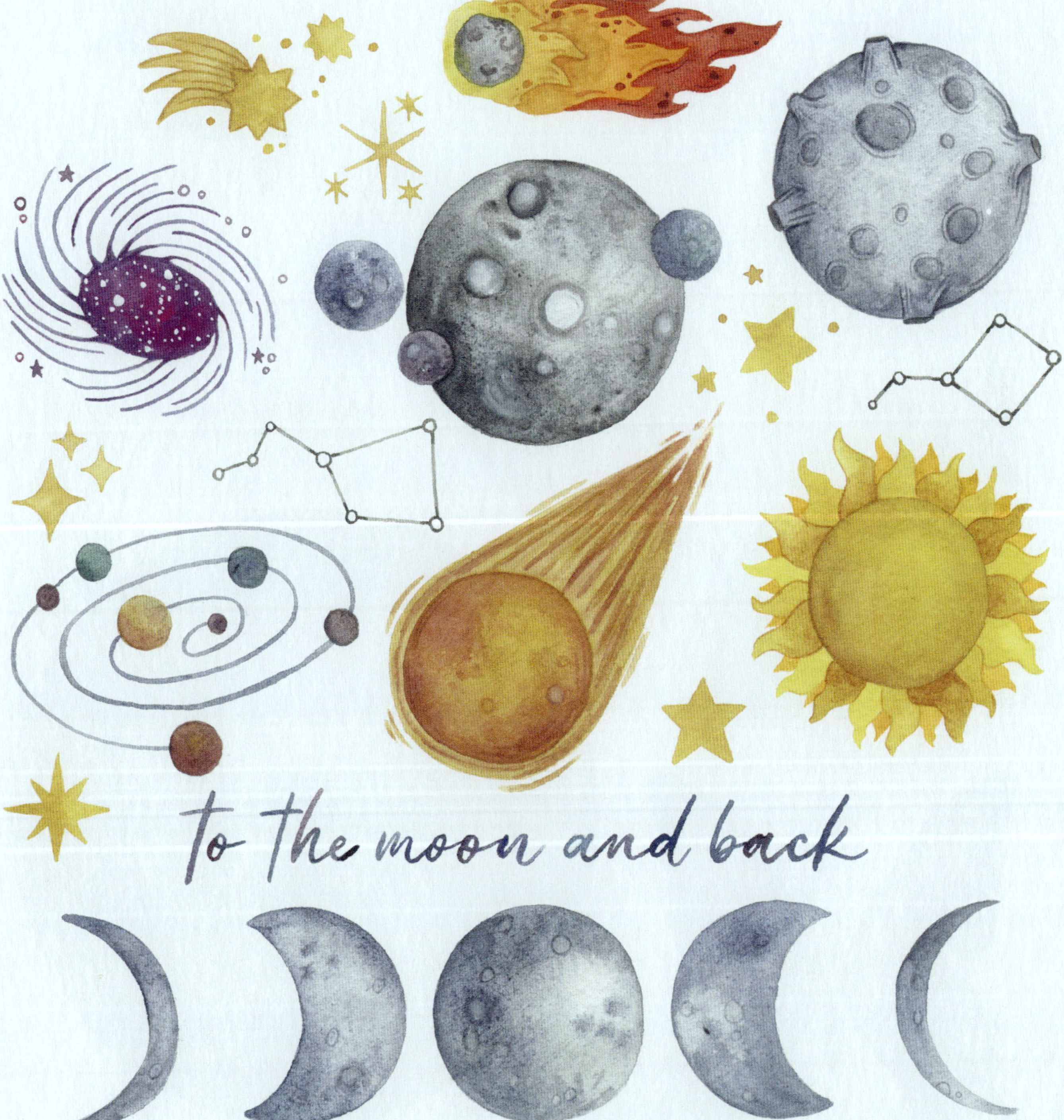
to the moon and back

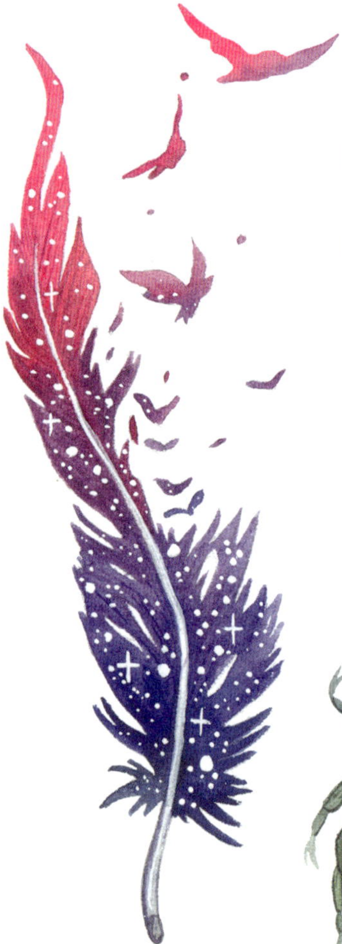
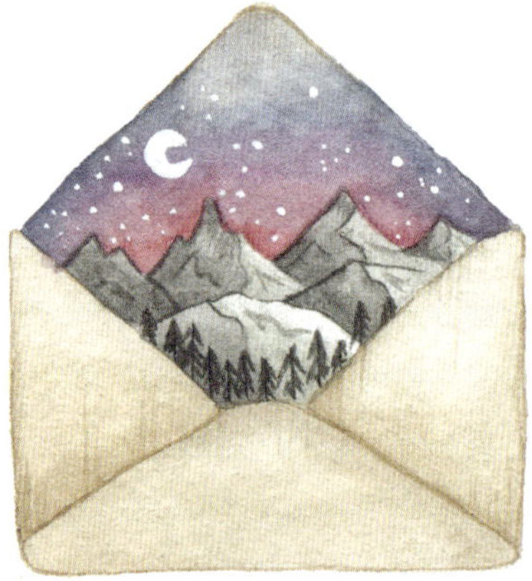

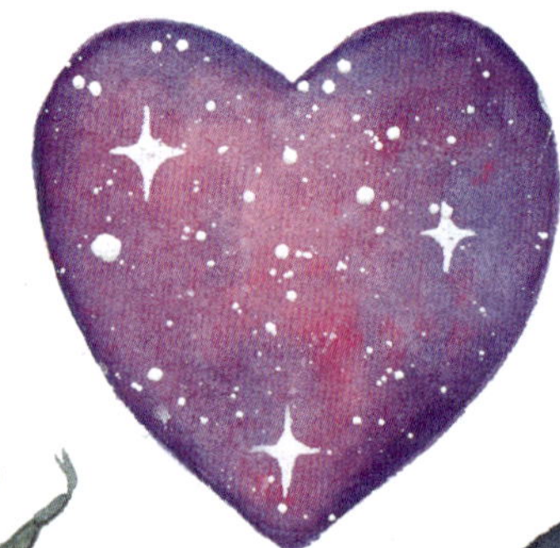
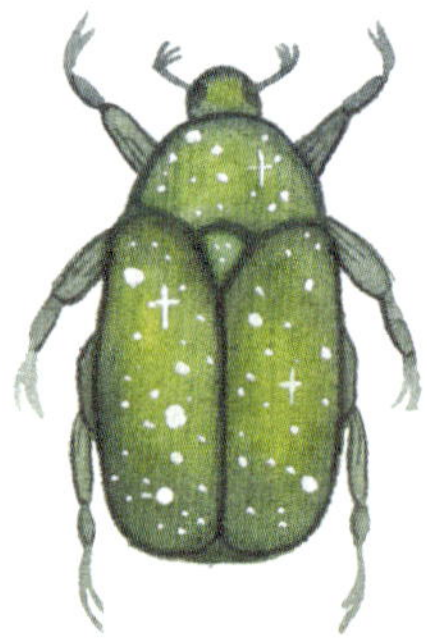
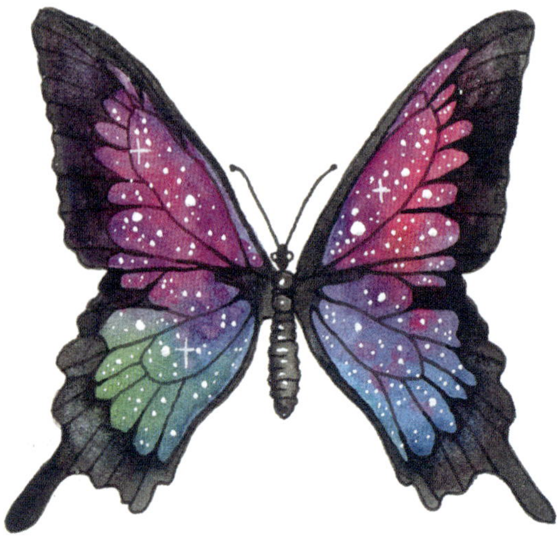
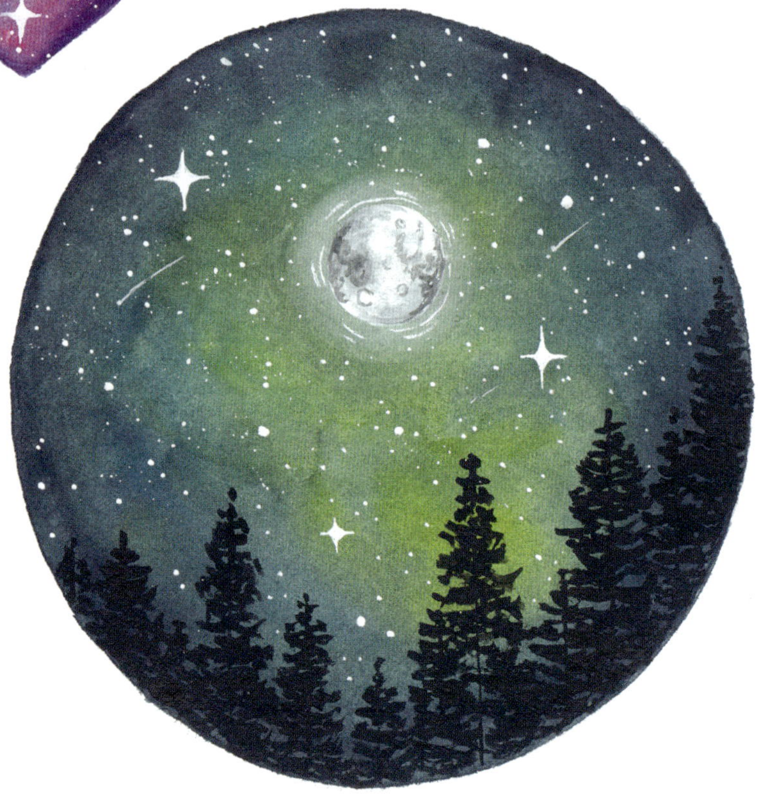

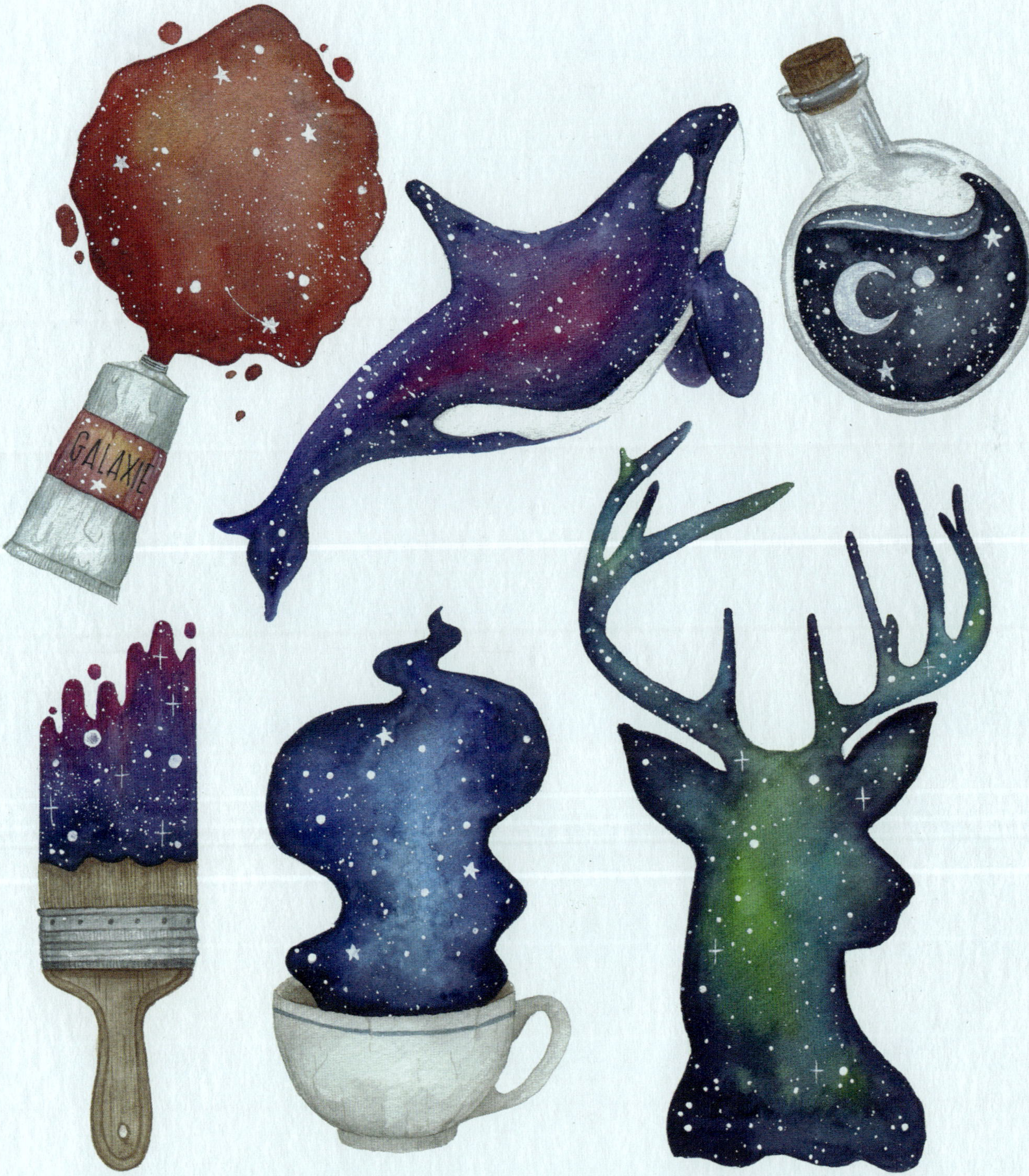
GALAXIE

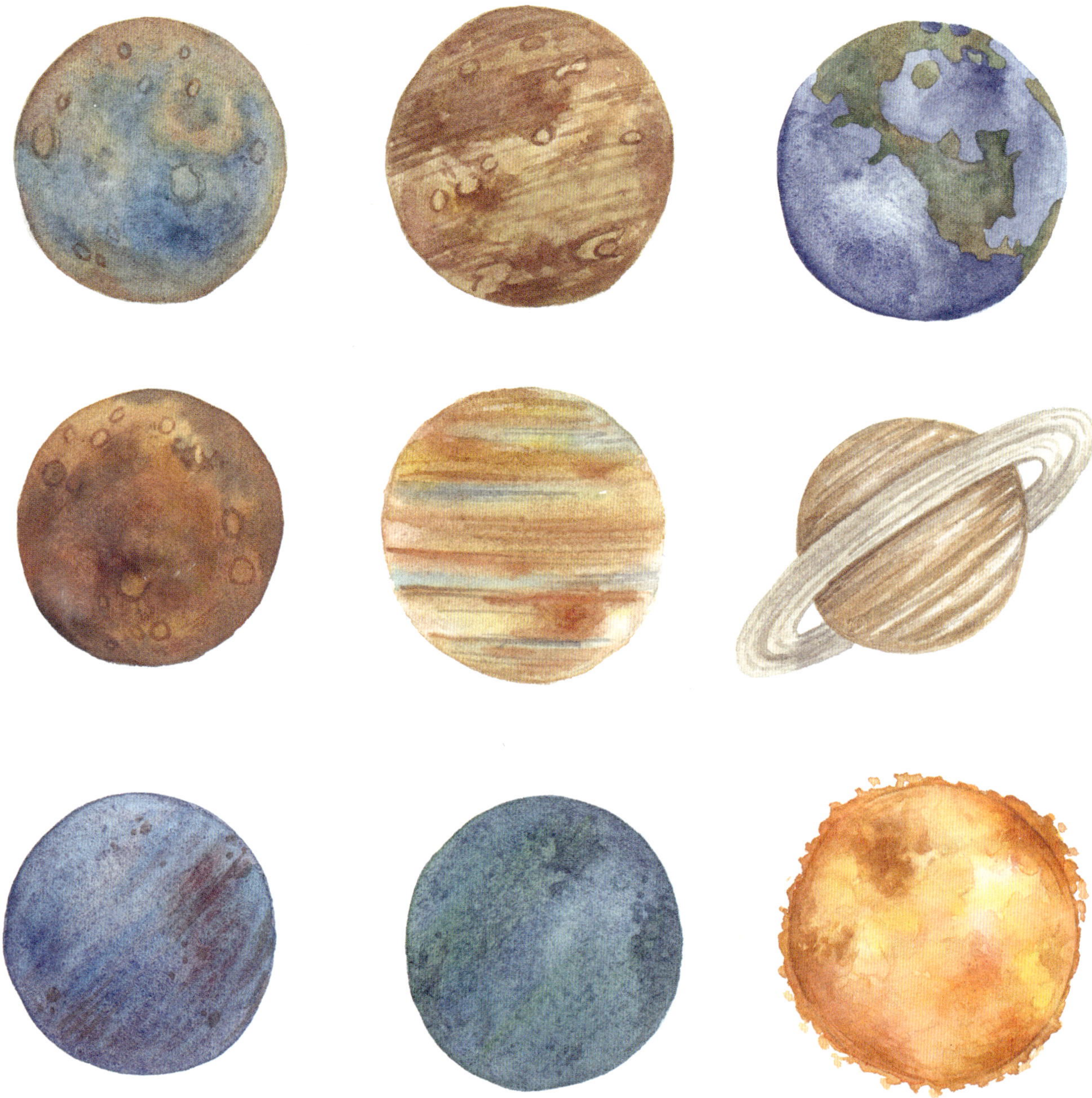

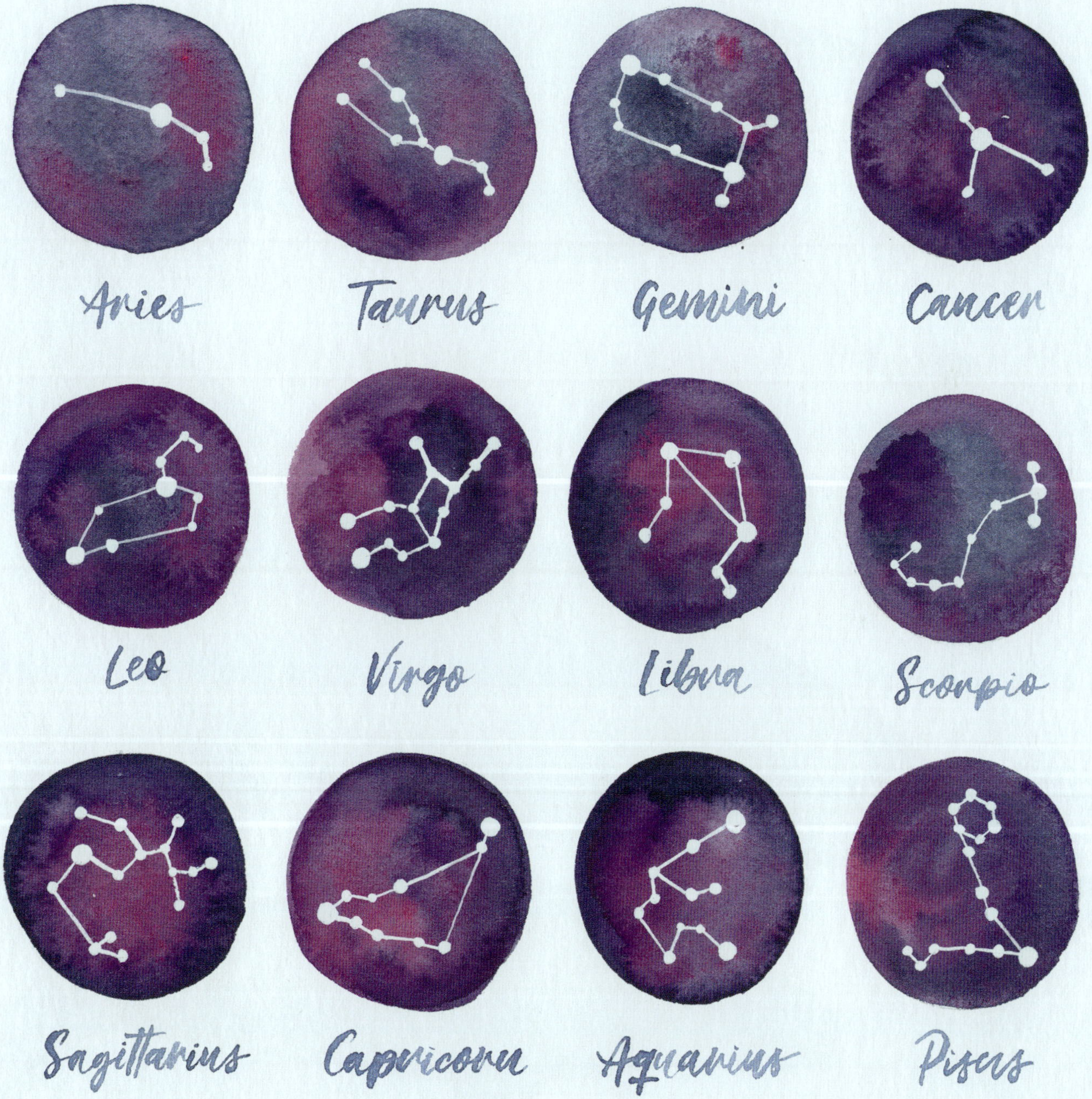
Aries
Taurus
Gemini
Cancer
Leo
Virgo
Libra
Scorpio
Sagittarius
Capricorn
Aquarius
Pisces

Maritim

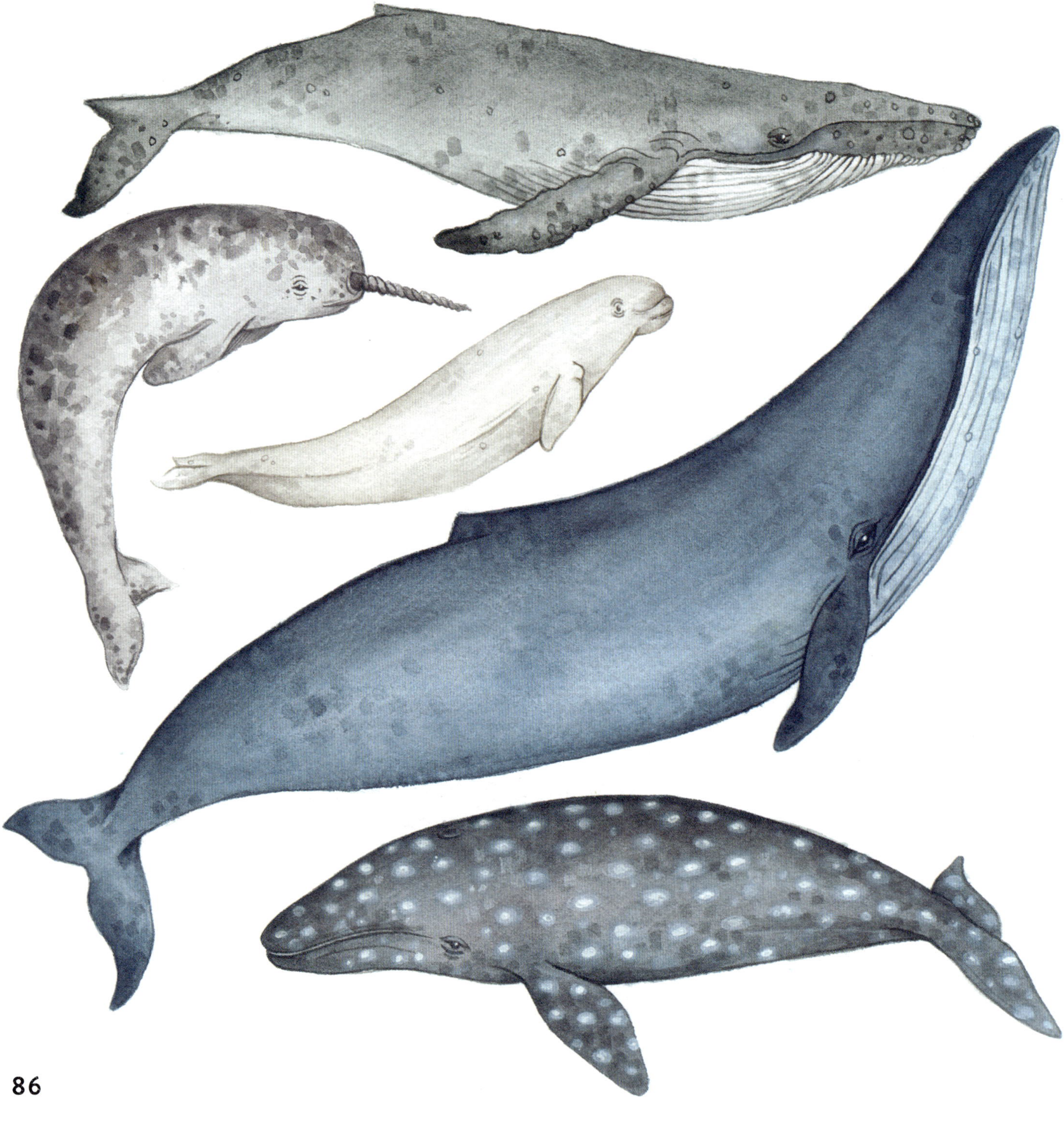

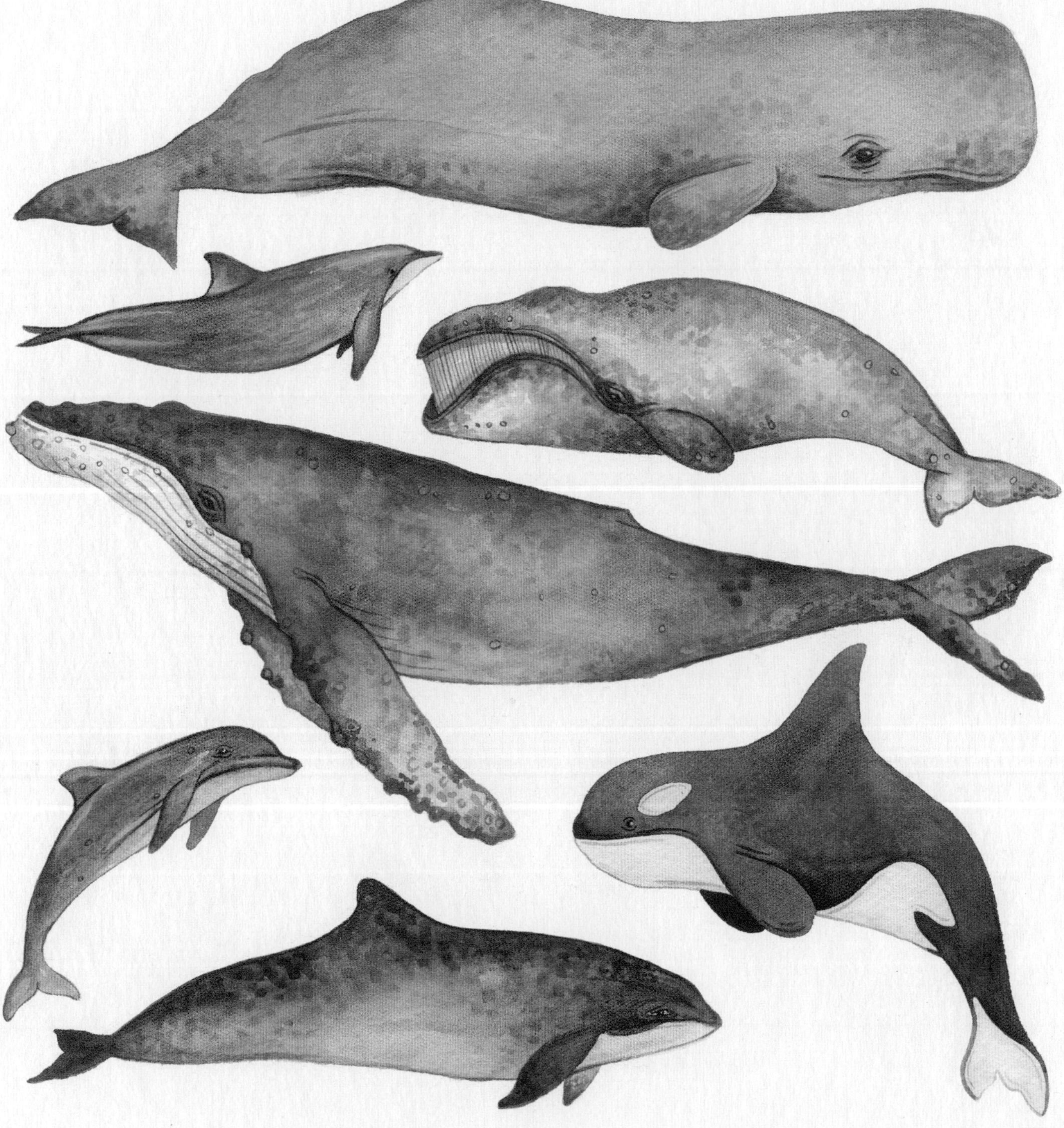

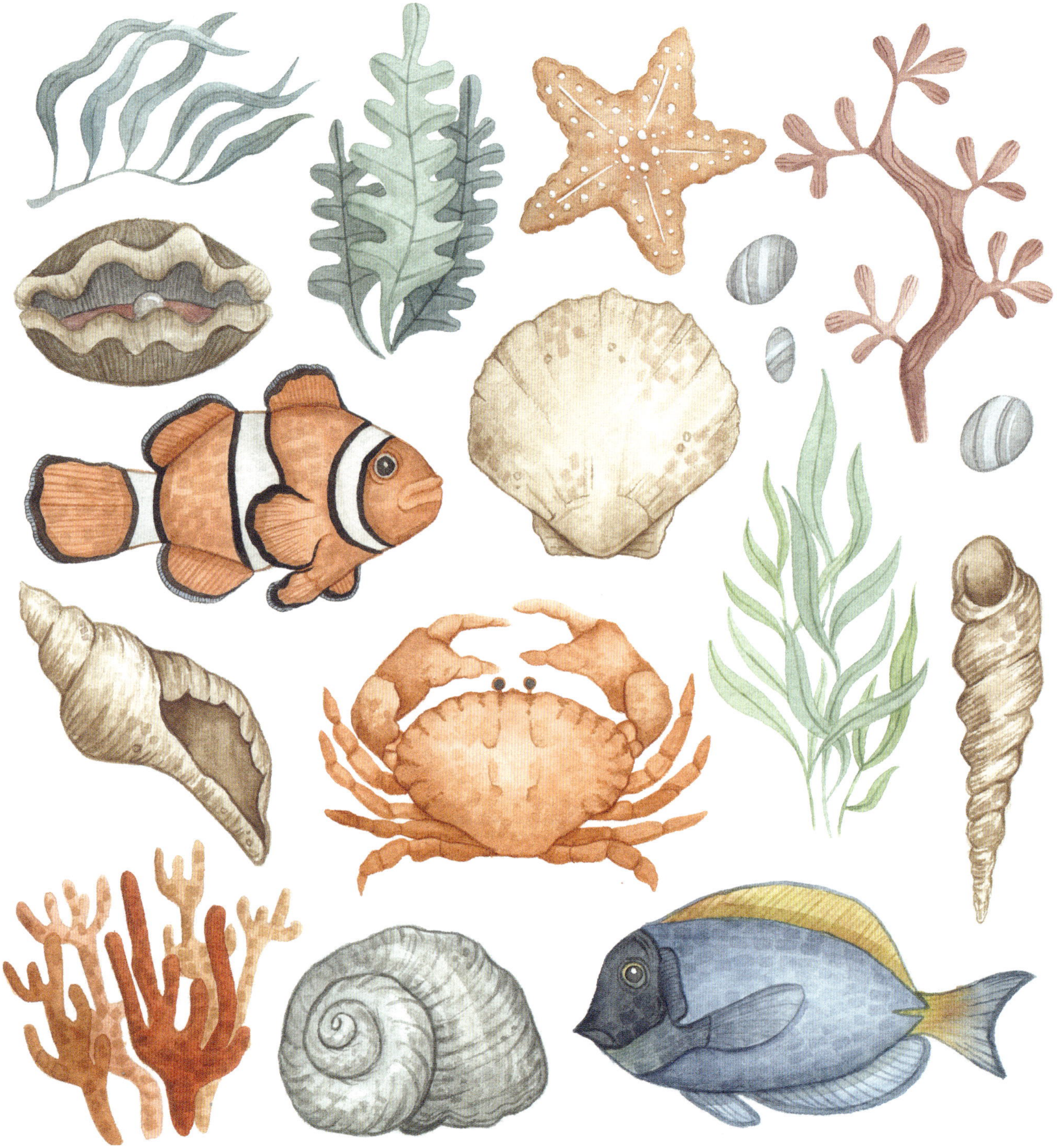

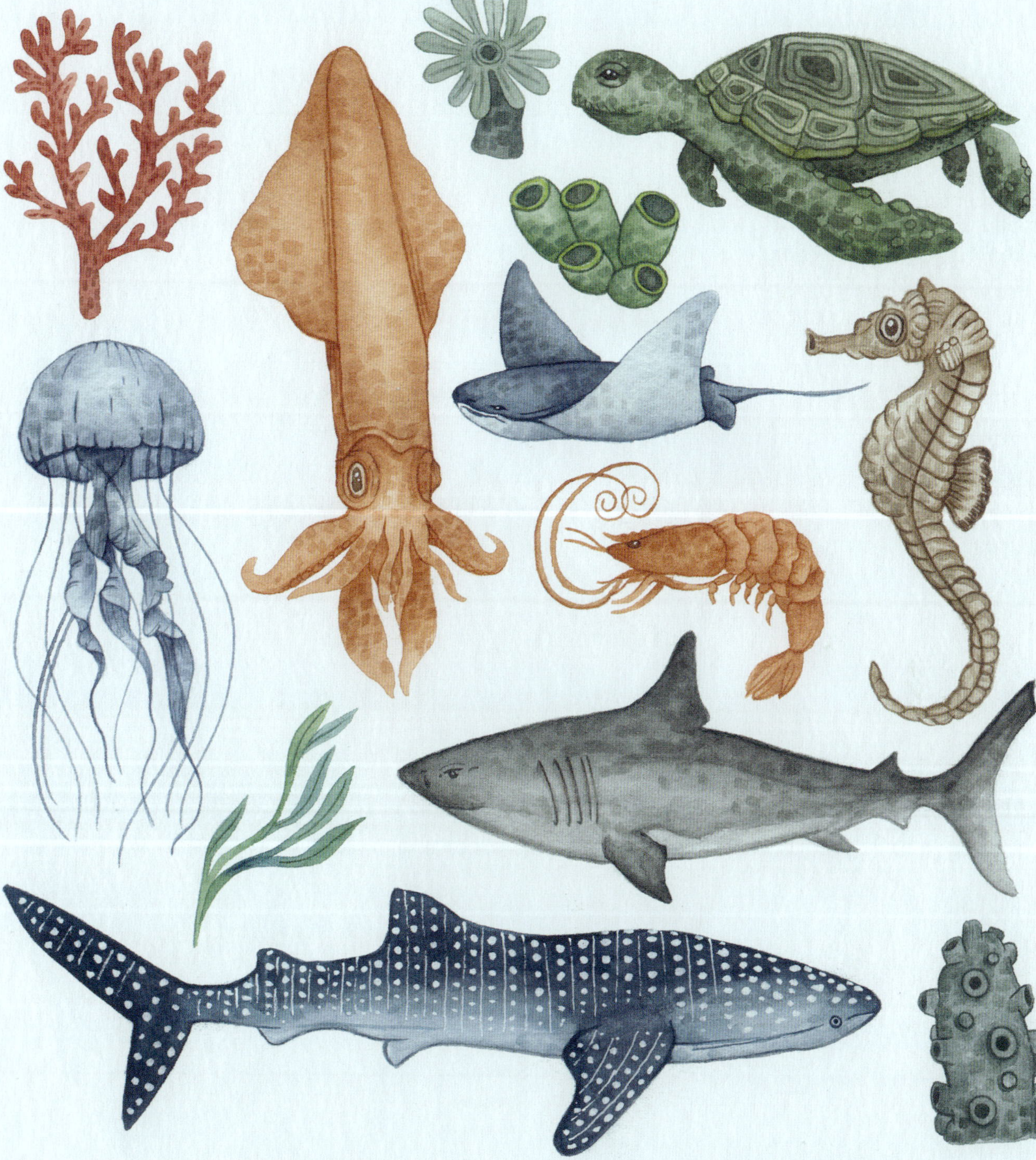

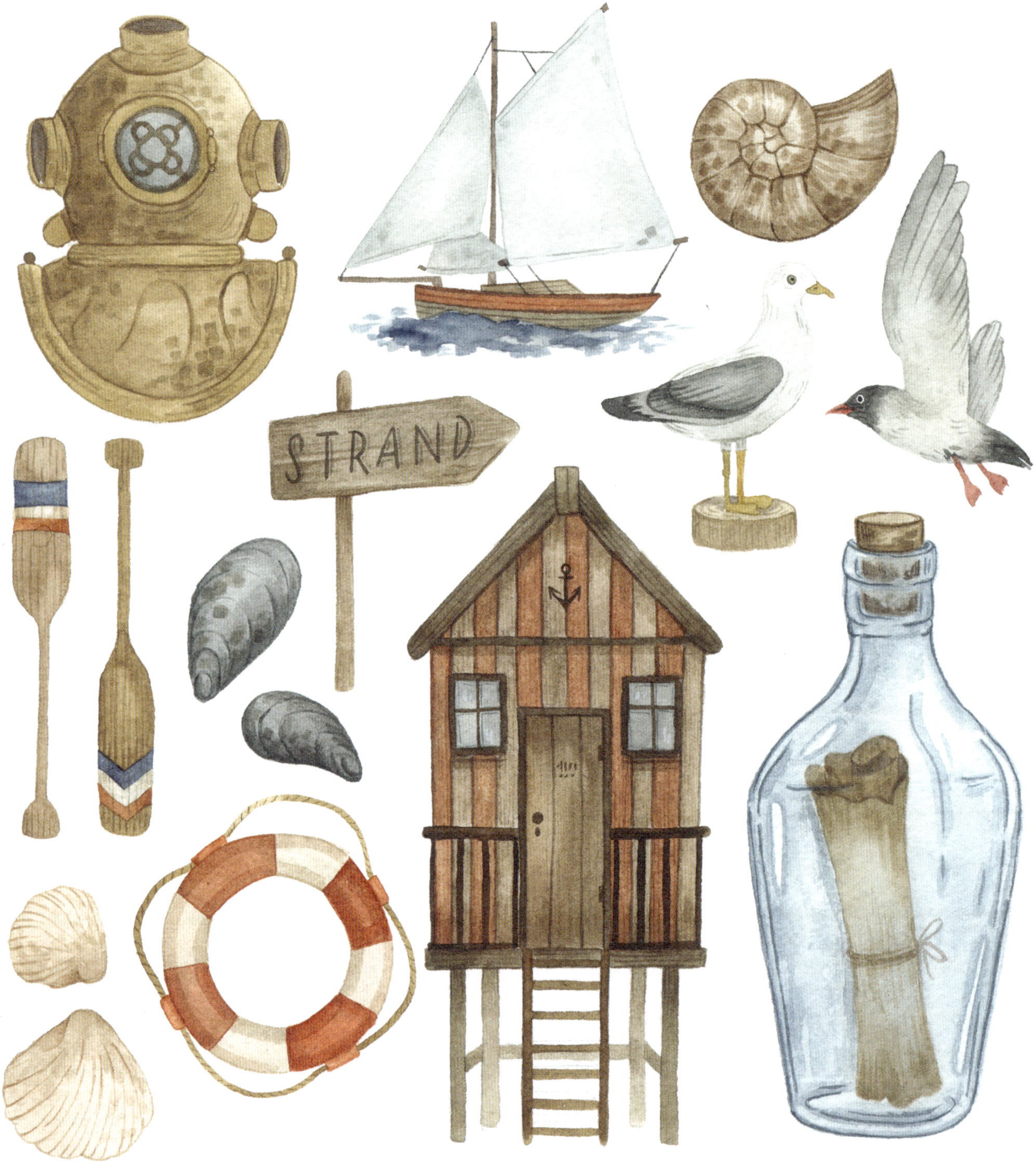
STRAND

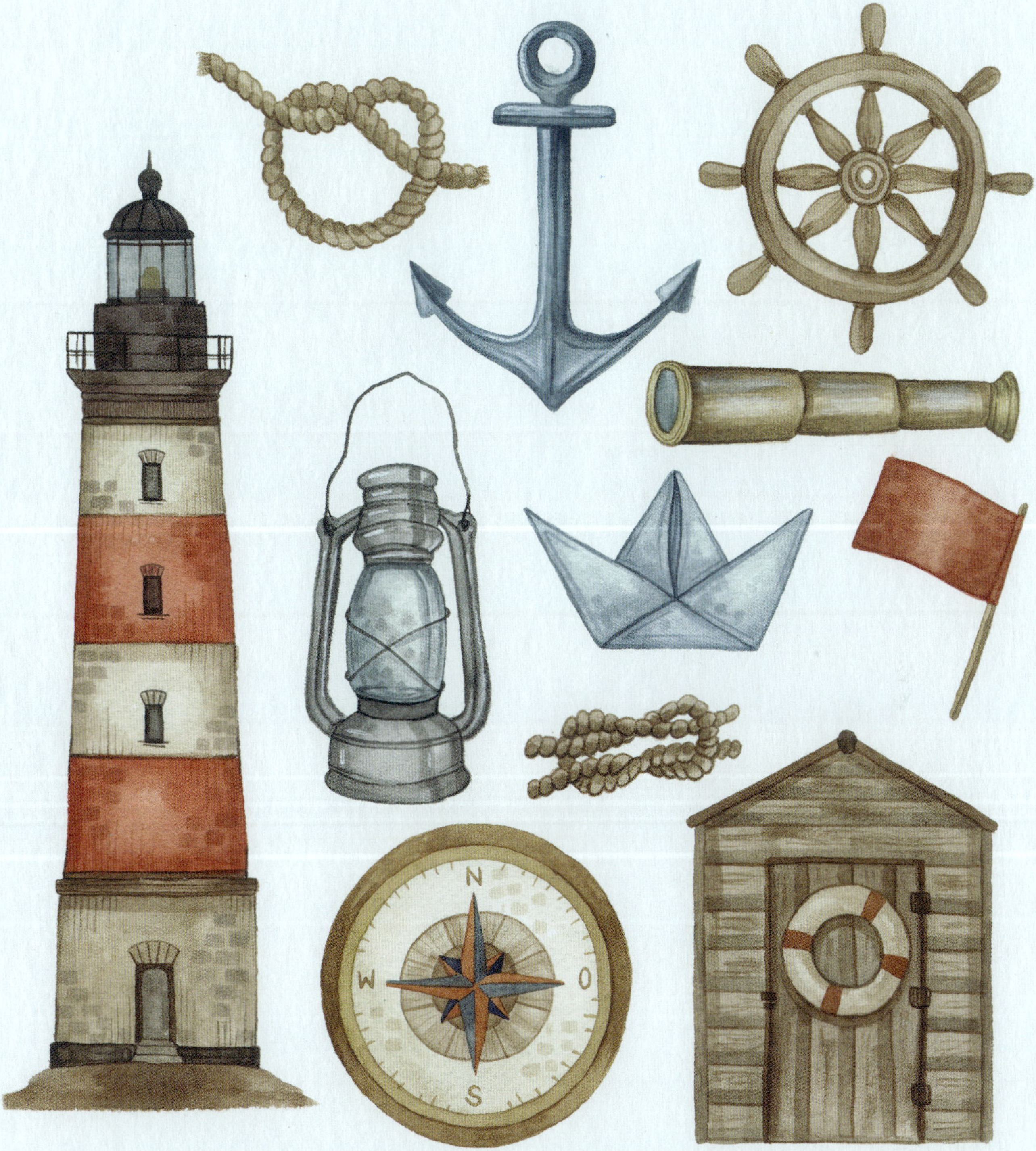
N
W
O
S

Häuser

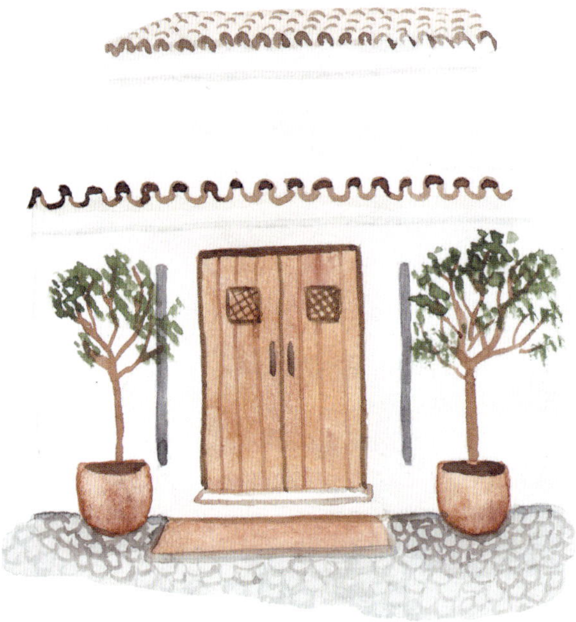

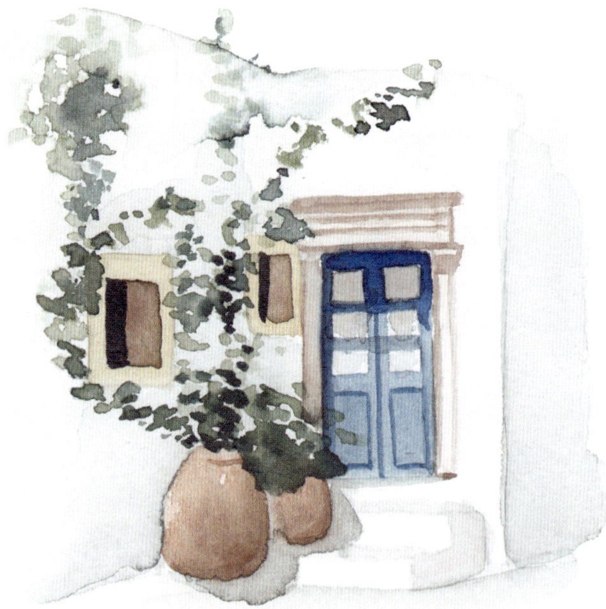

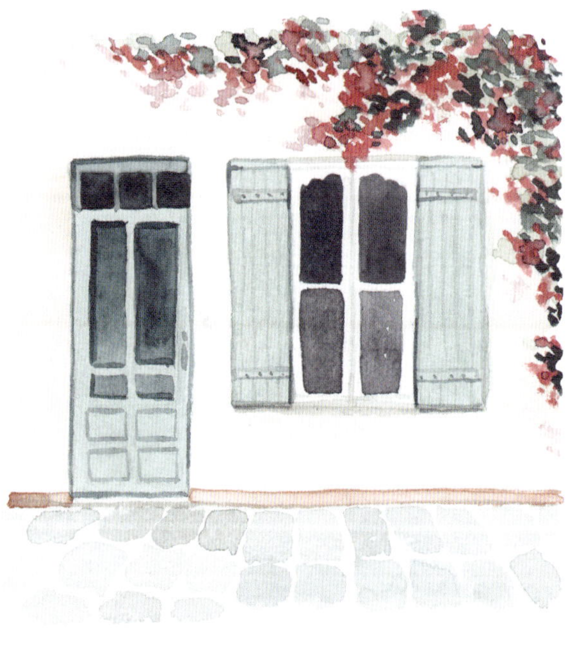

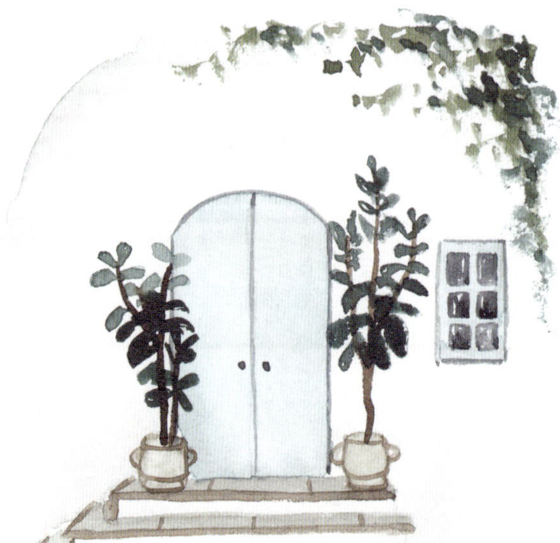

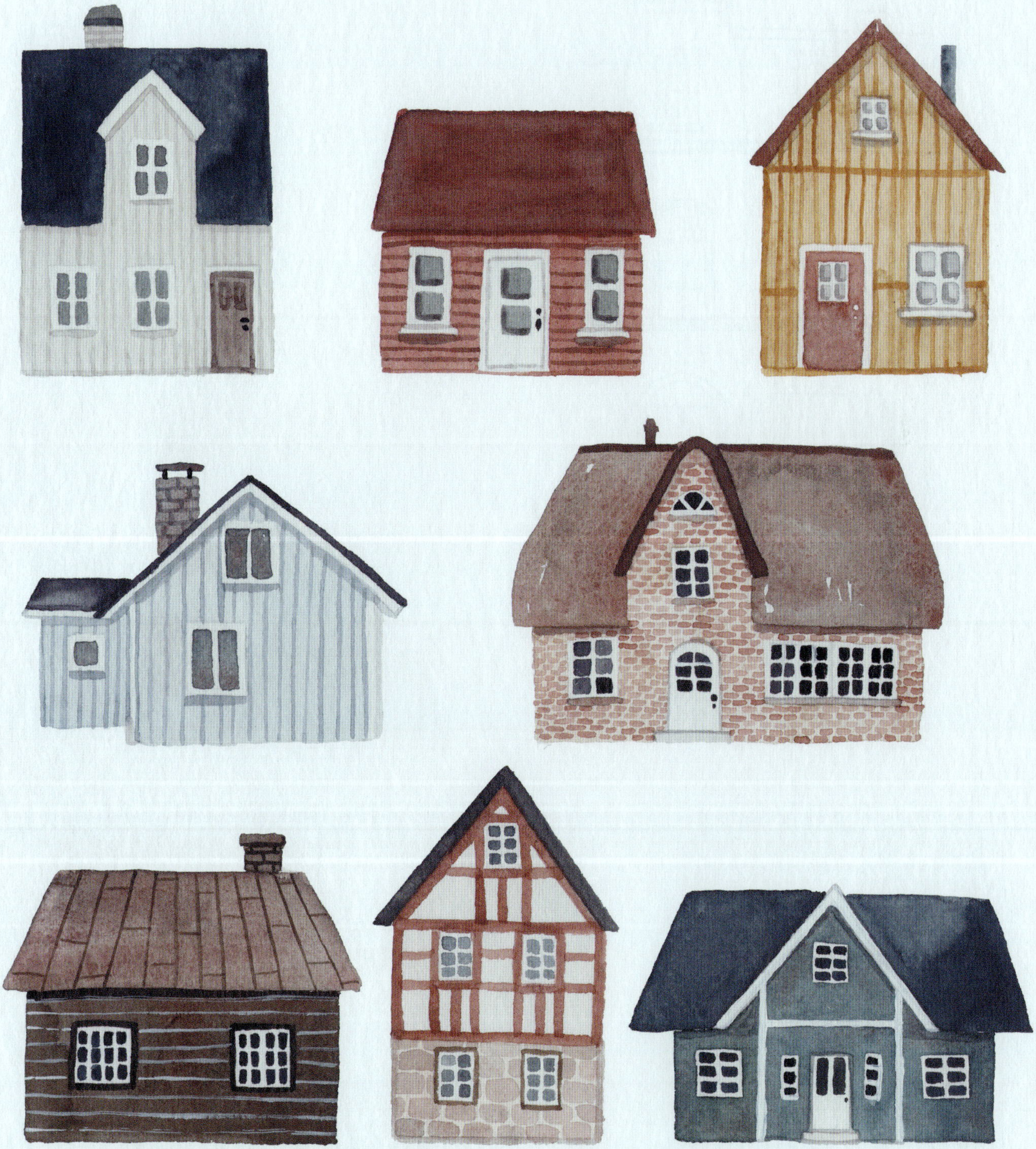

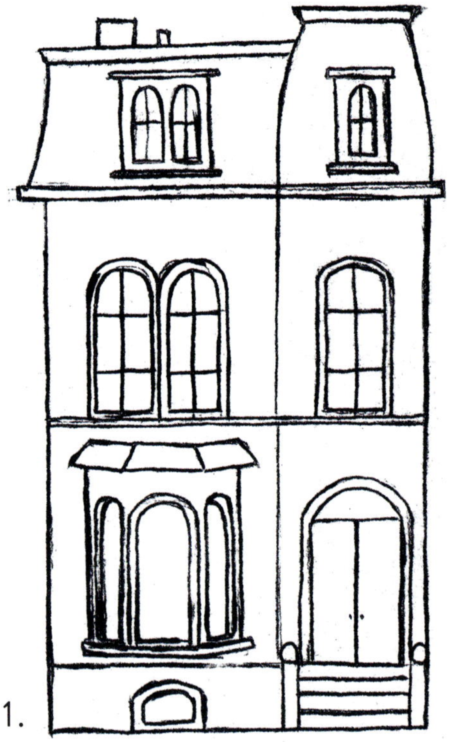

1.

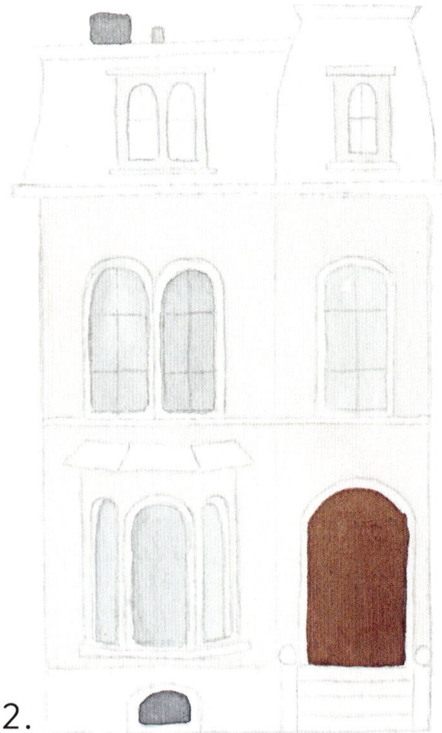

2.

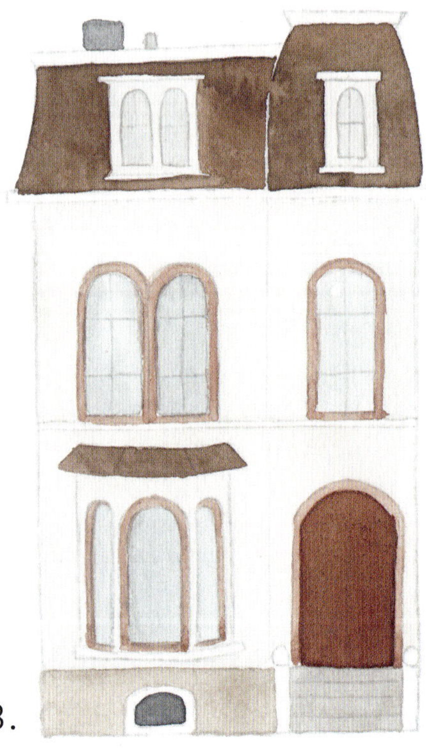

3.

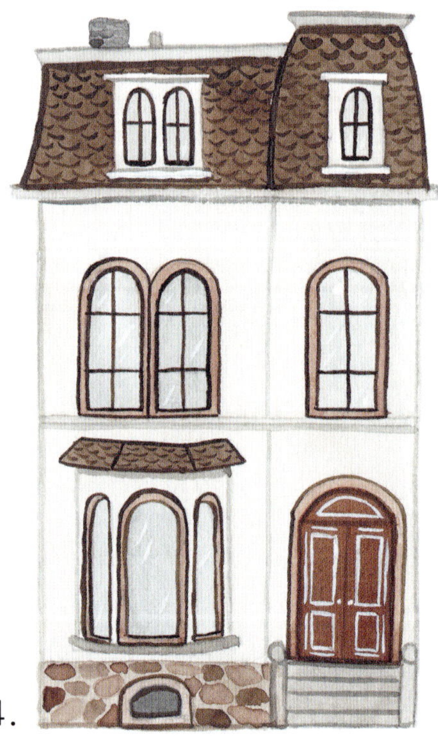

4.

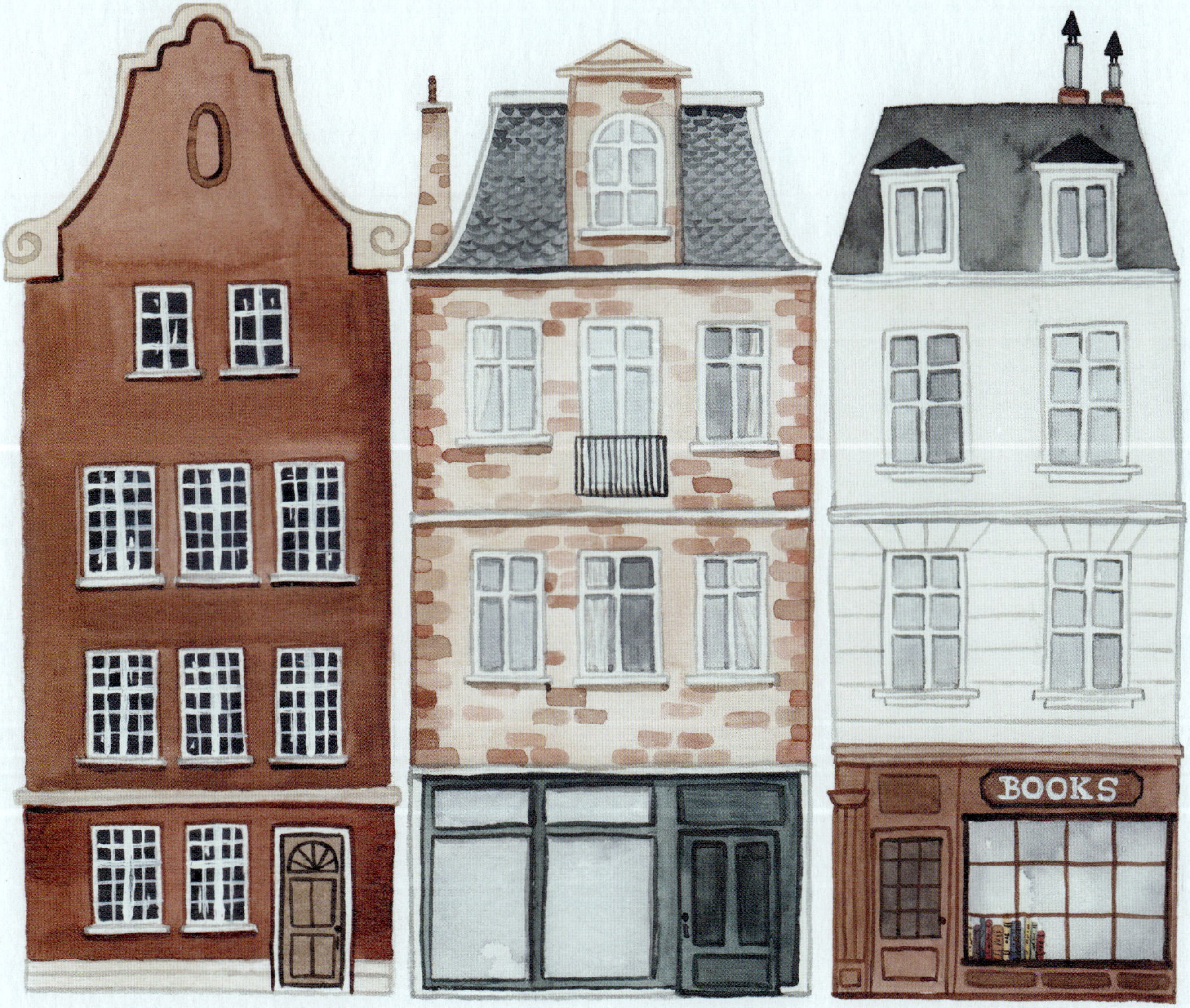
BOOKS

Zuhause

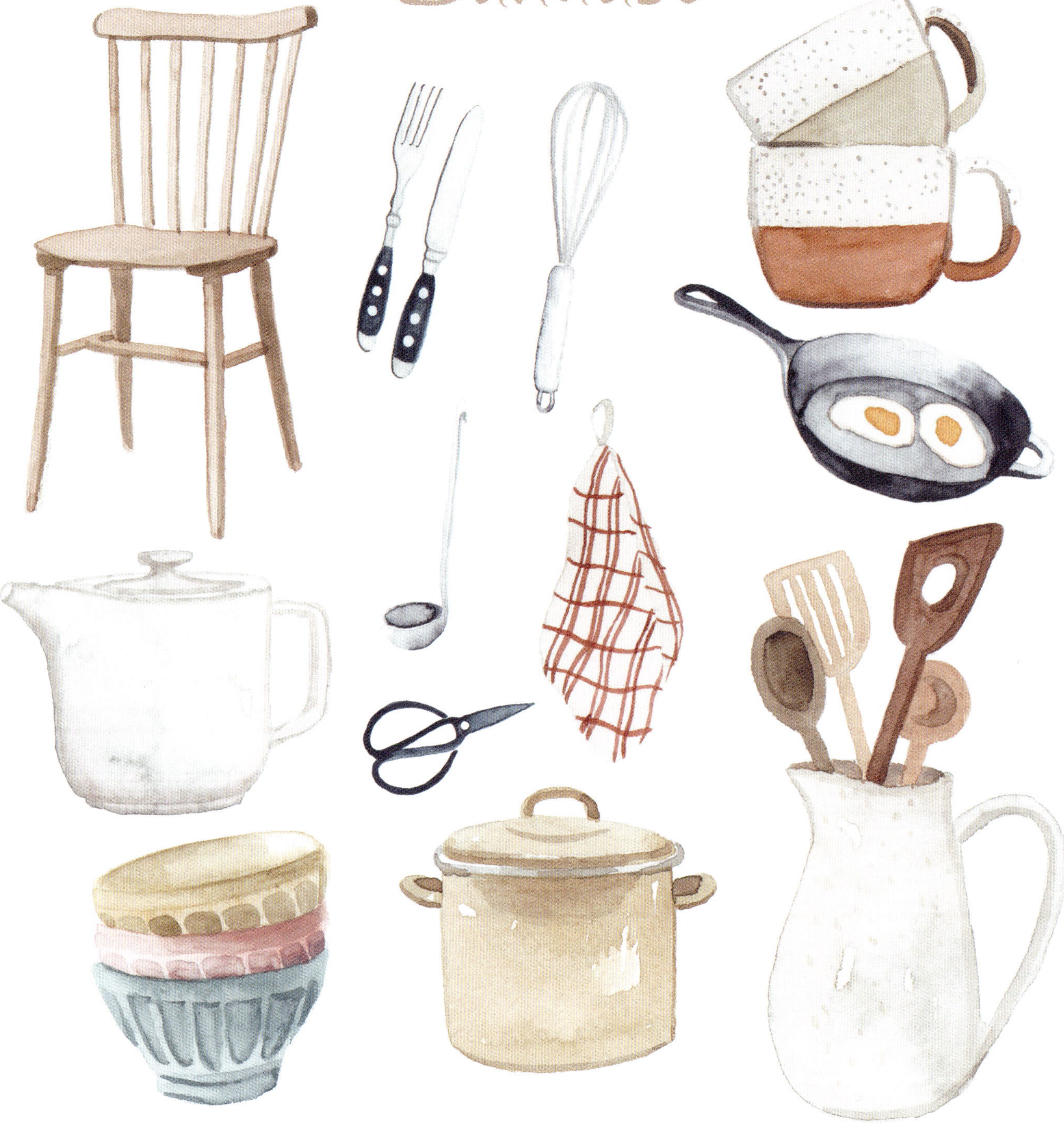

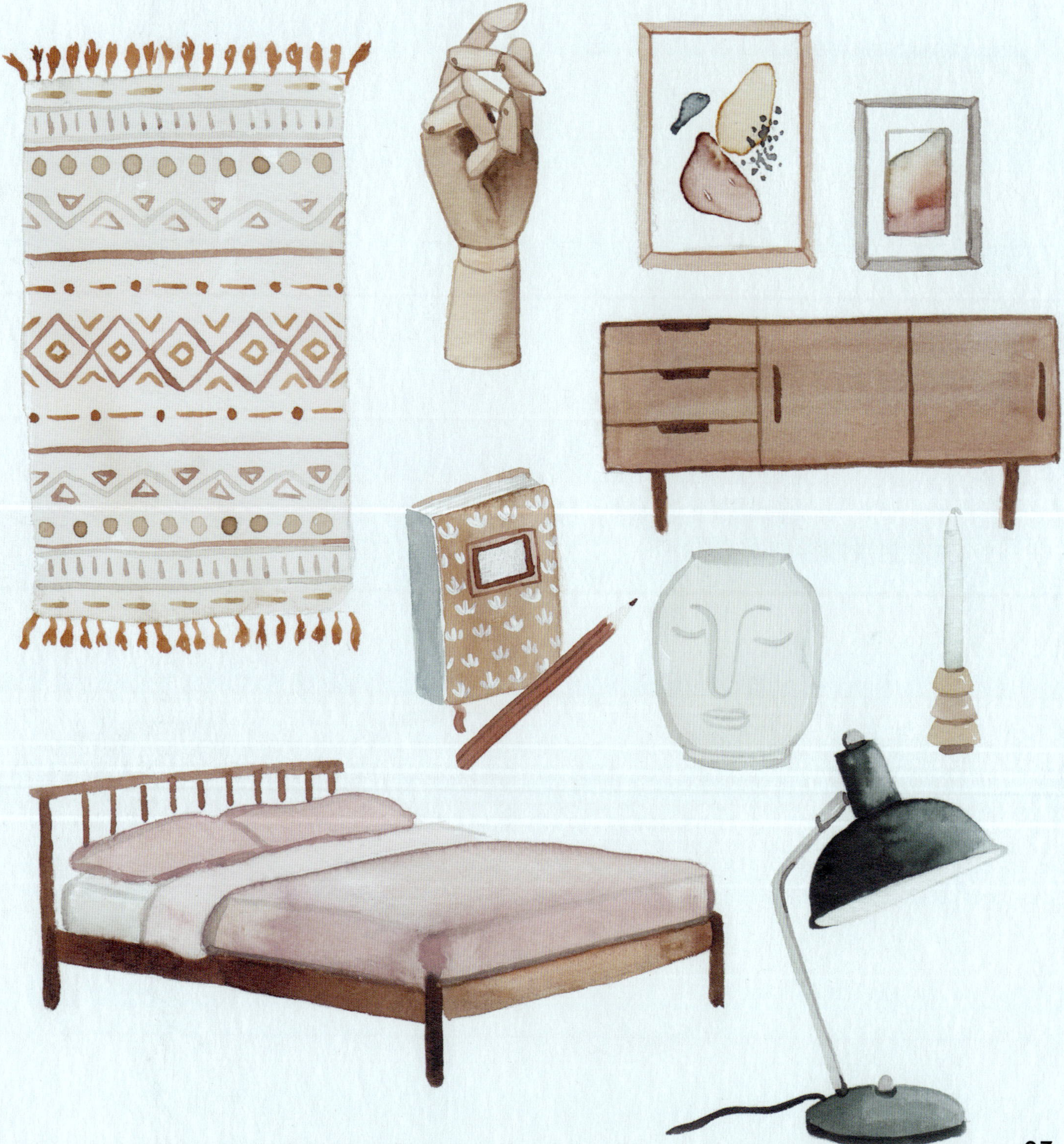

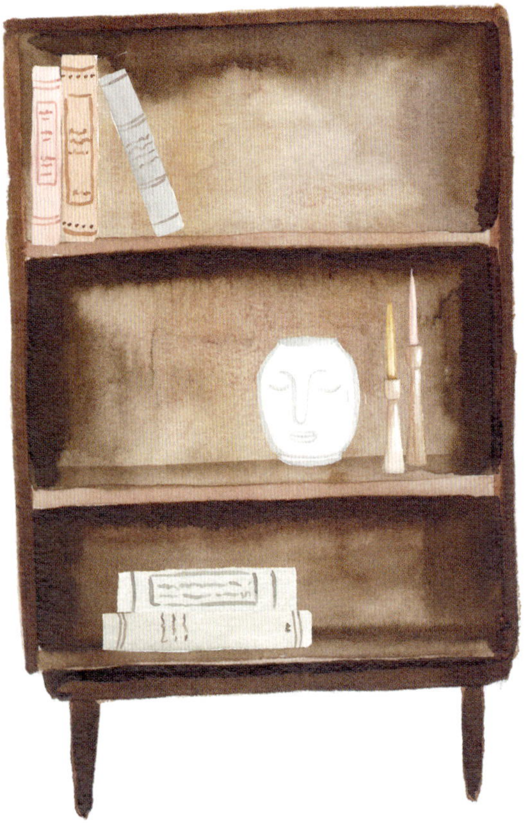
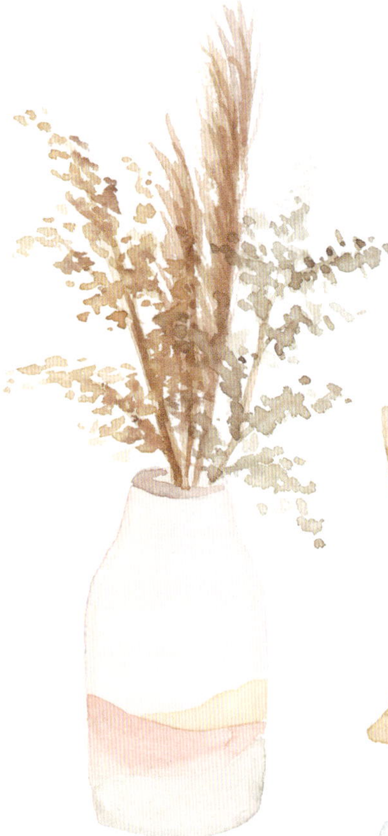
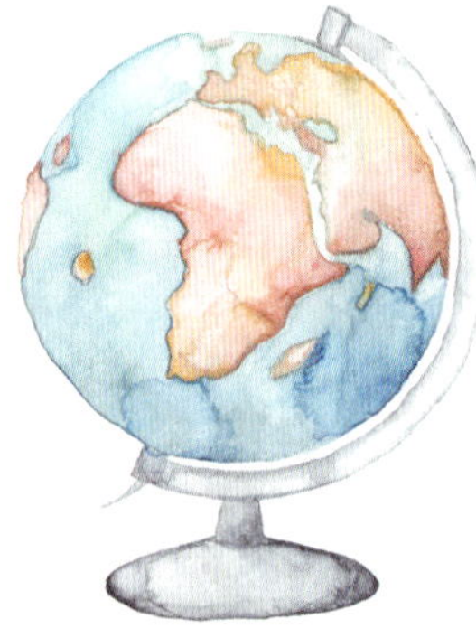
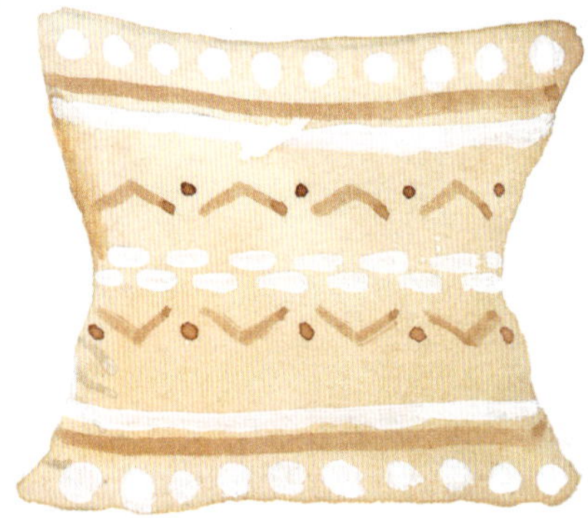
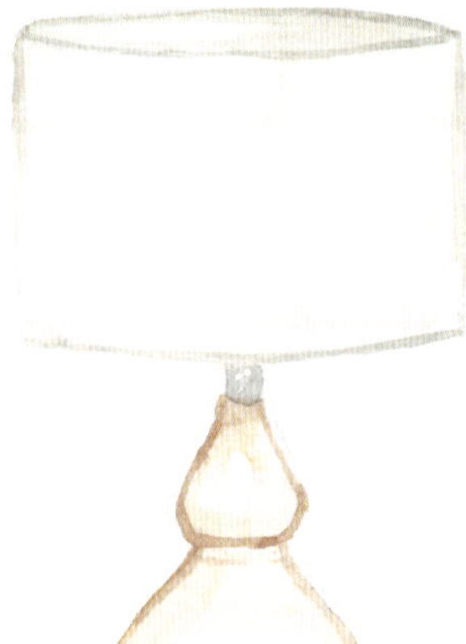
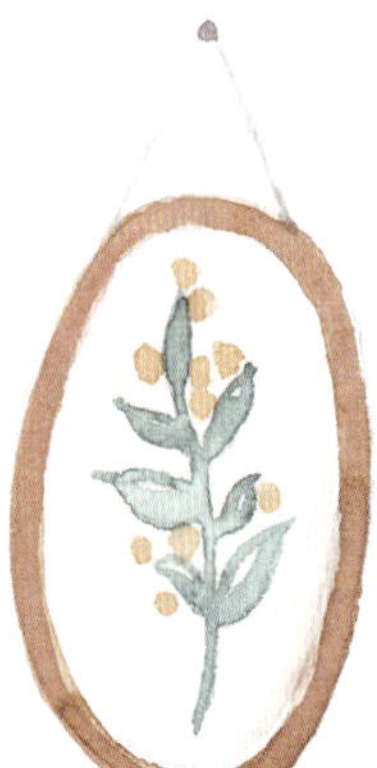
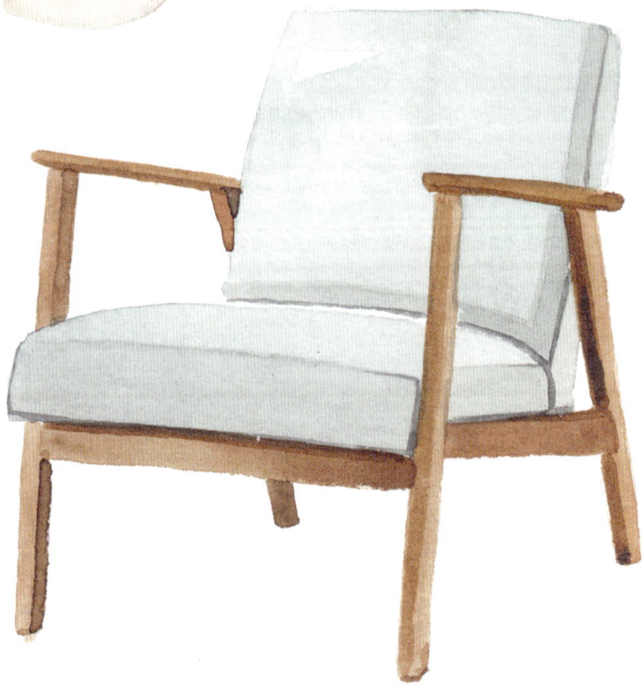

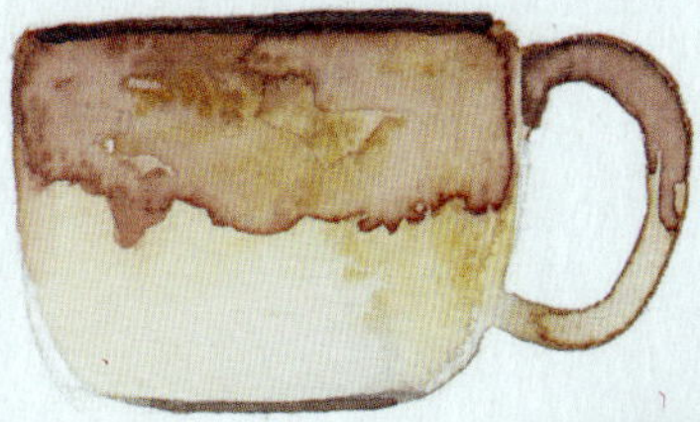
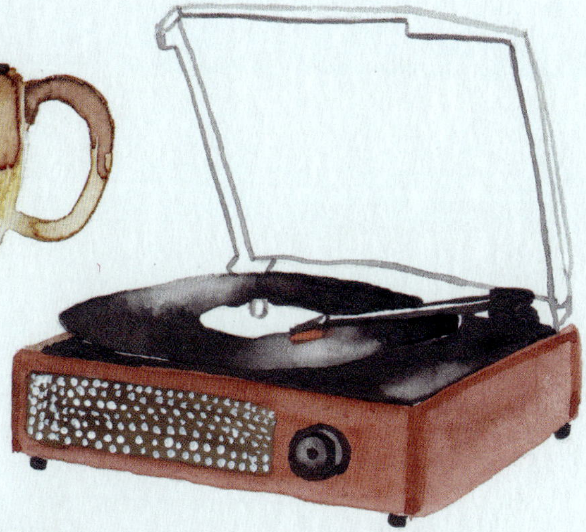
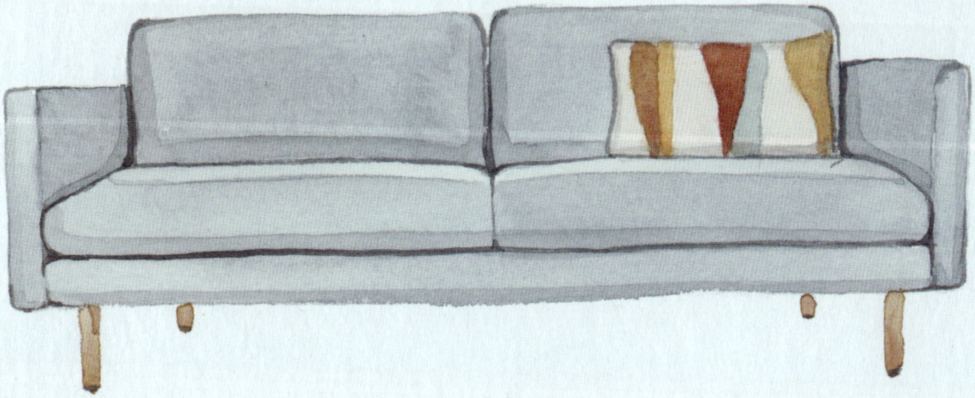
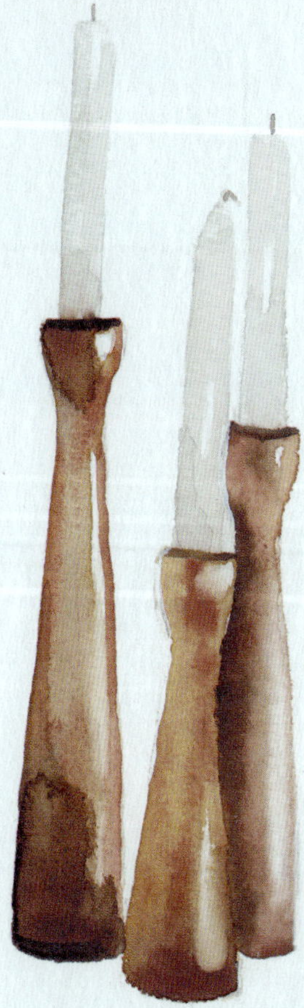
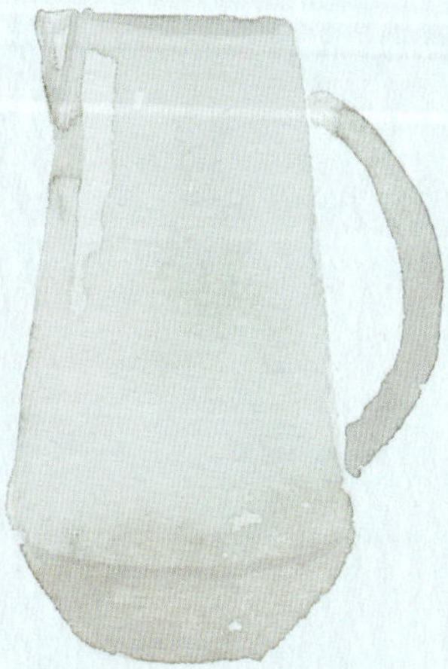
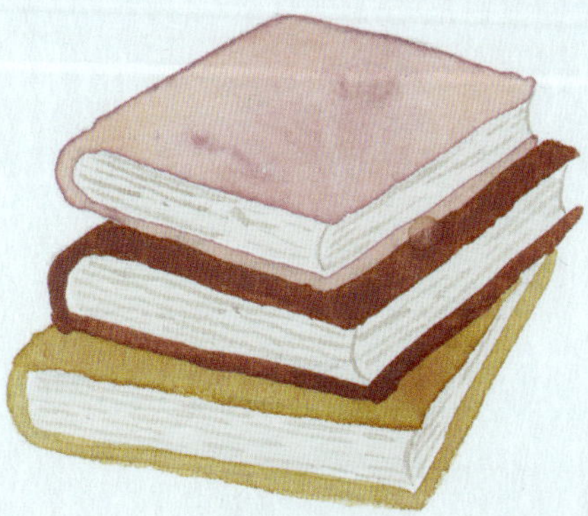

Anlässe

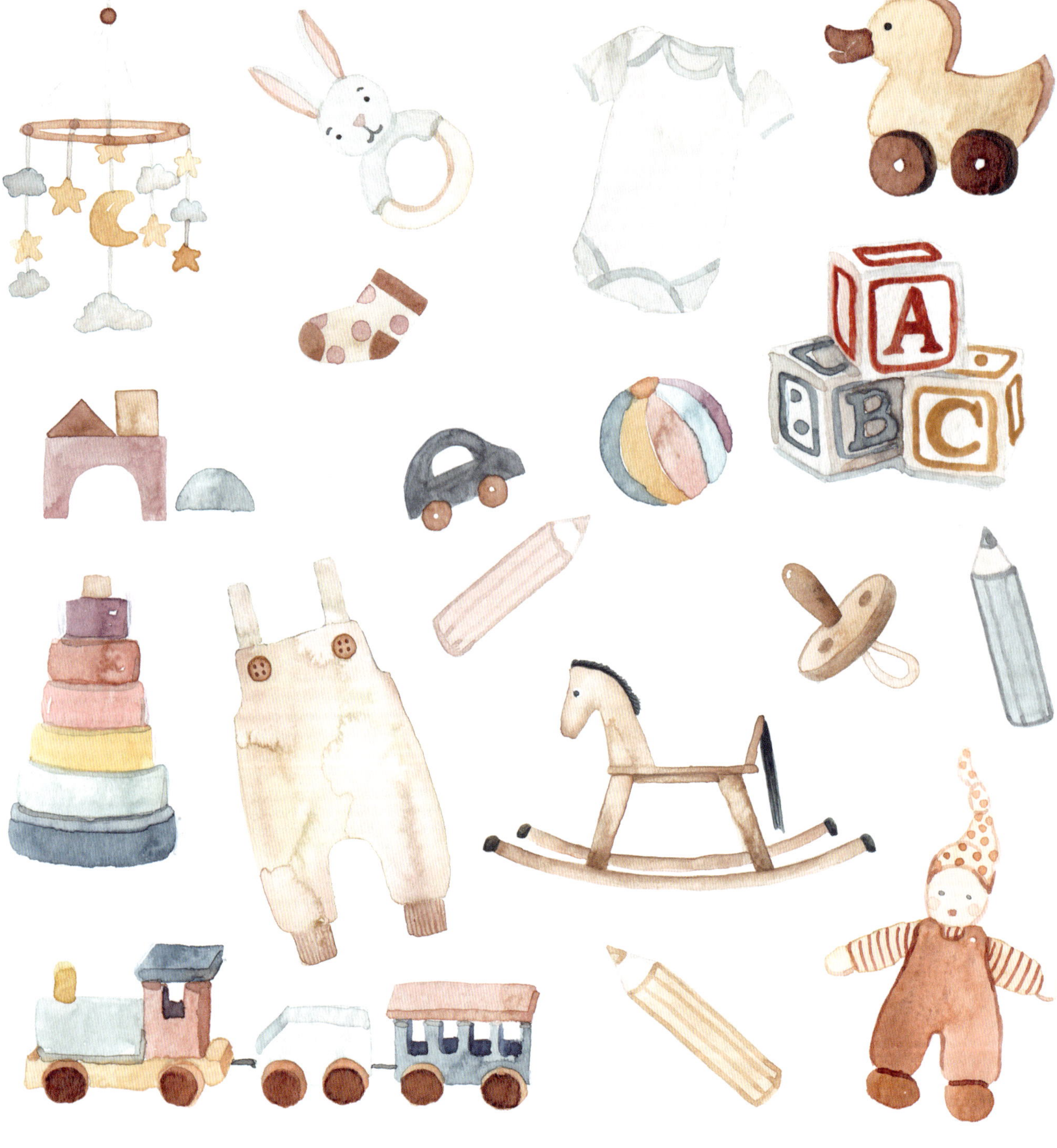

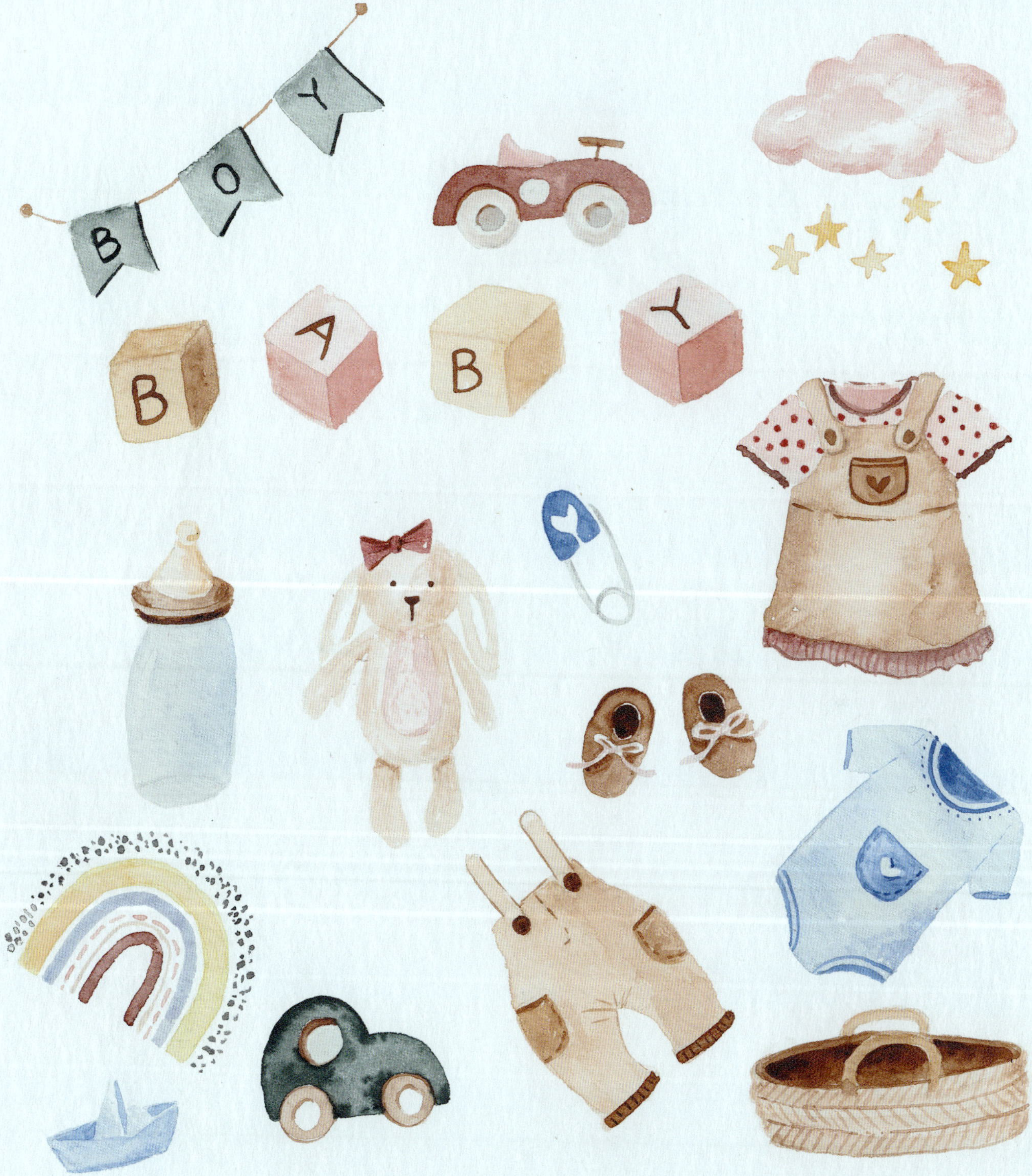
BOY
BABY

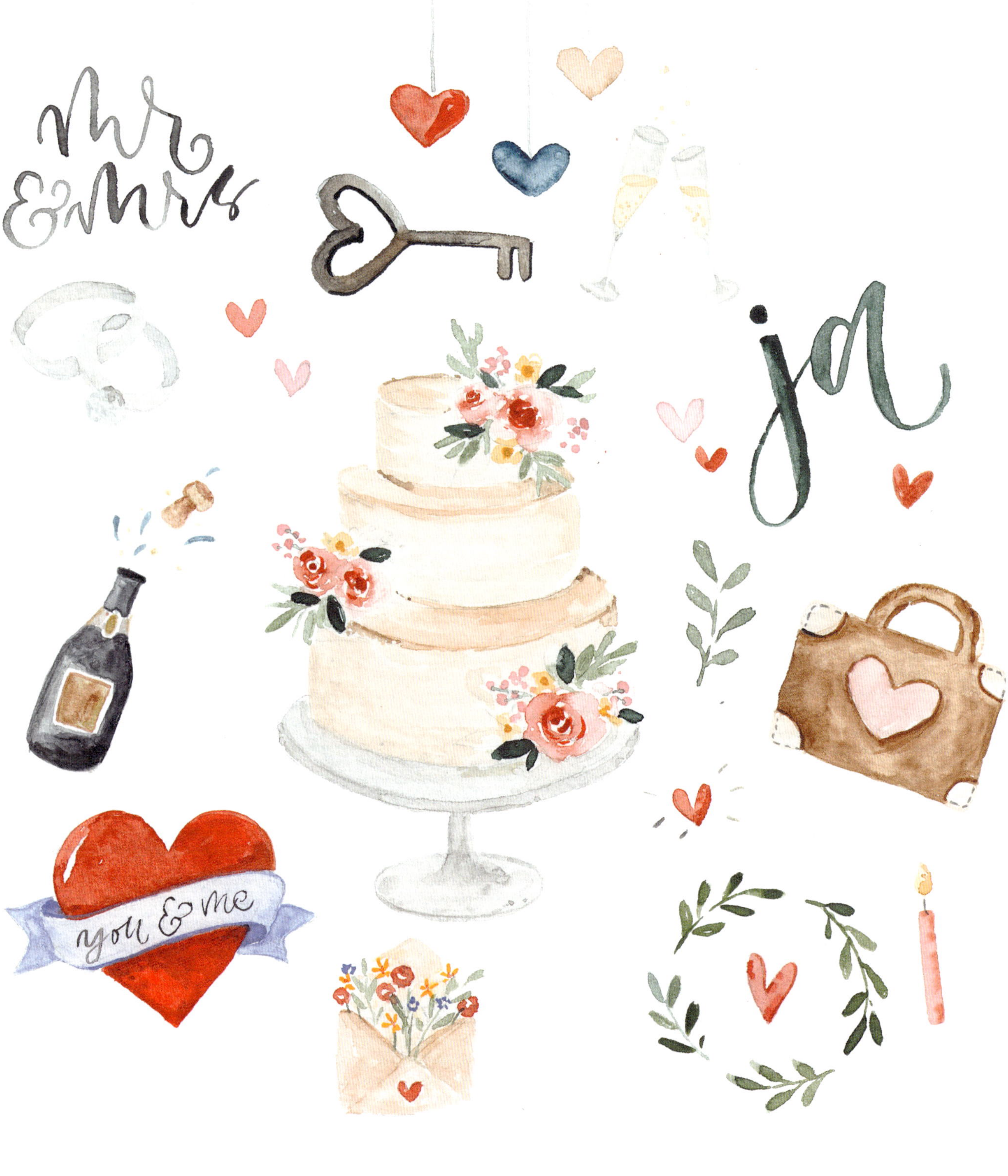
Mr
&Mrs
ja
you & me

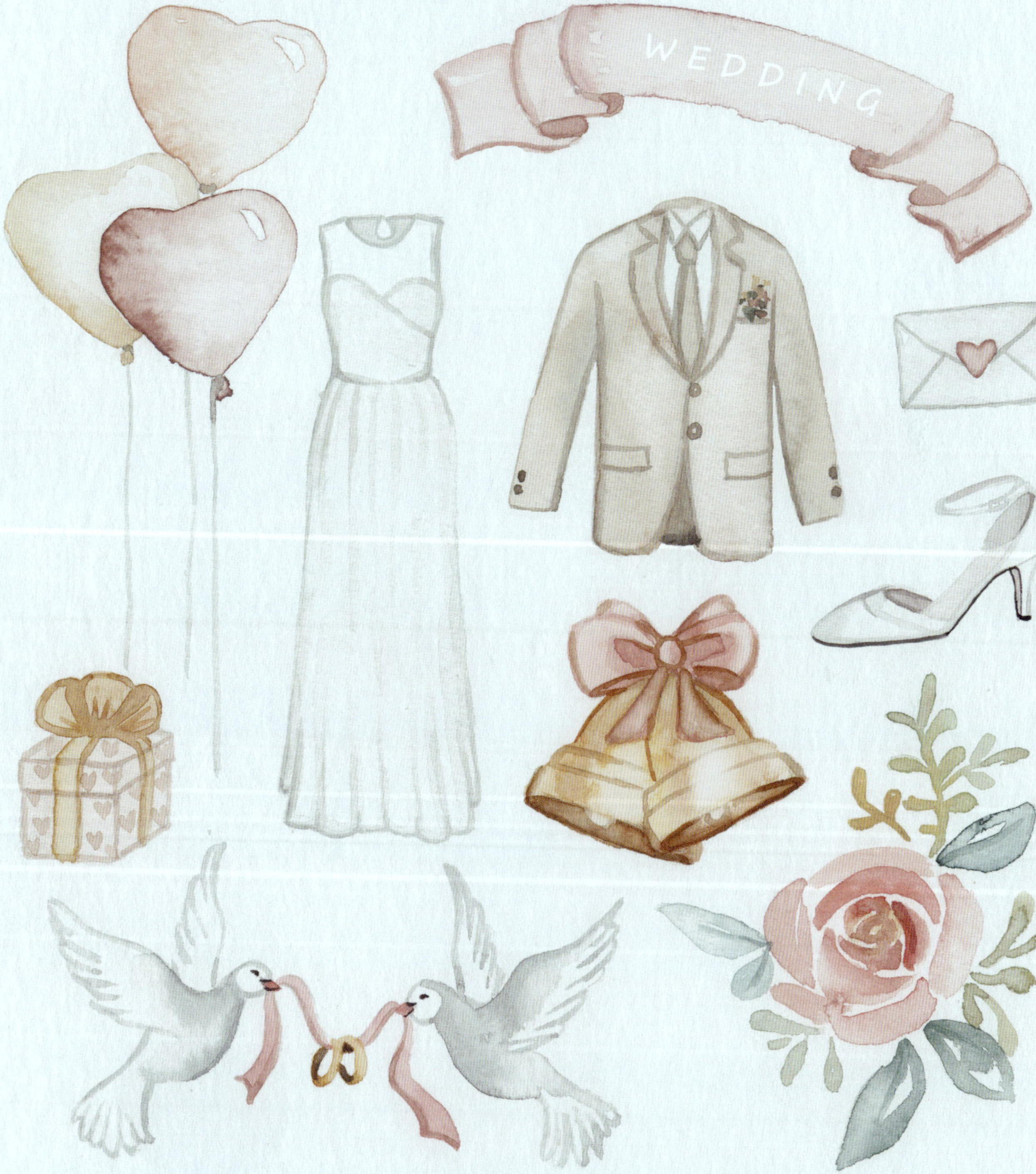
WEDDING

Geburtstag

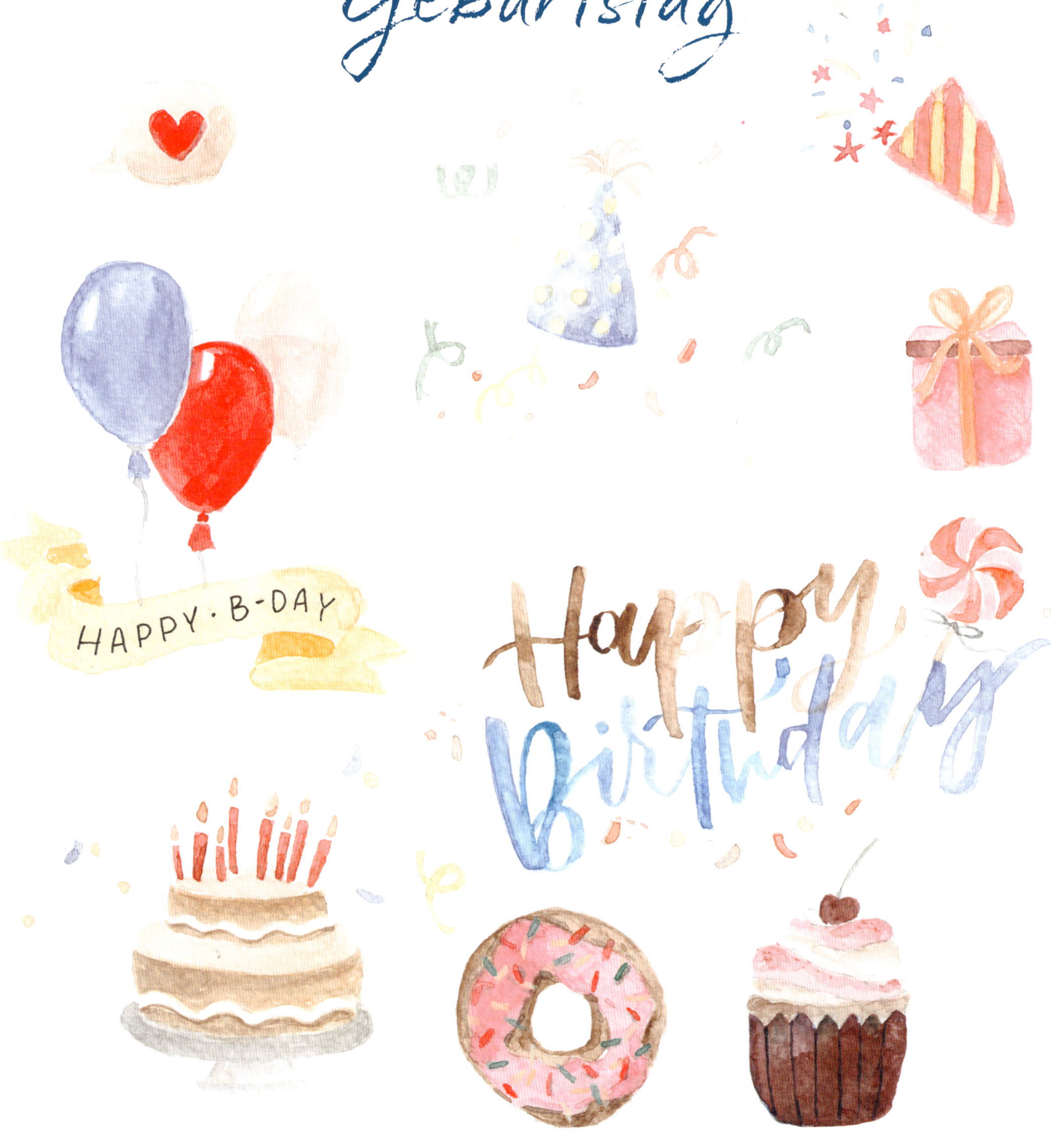

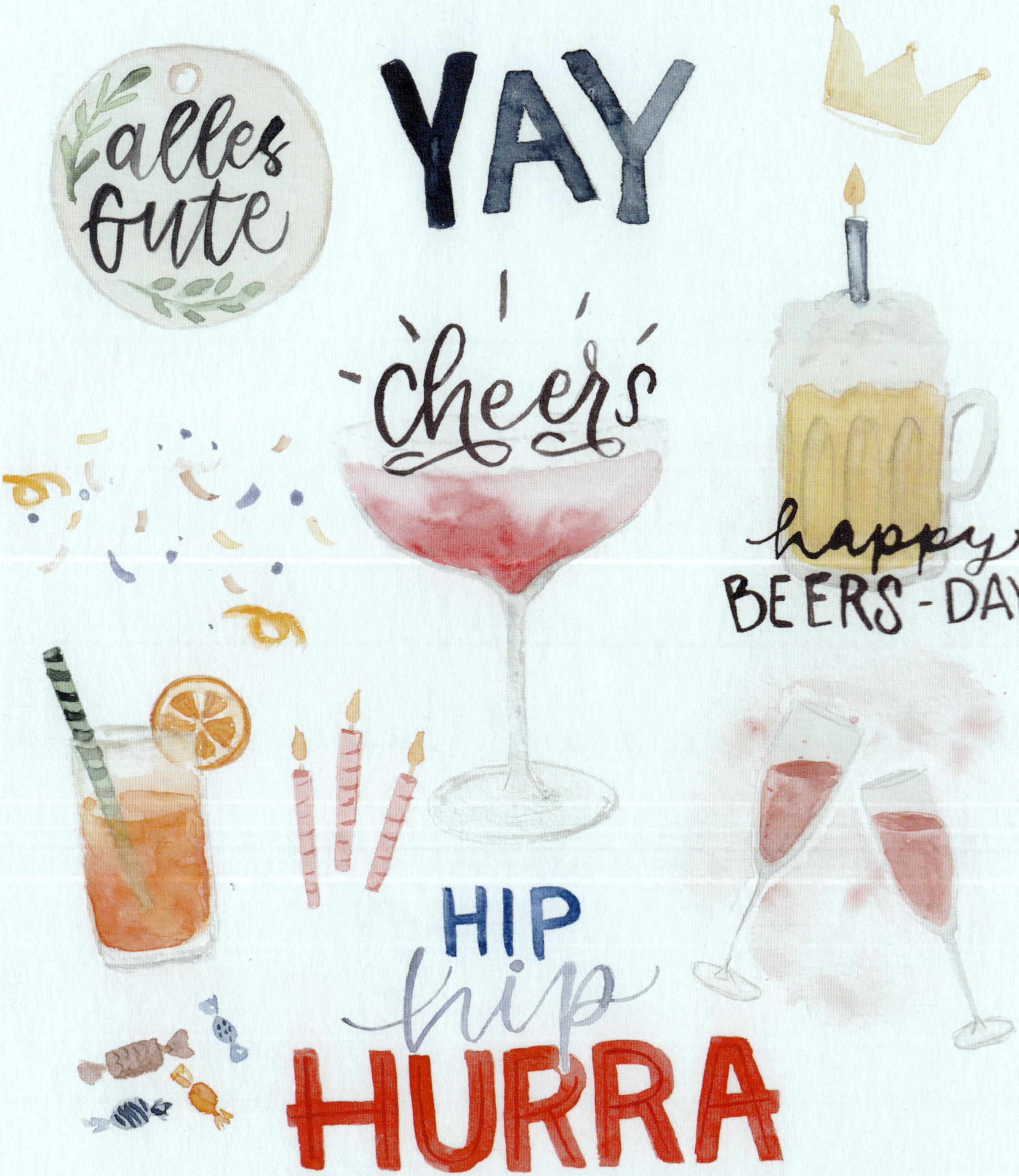
alles Gute
YAY
cheers
happy
BEERS-DAY
HIP
hip
HURRA

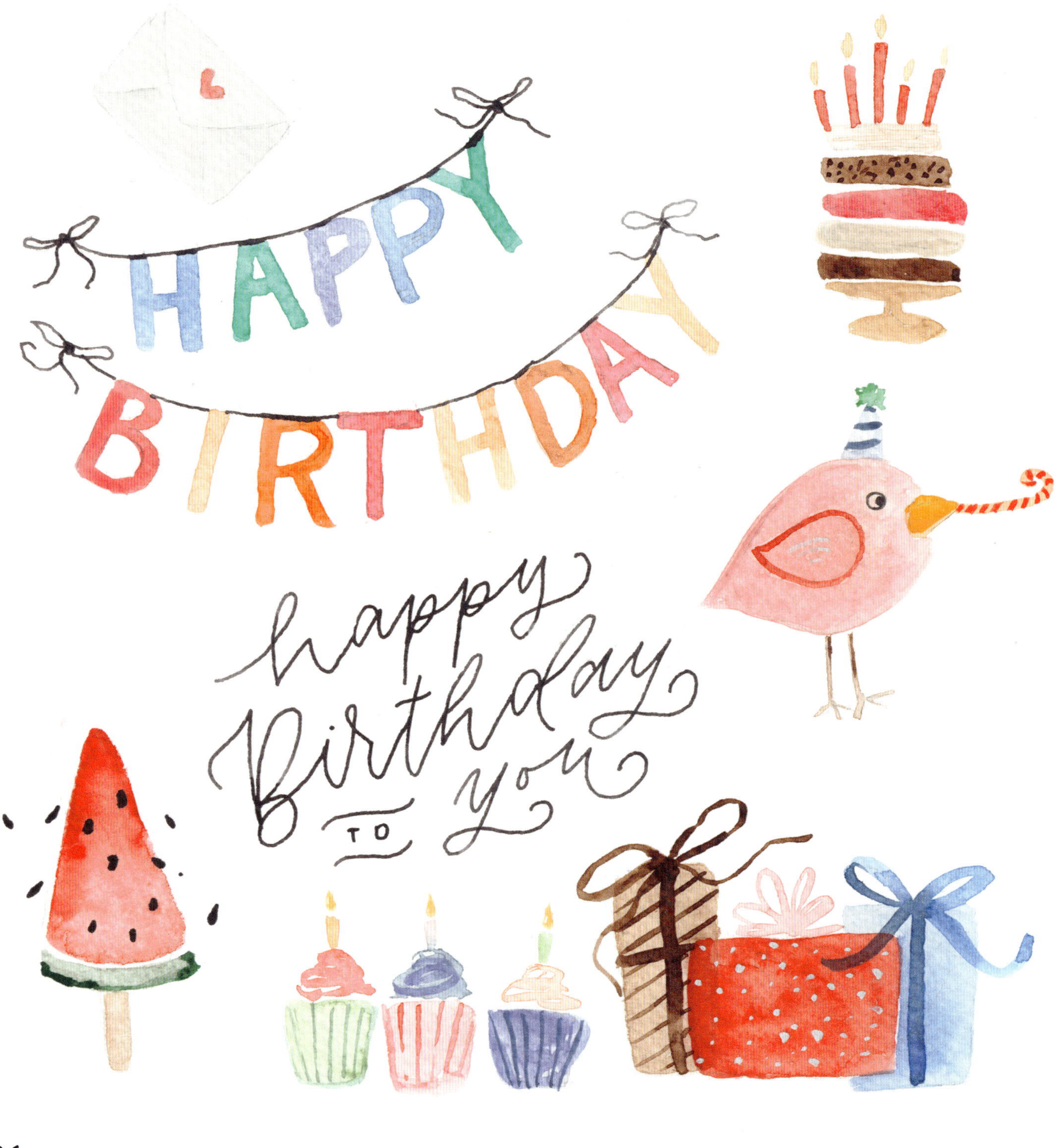
HAPPY BIRTHDAY
happy Birthday to you

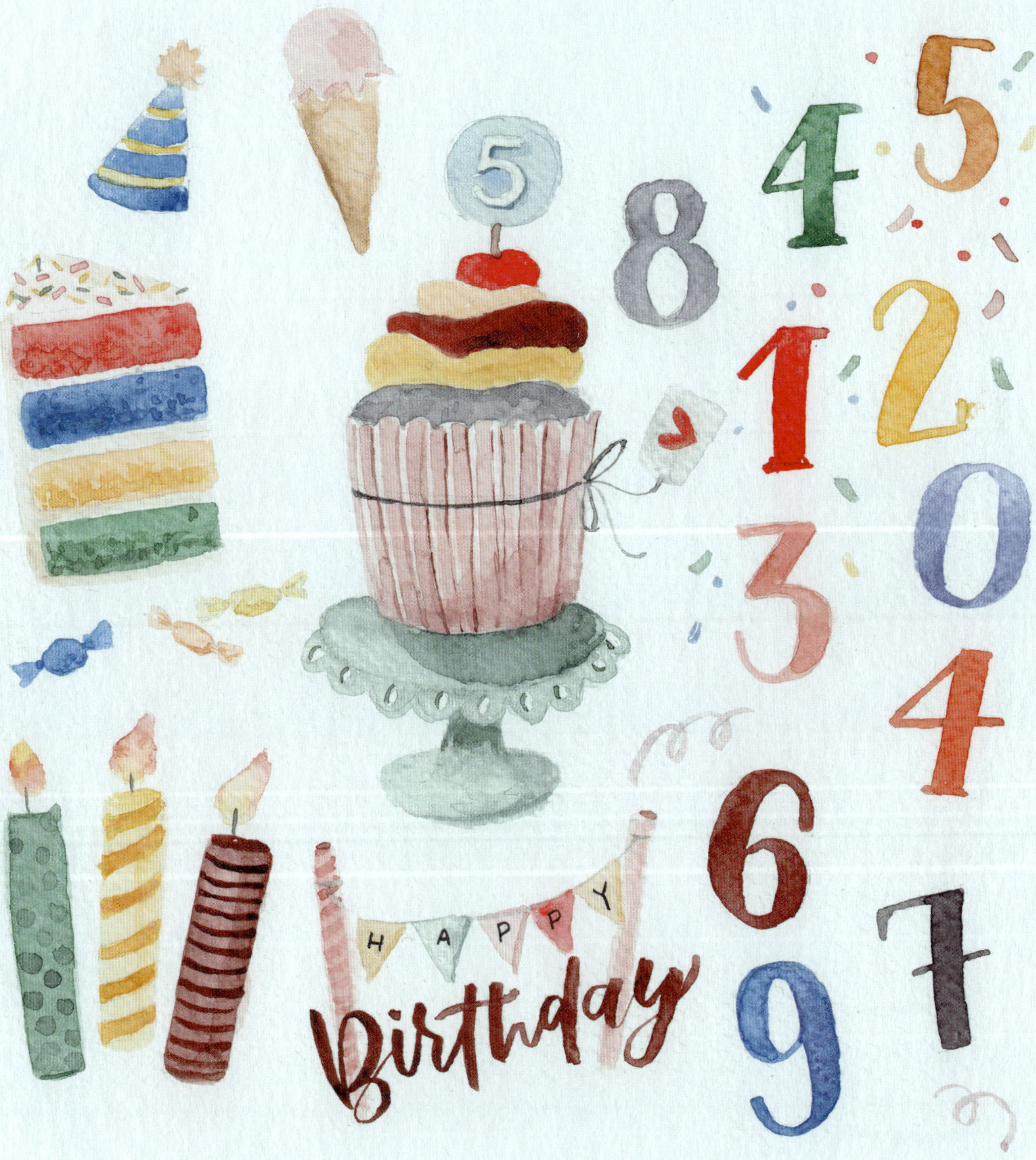
5
8
4
5
1
2
3
0
4
6
7
9
HAPPY
Birthday

Ostern

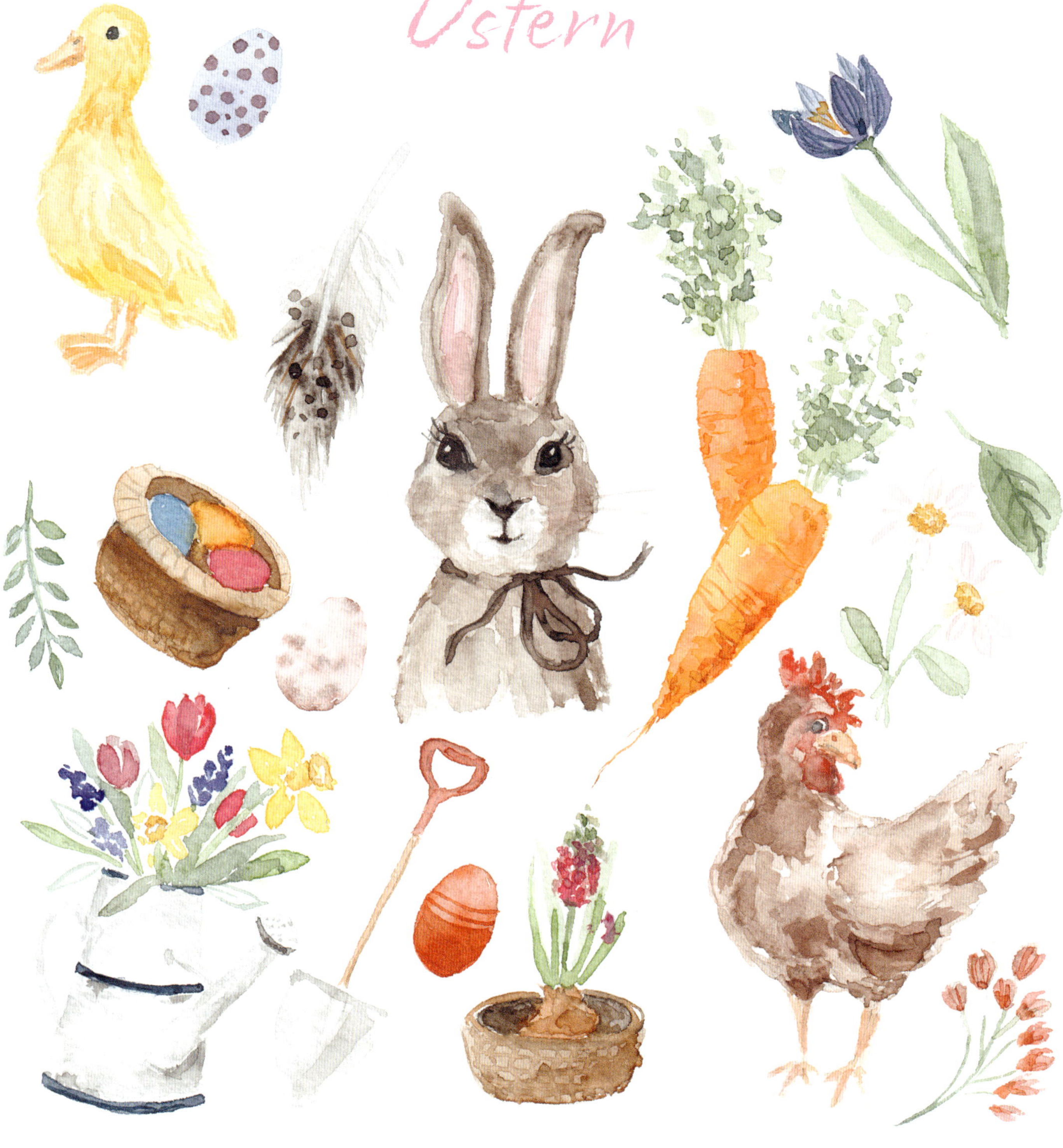

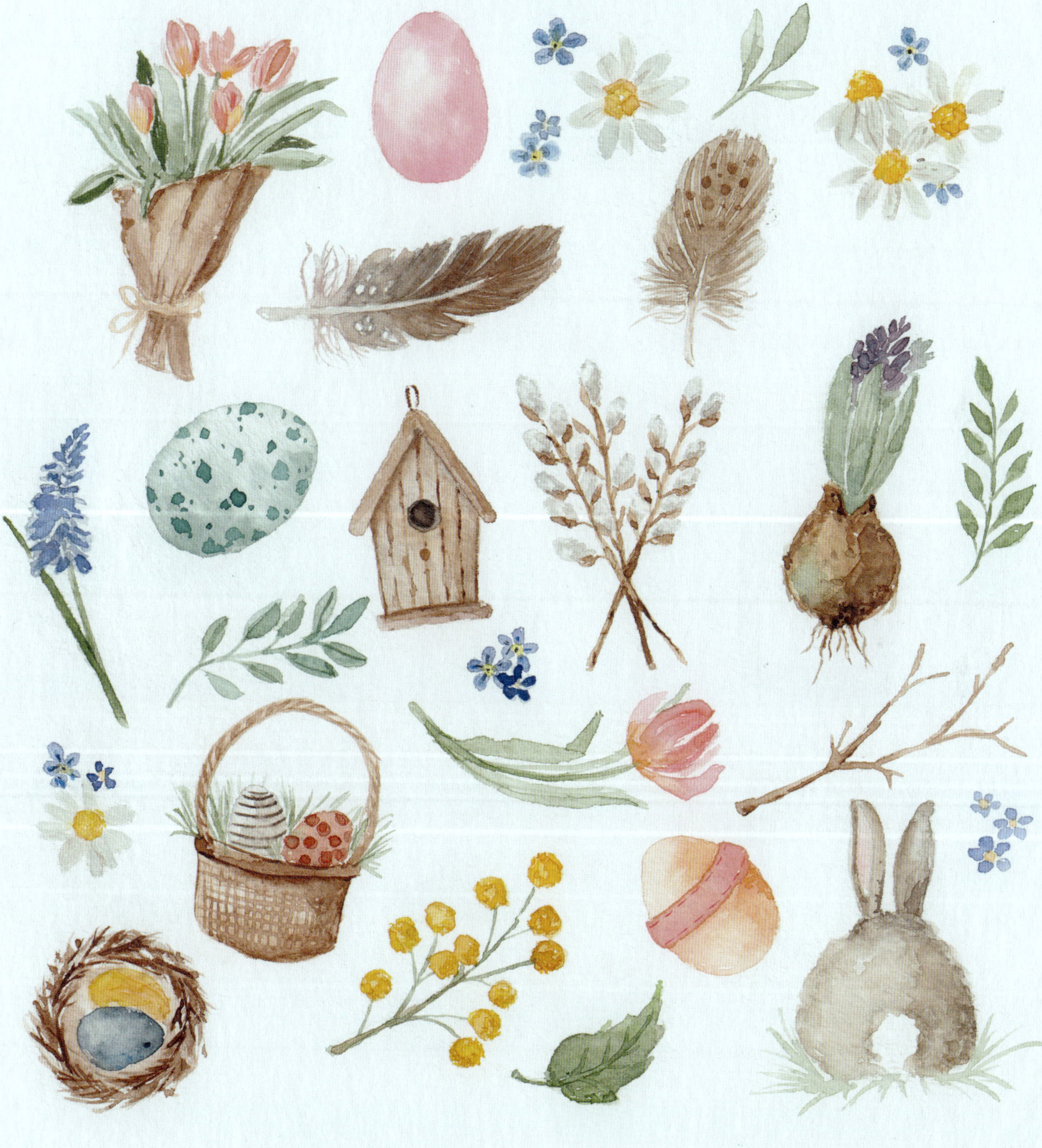

Weihnachten

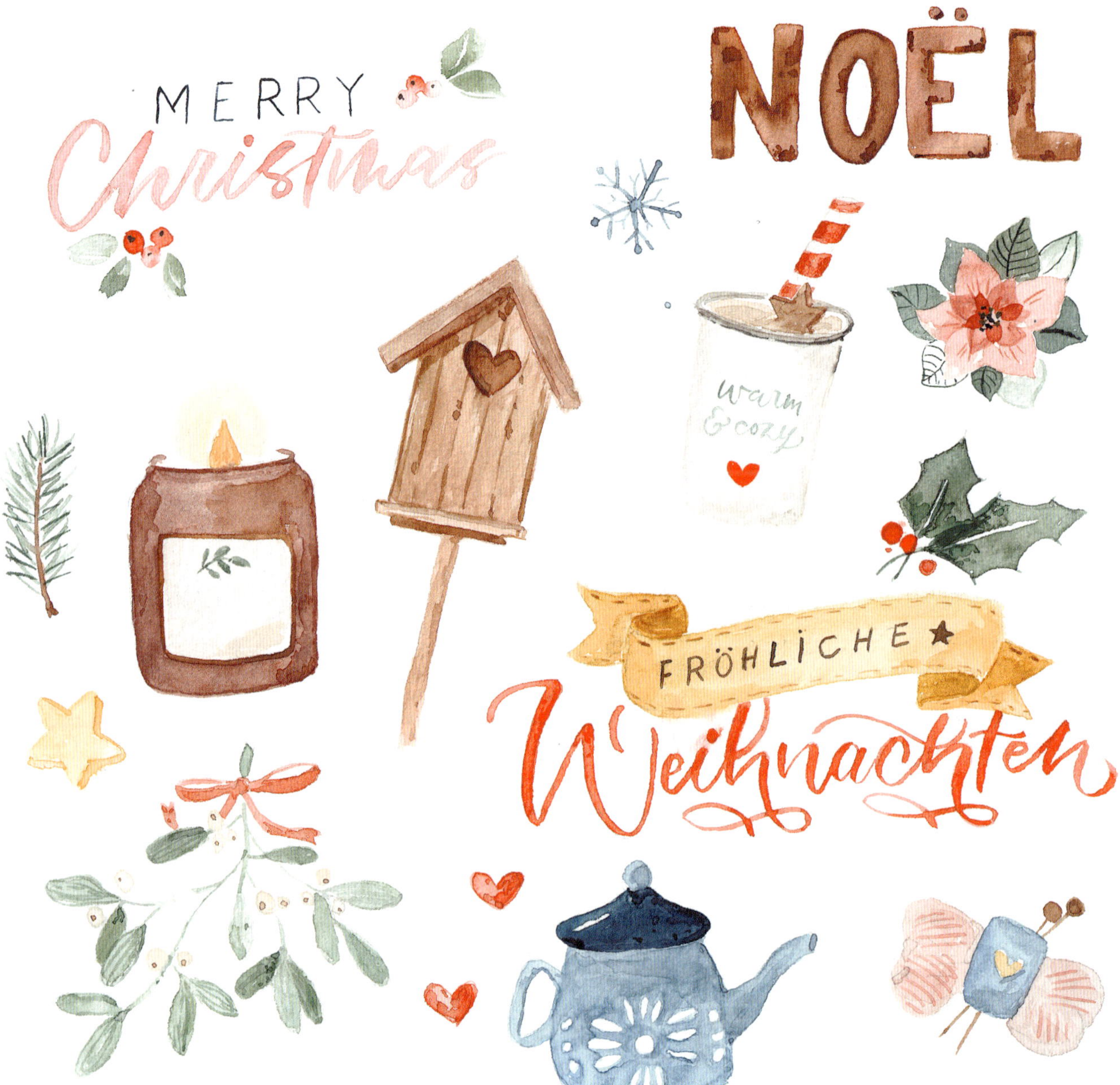

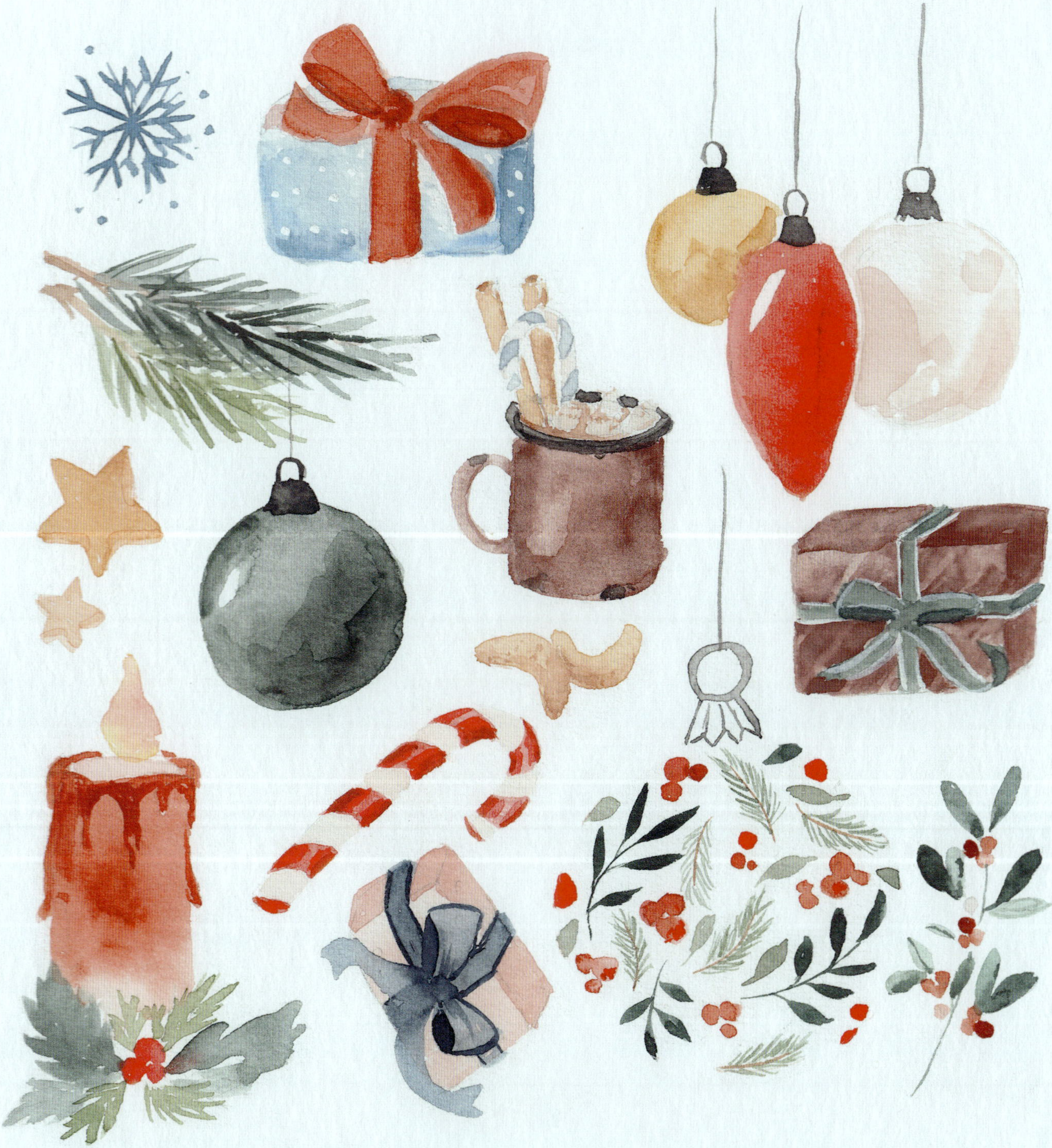

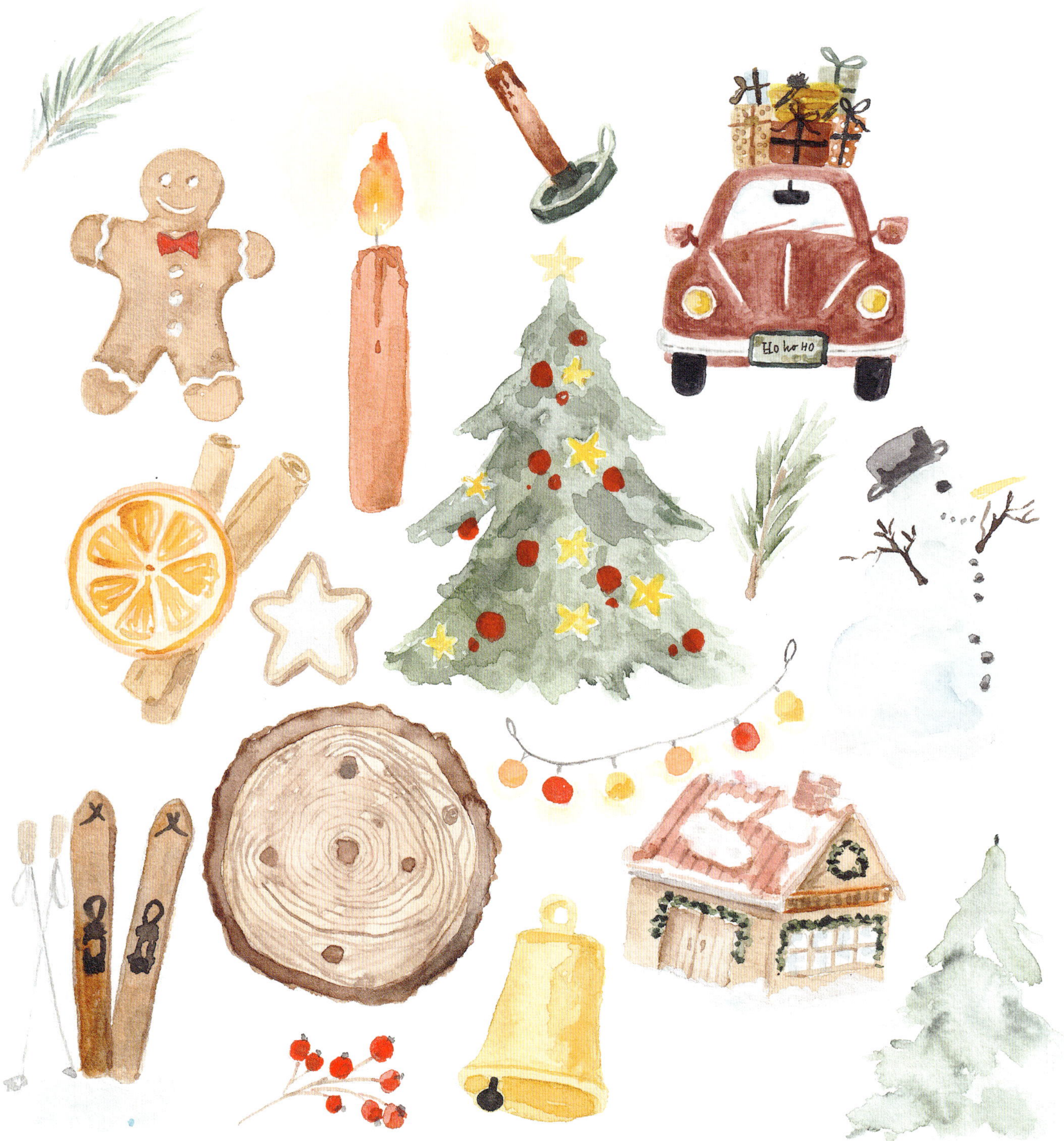
Ho ho HO

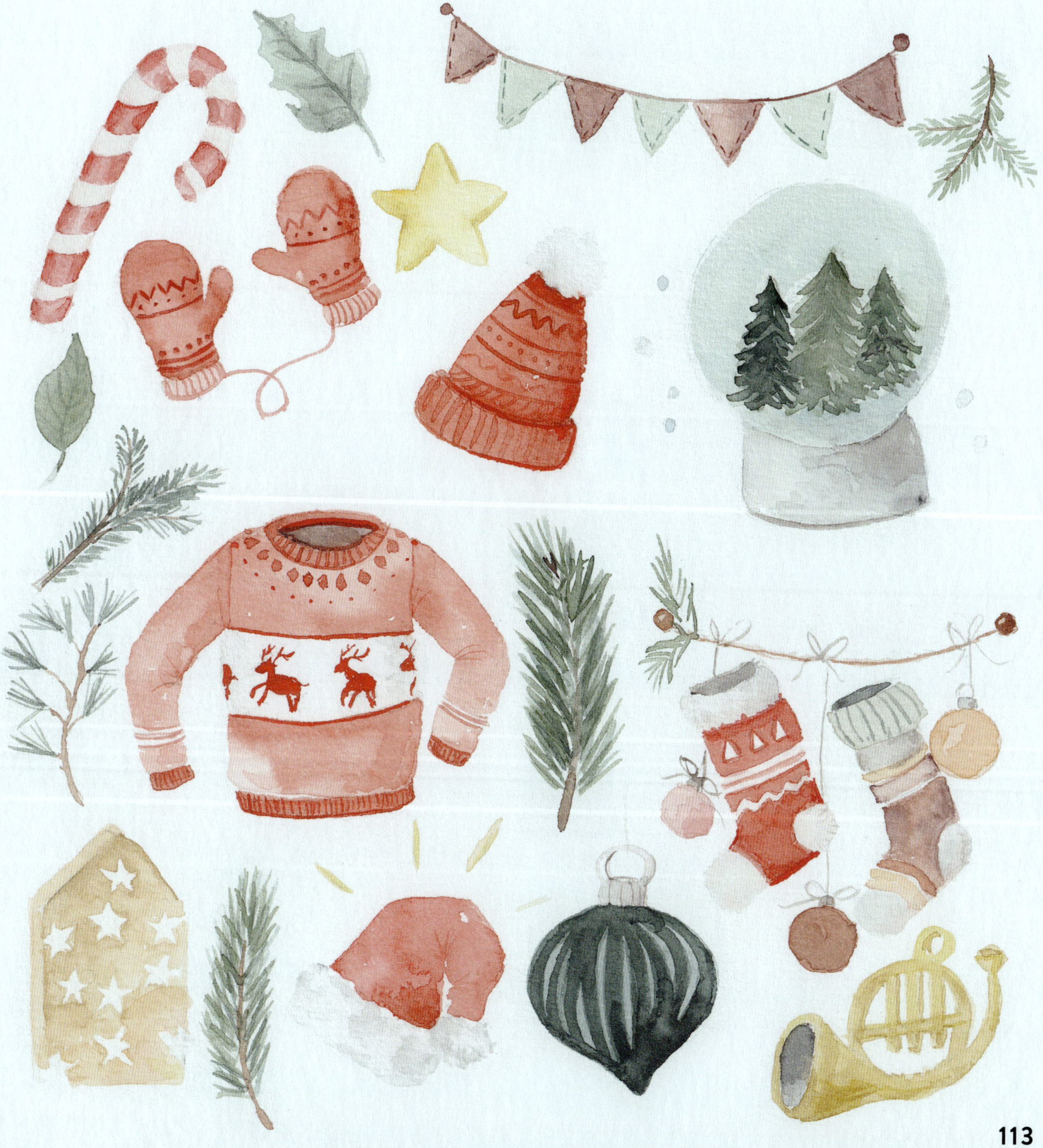

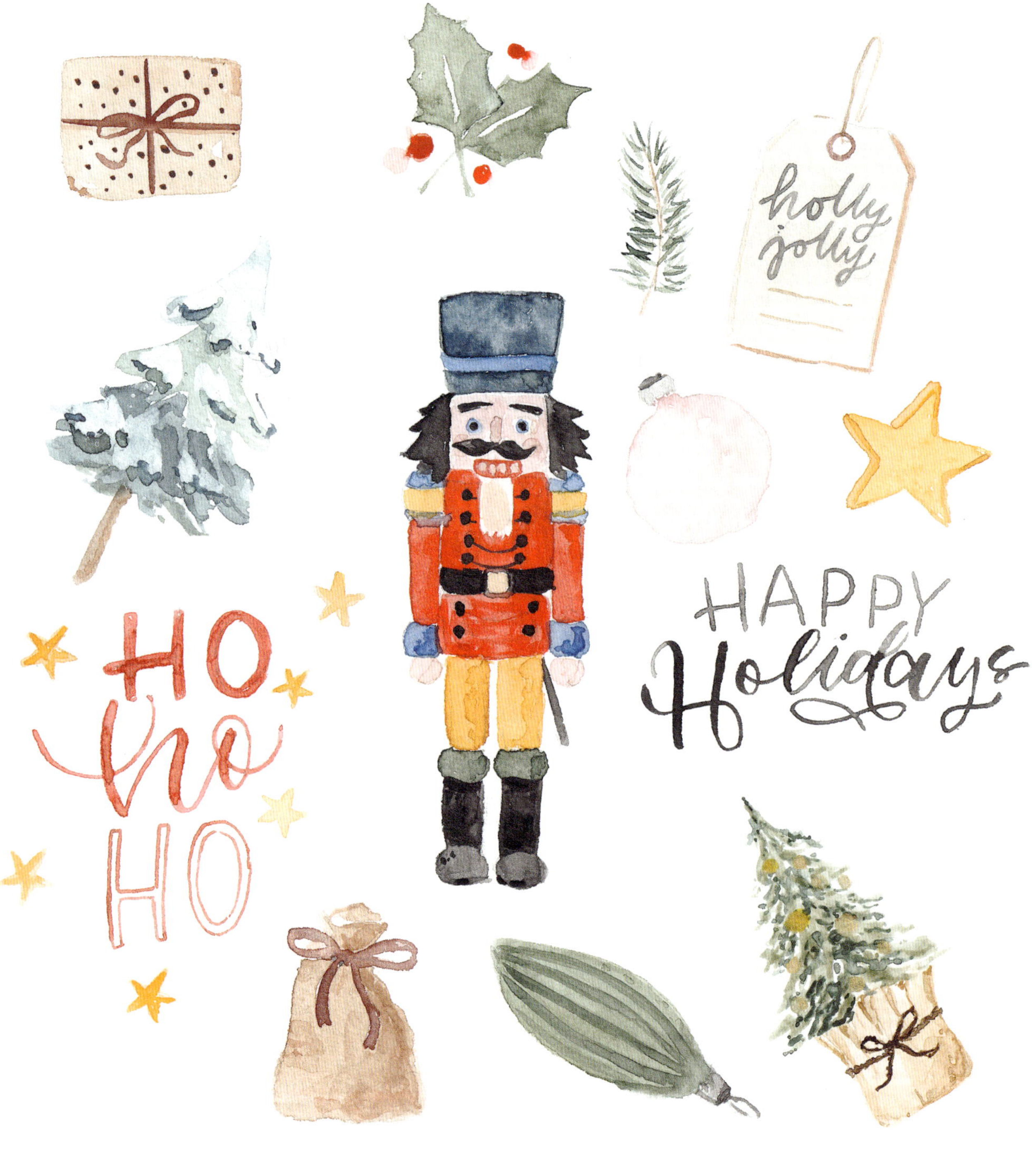
holly jolly
HO
ho
HO
HAPPY
Holidays

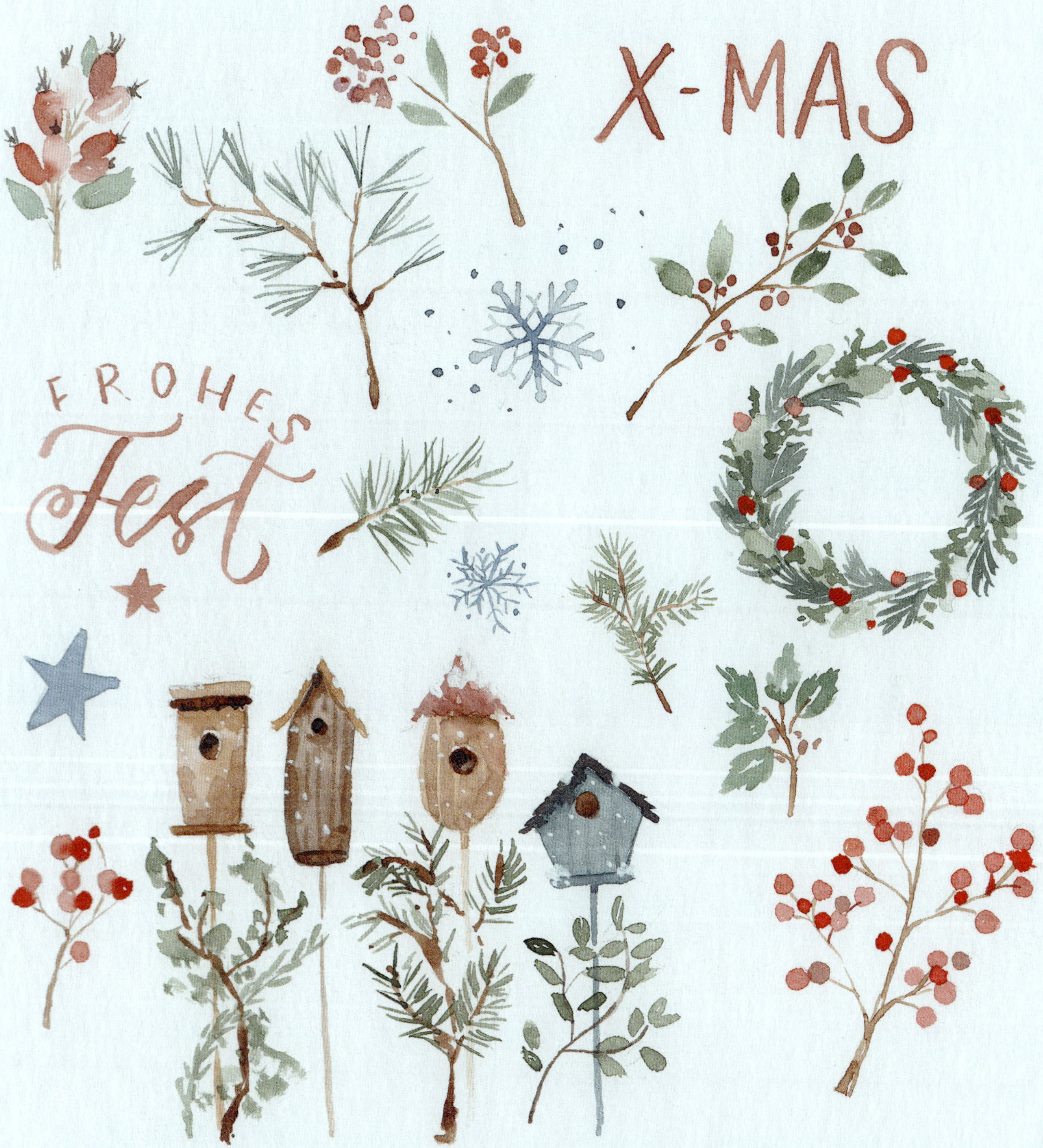
X-MAS
FROHES
Fest

Lettering/Alphabete

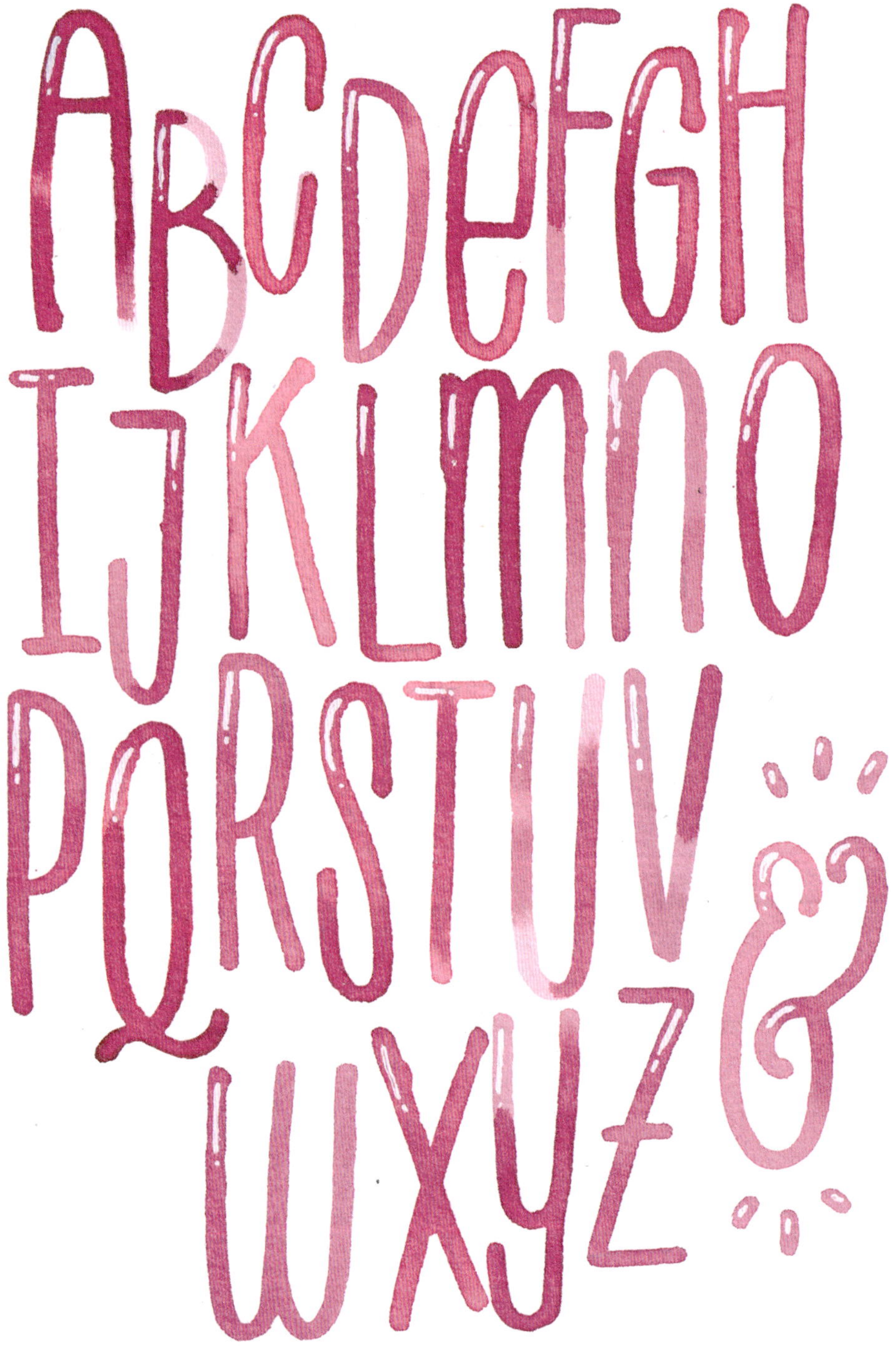

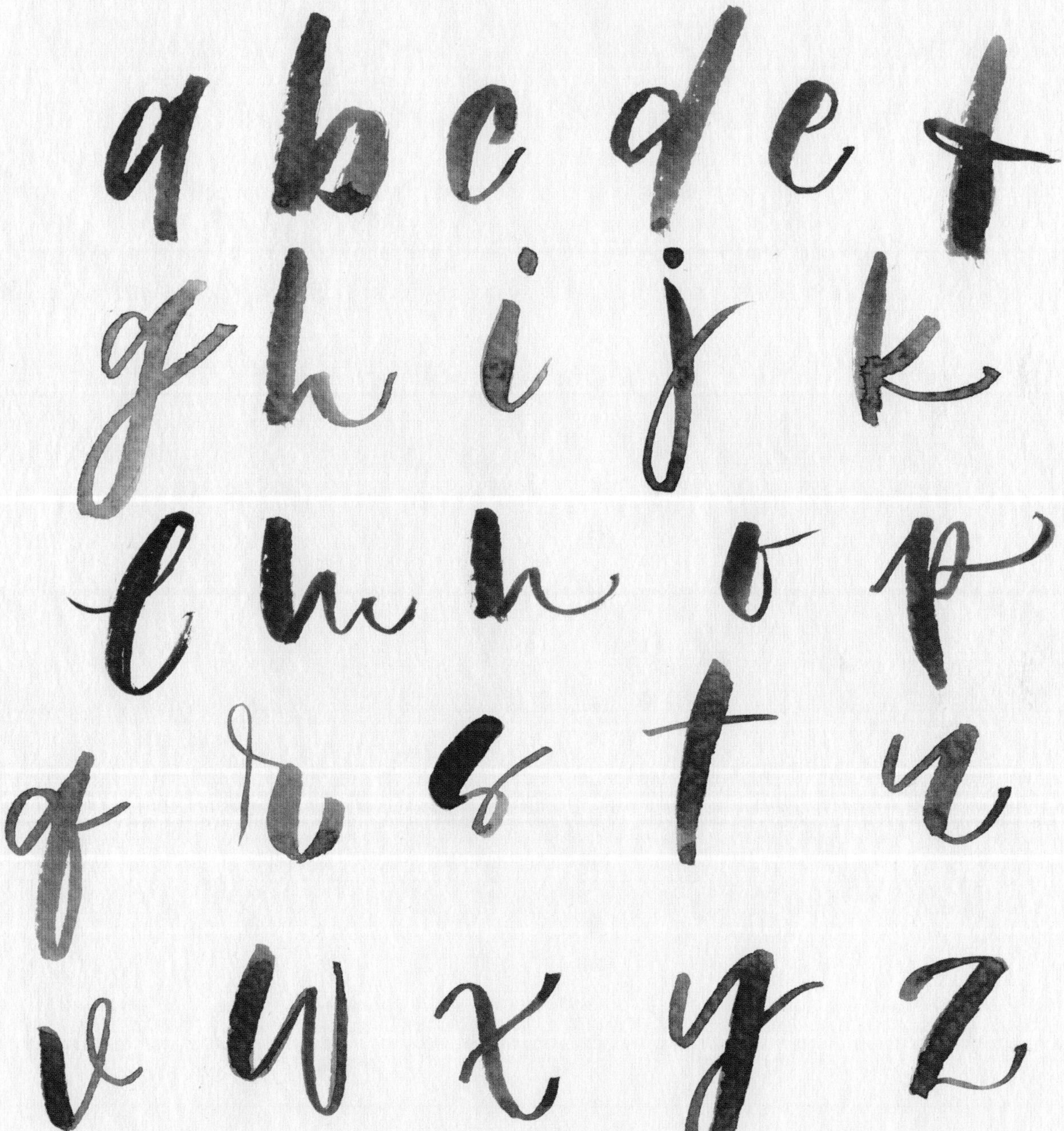
a b c d e f
g h i j k
l m n o p
q r s t u
v w x y z

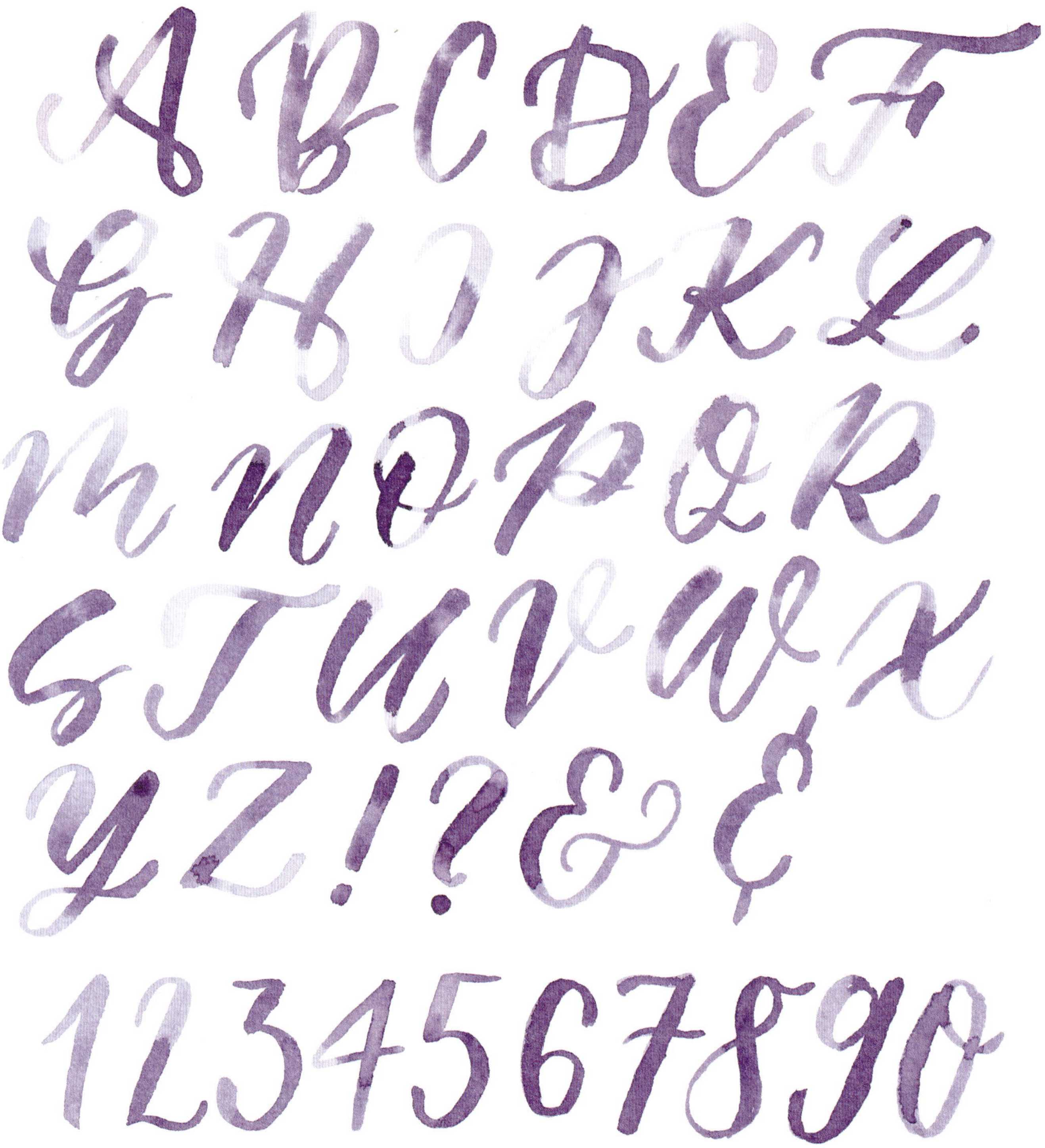

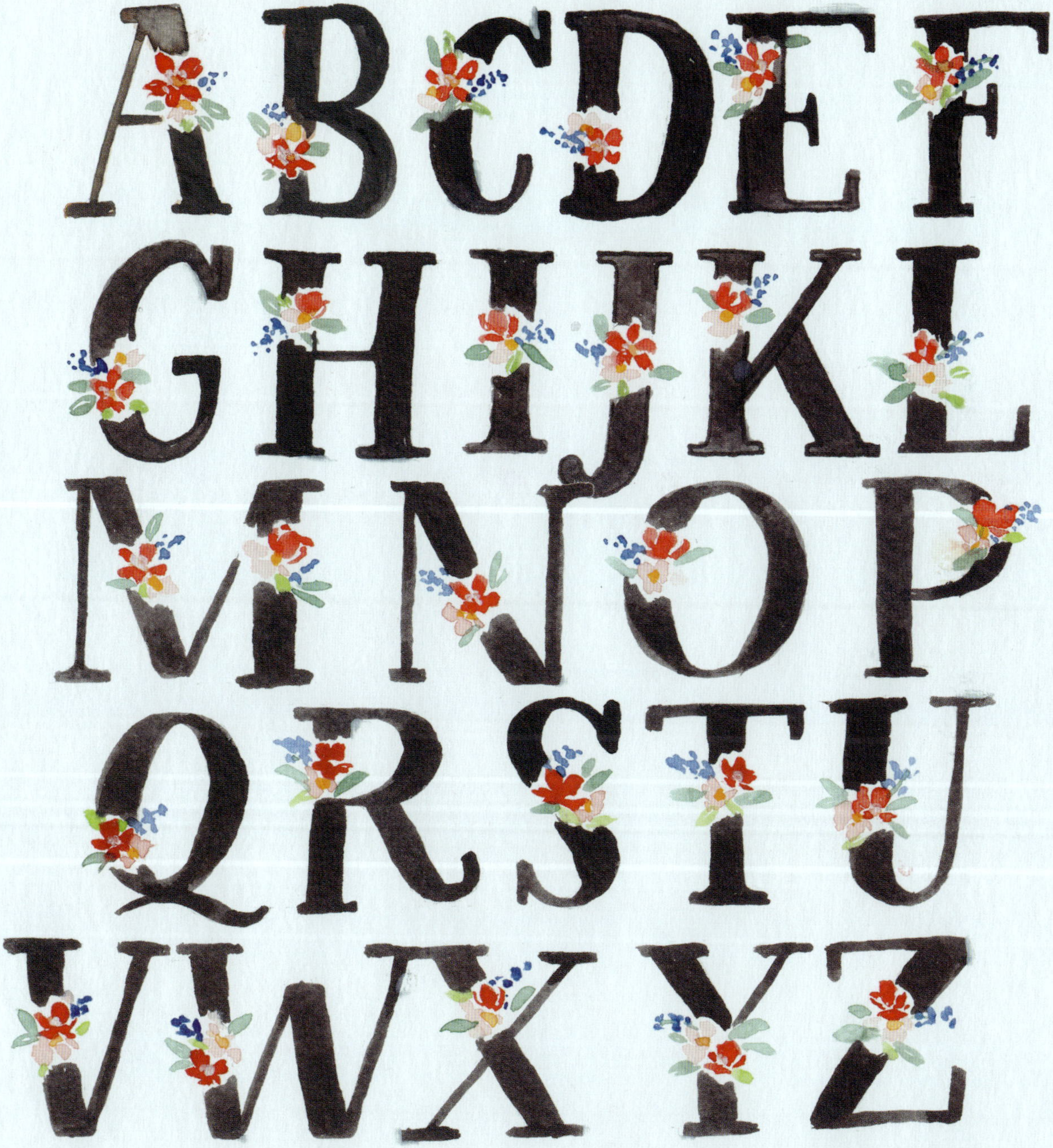
ABCDEF
GHIJKL
MNOP
QRSTU
VWXYZ

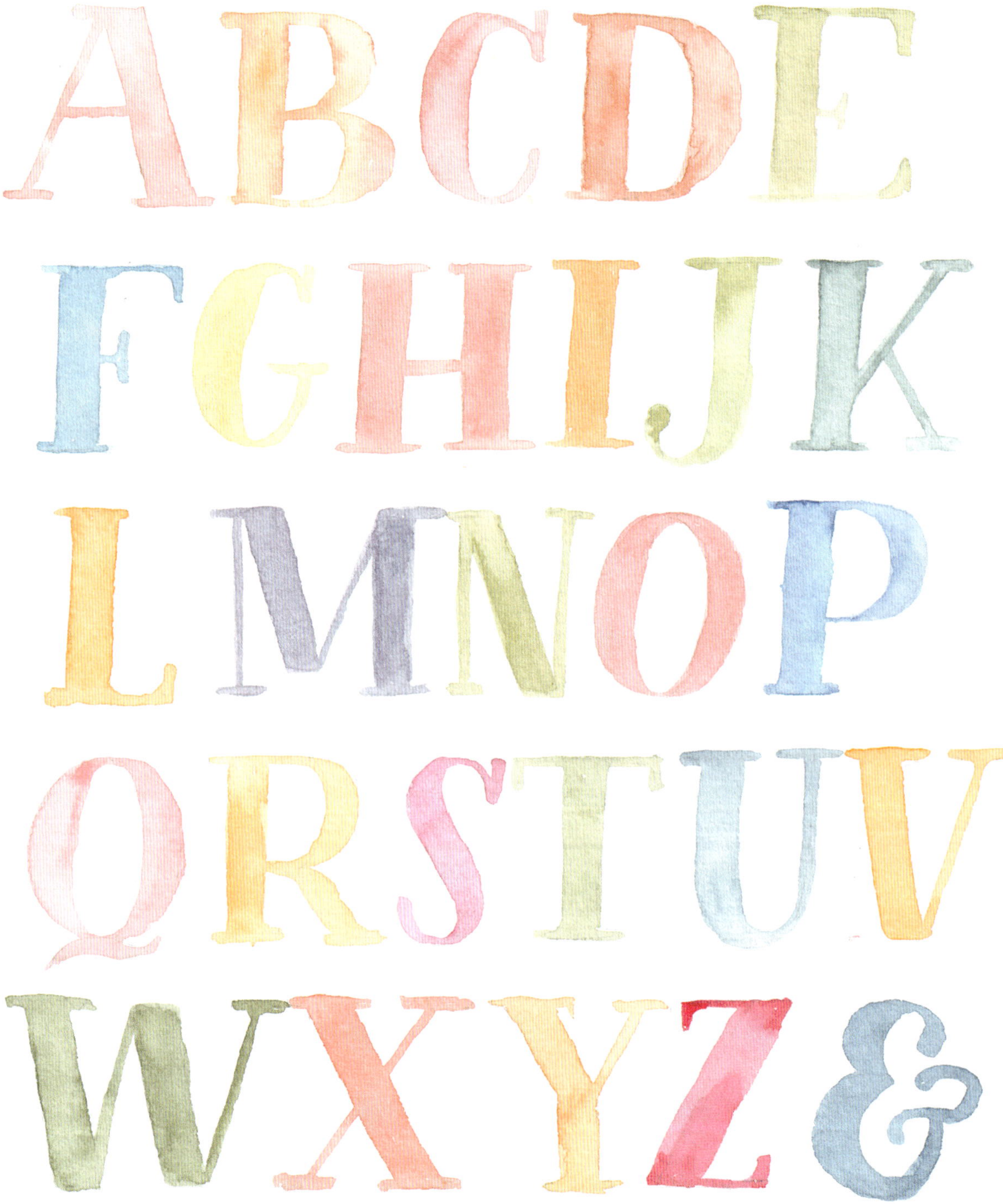
ABCDE
FGHIJK
LMNOP
QRSTUV
WXYZ&

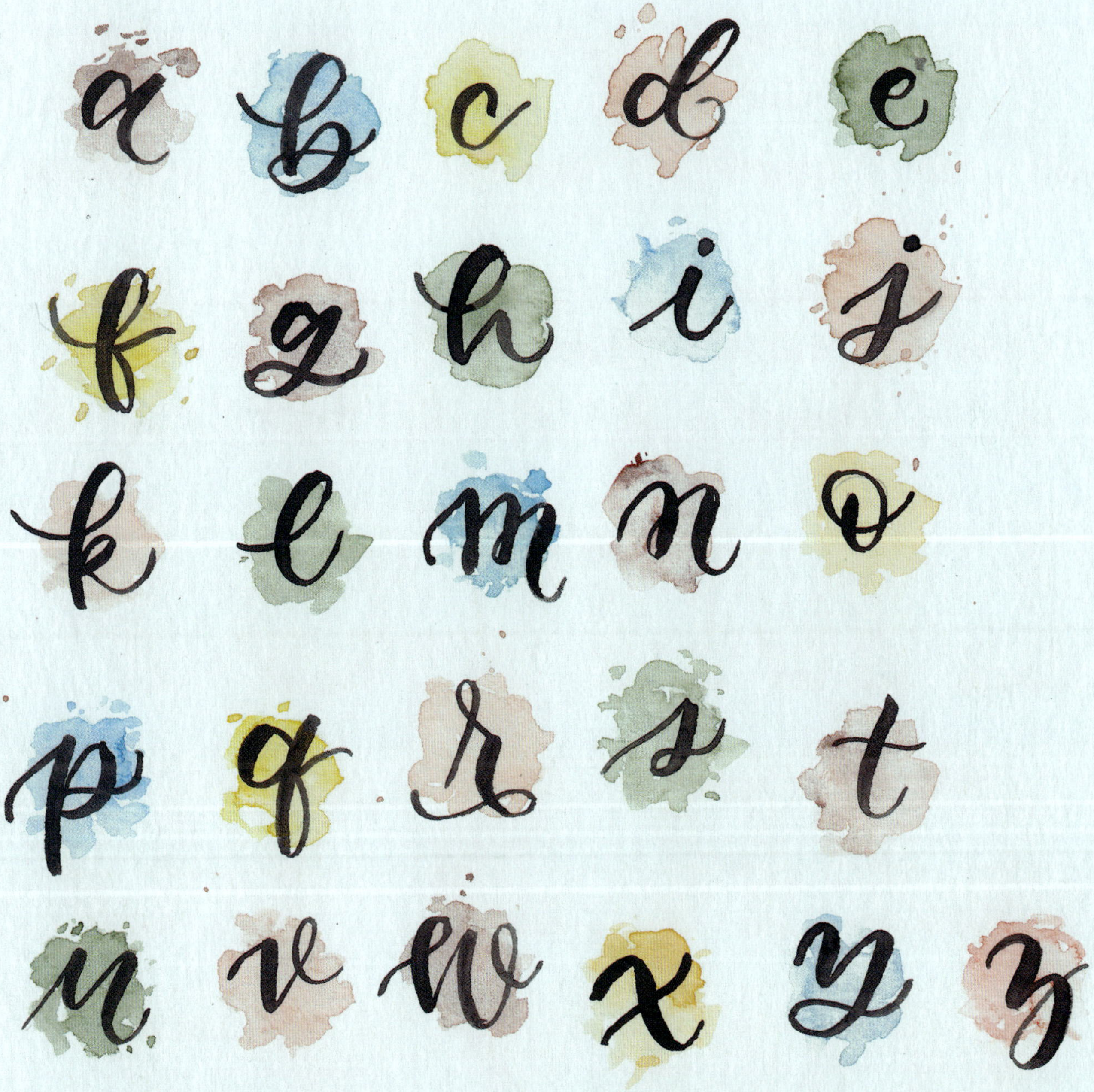
a b c d e
f g h i j
k l m n o
p q r s t
u v w x y z

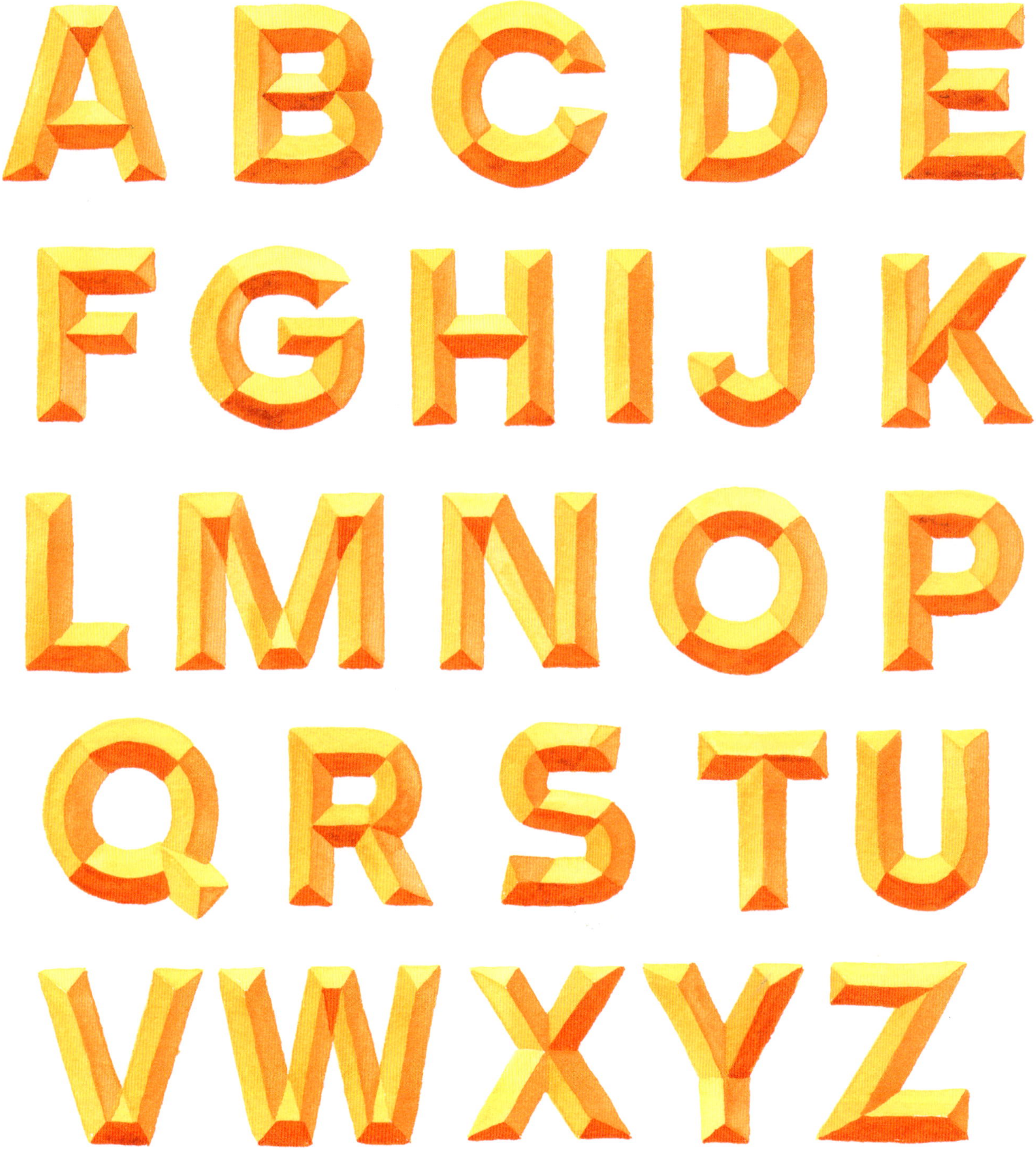
ABCDE
FGHIJK
LMNOP
QRSTU
VWXYZ

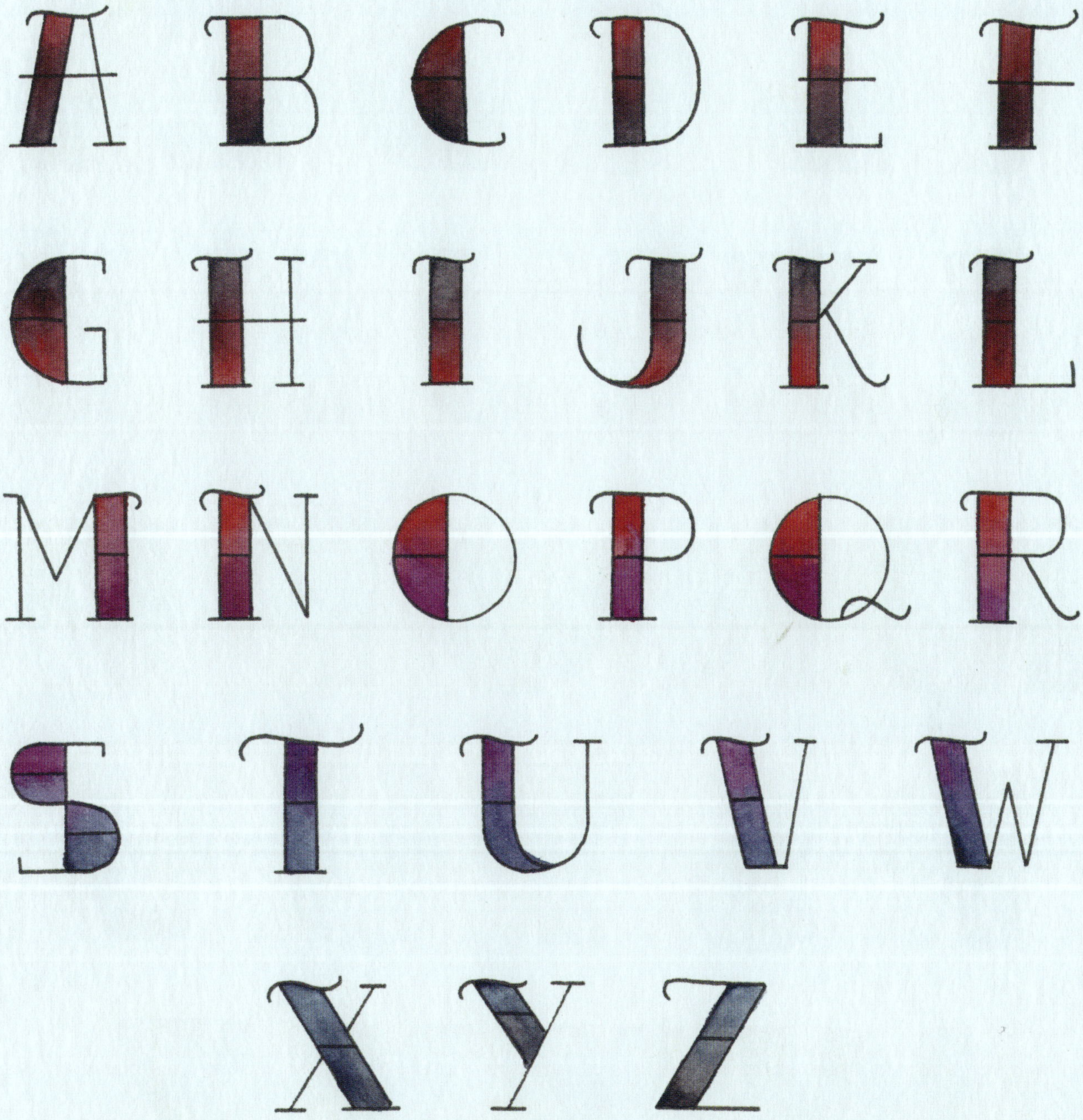
A B C D E F
G H I J K L
M N O P Q R
S T U V W
X Y Z

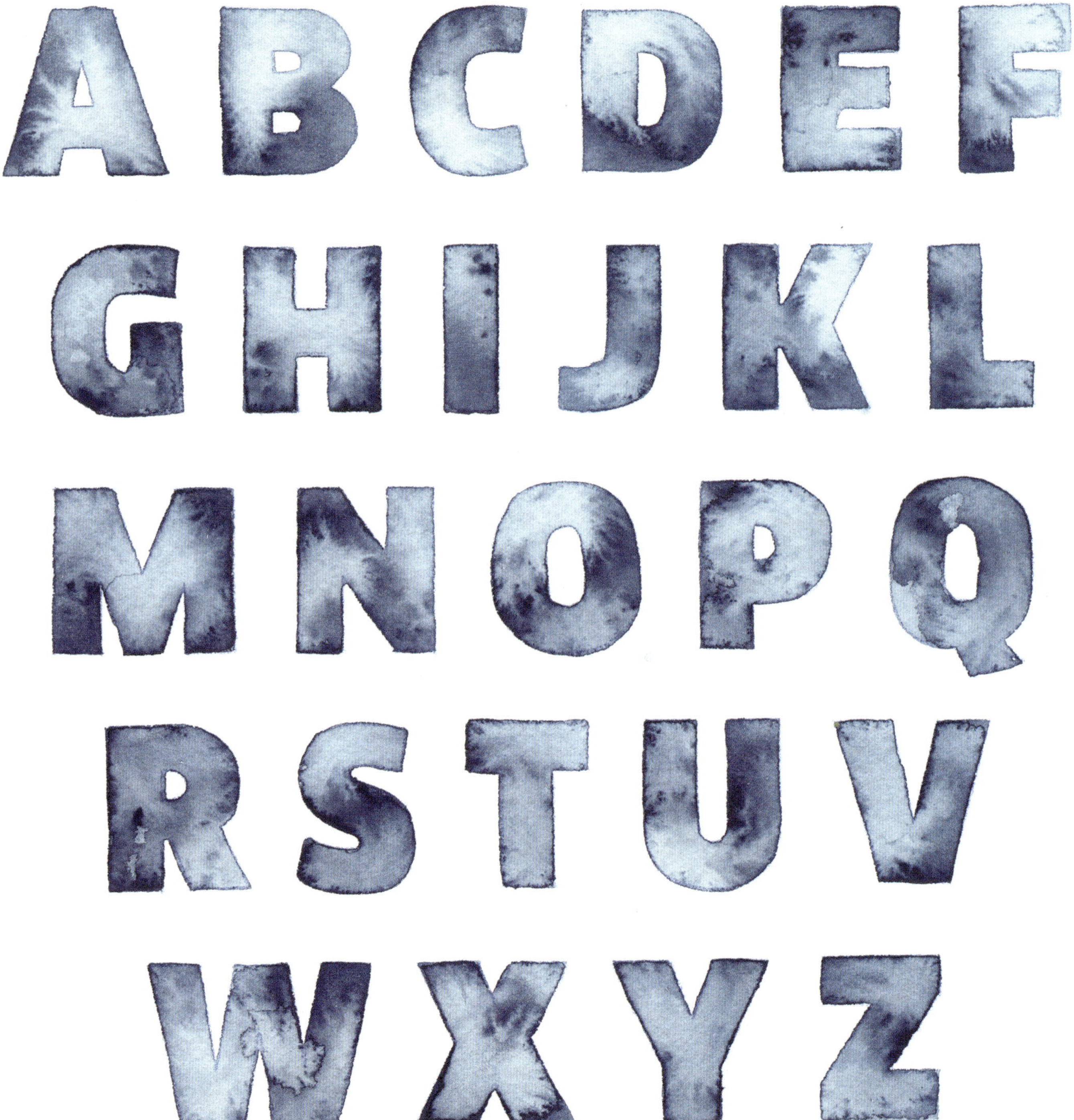
A B C D E F
G H I J K L
M N O P Q
R S T U V
W X Y Z

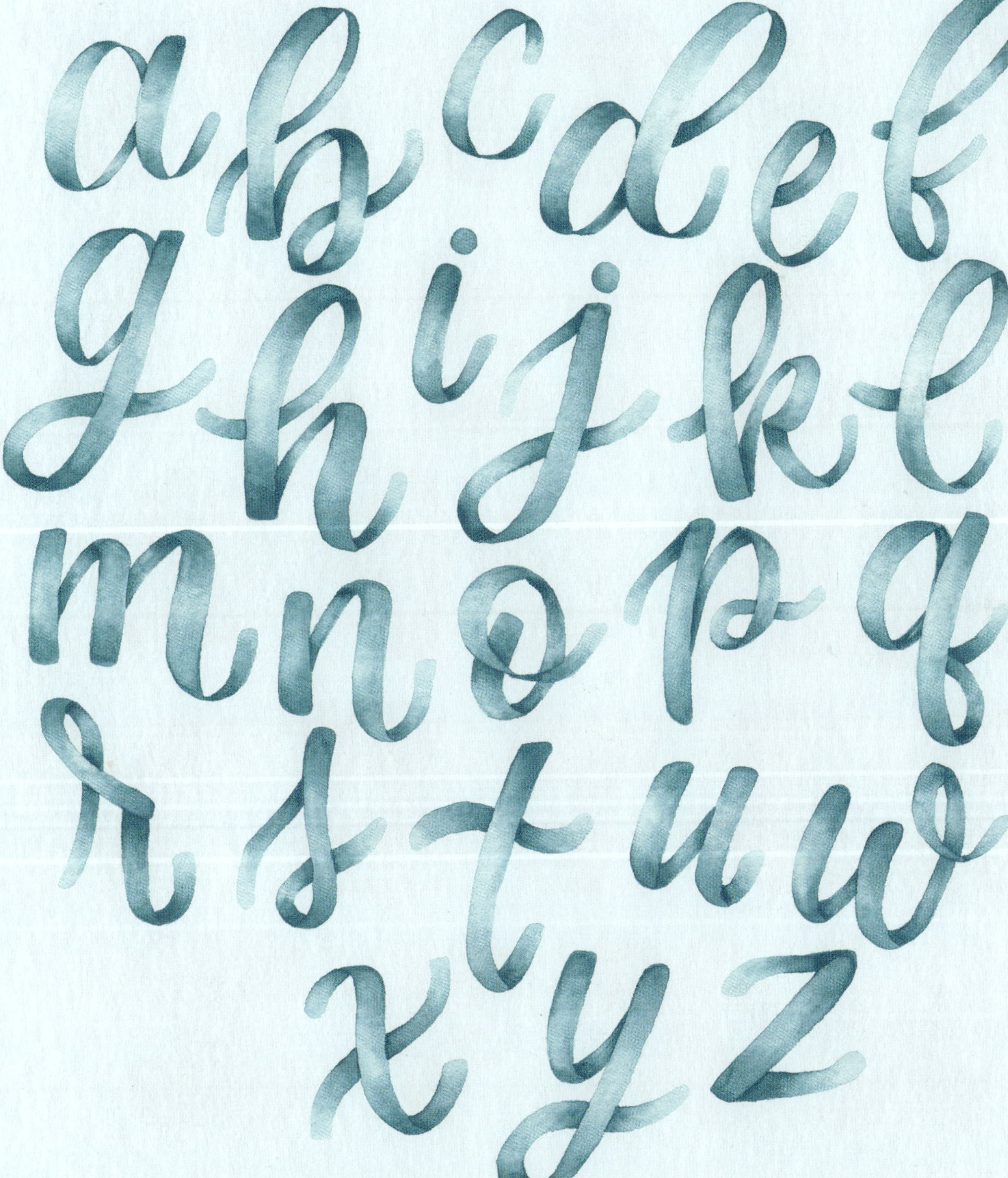

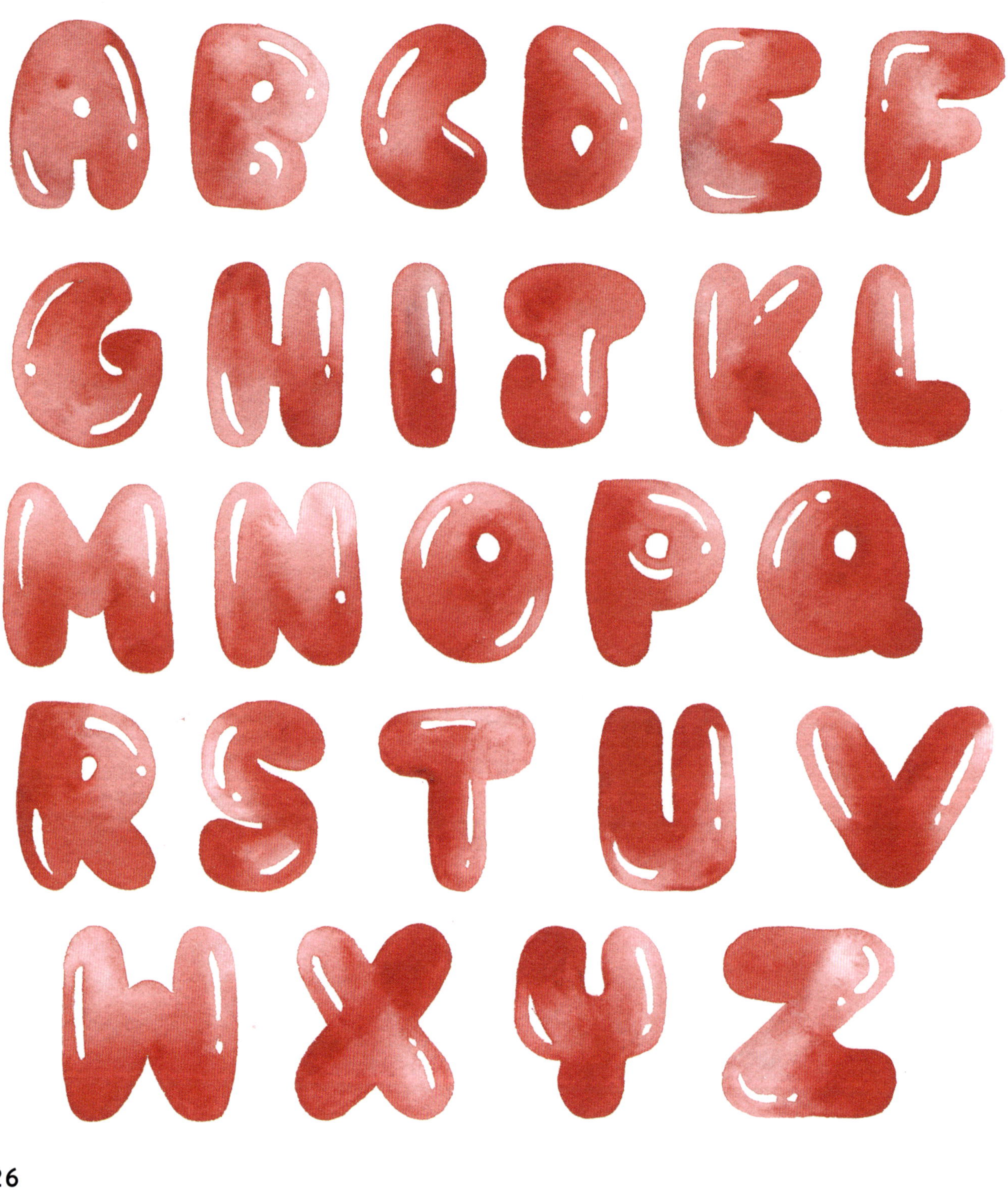
A B C D E F
G H I J K L
M N O P Q
R S T U V
W X Y Z

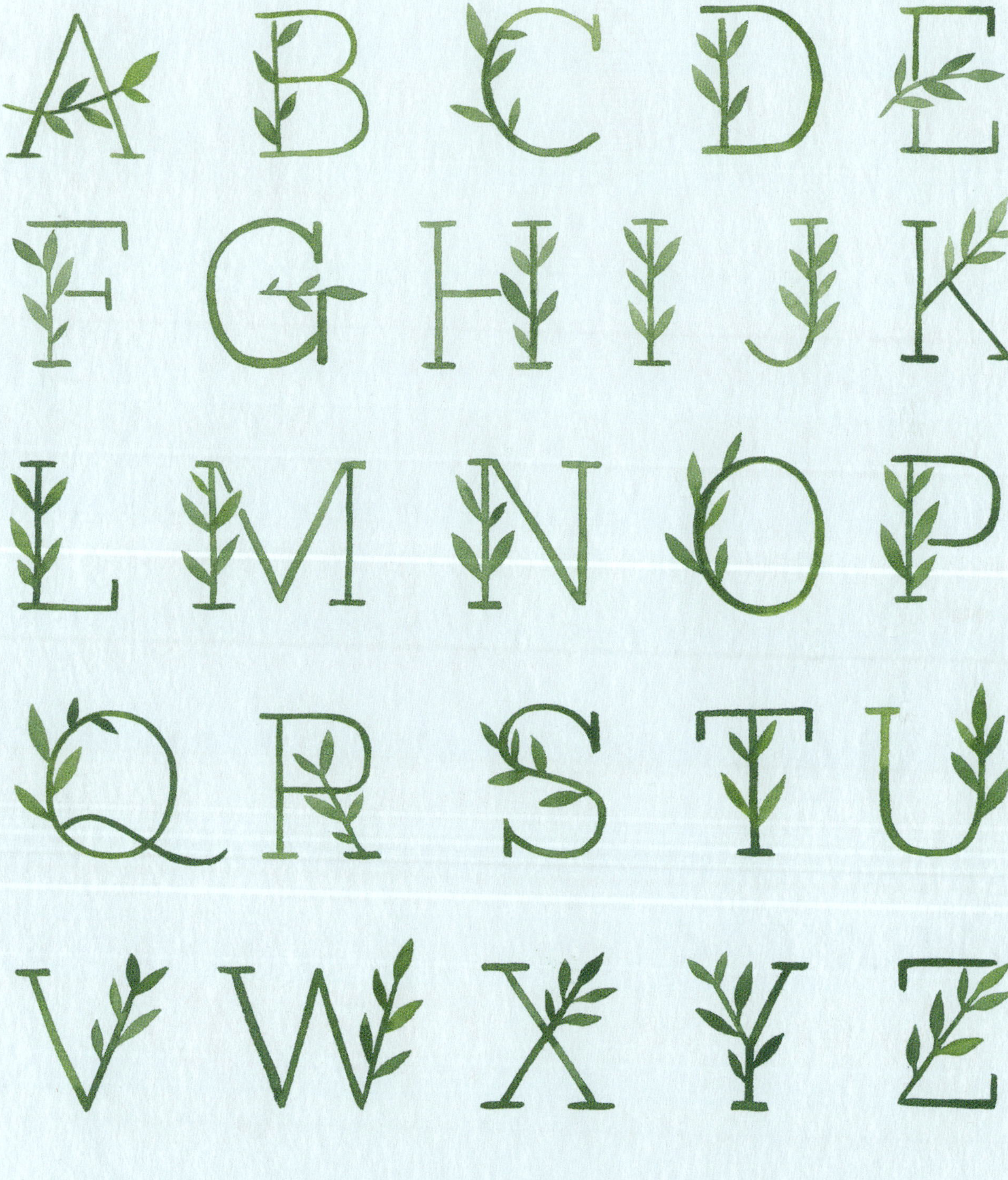
A B C D E
F G H I J K
L M N O P
Q R S T U
V W X Y Z

Sprüche

ICH HAB mich entschieden UND sage VIELLEICHT

Hurra! ACH NE doch nicht

GENAU SO ABER anders

Heute ist mein LIEBLINGS tag

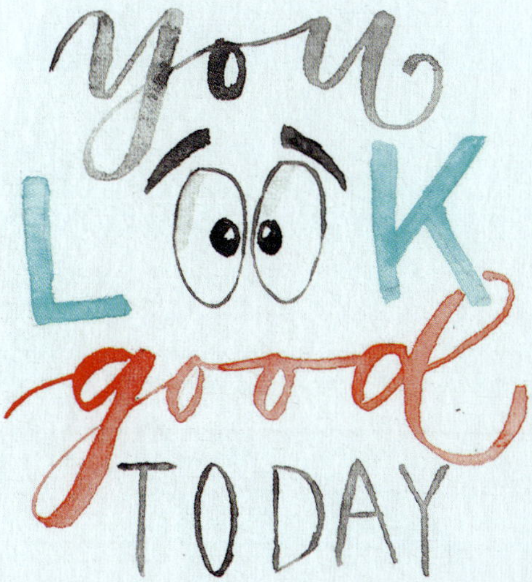
you
LOOK
good
TODAY

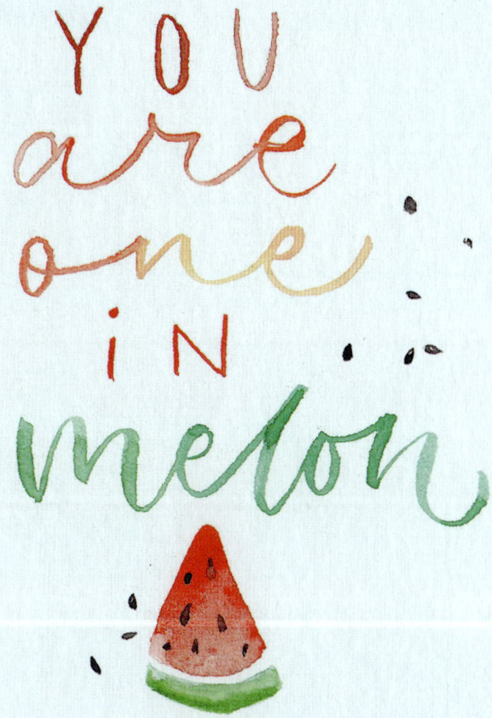
YOU
are
one
IN
melon

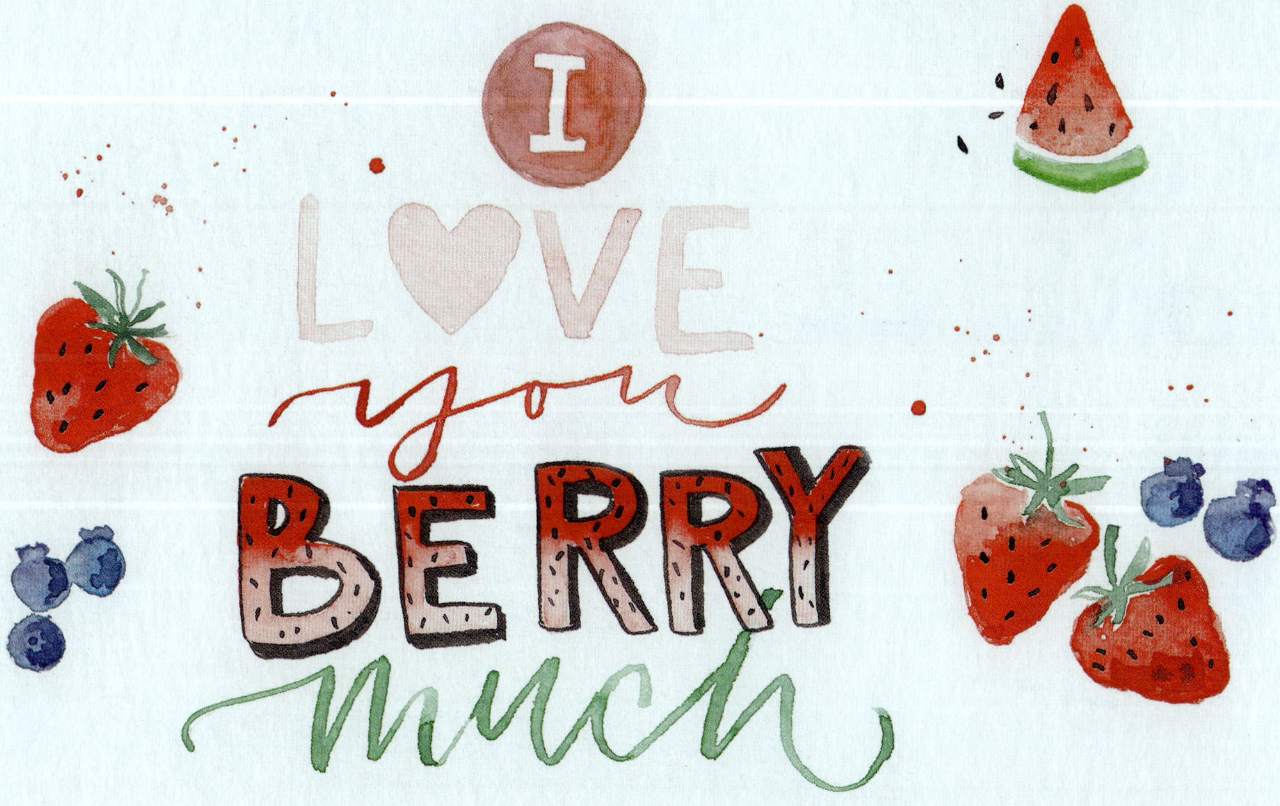
I
LOVE
you
BERRY
much

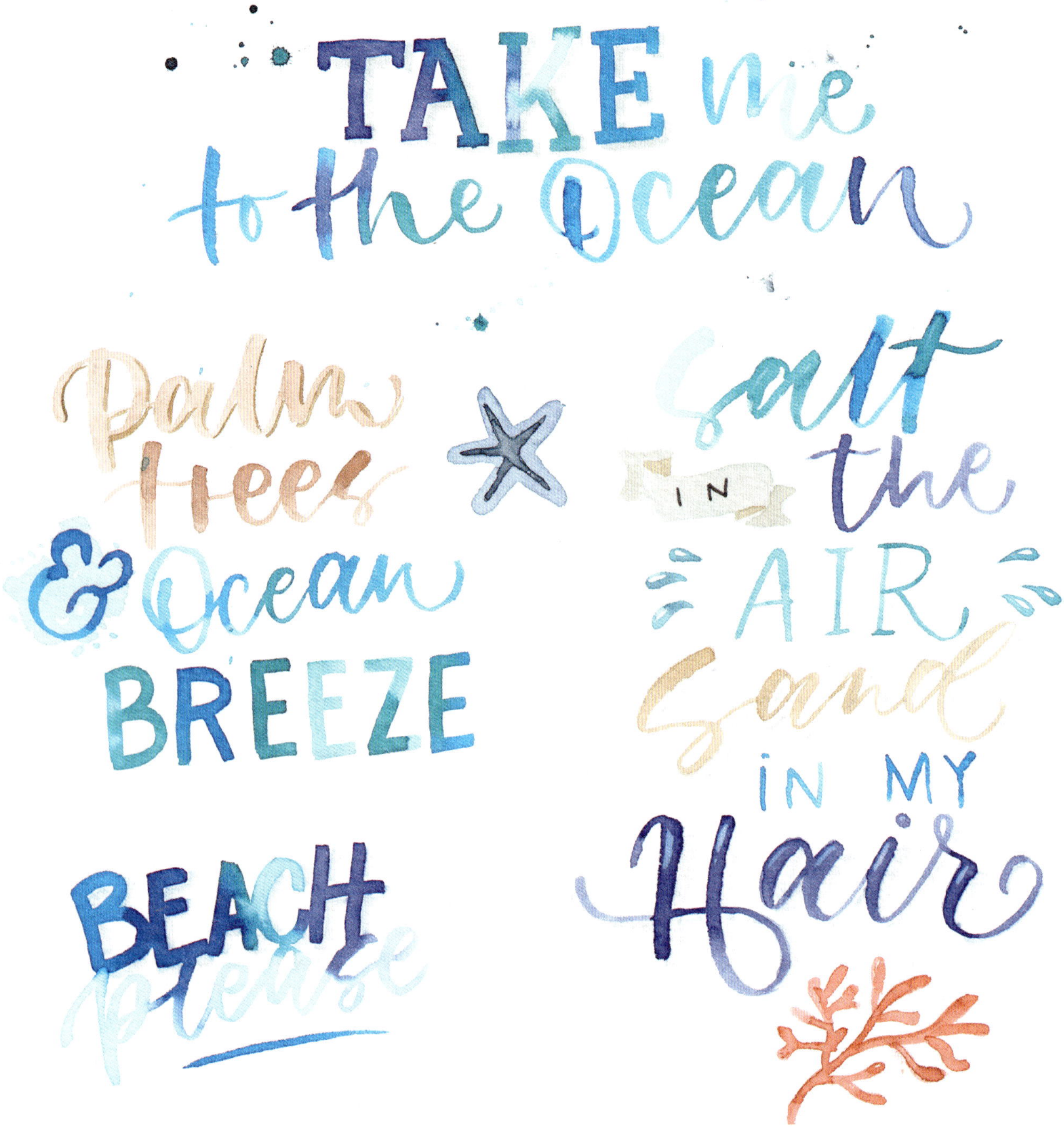
TAKE me to the Ocean
Palm trees & Ocean BREEZE
Salt in the AIR Sand in my Hair
BEACH please

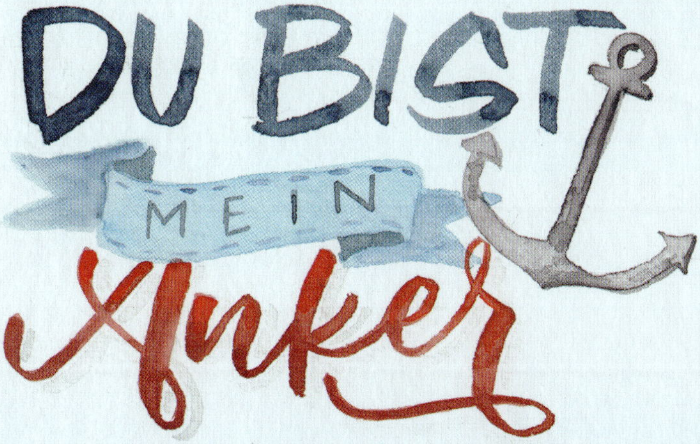
DU BIST
MEIN
Anker

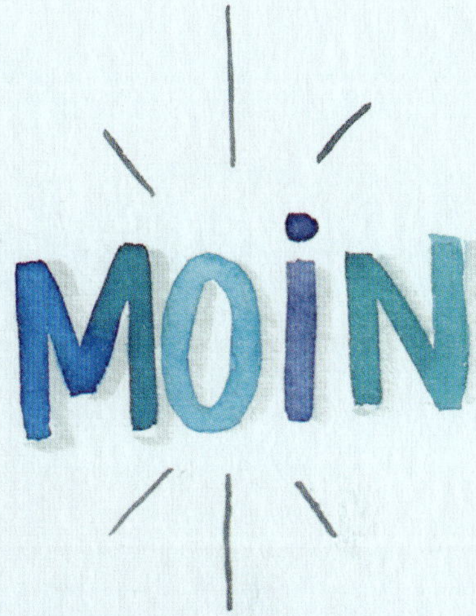
MOIN

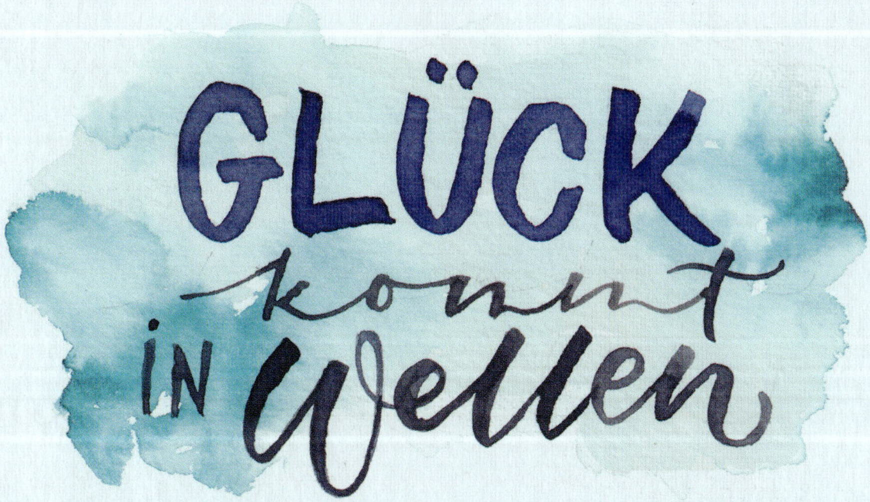
GLÜCK
kommt
IN Wellen

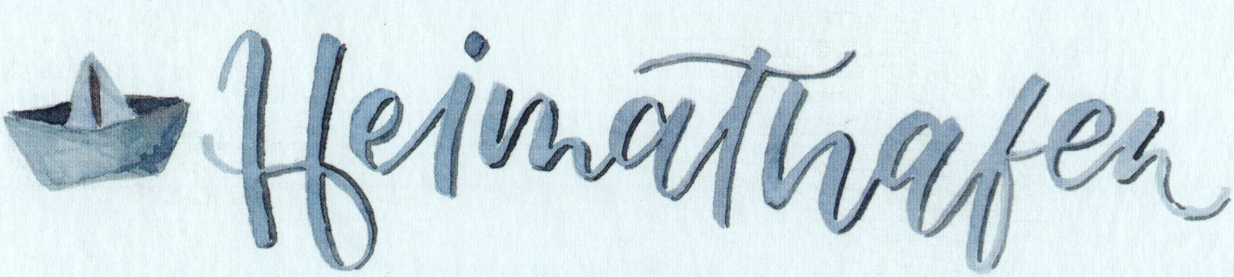
Heimathafen

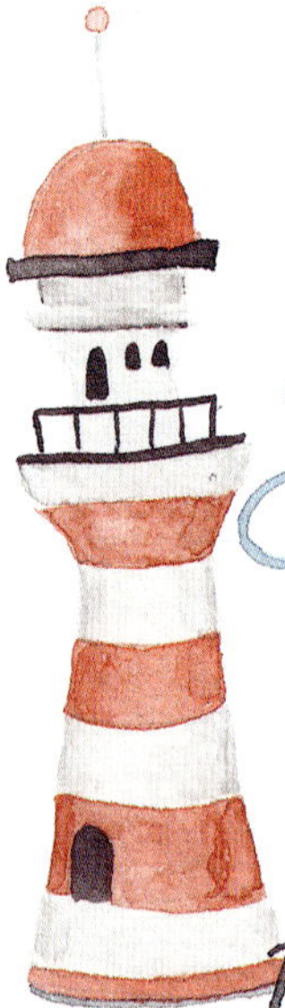

say yes to NEW Adventures

Collect BEAUTIFUL moments

WAGE·ES zu träumen

LIVE Love LAUGH

DREAM BIG

WHAT'S stopping YOU?

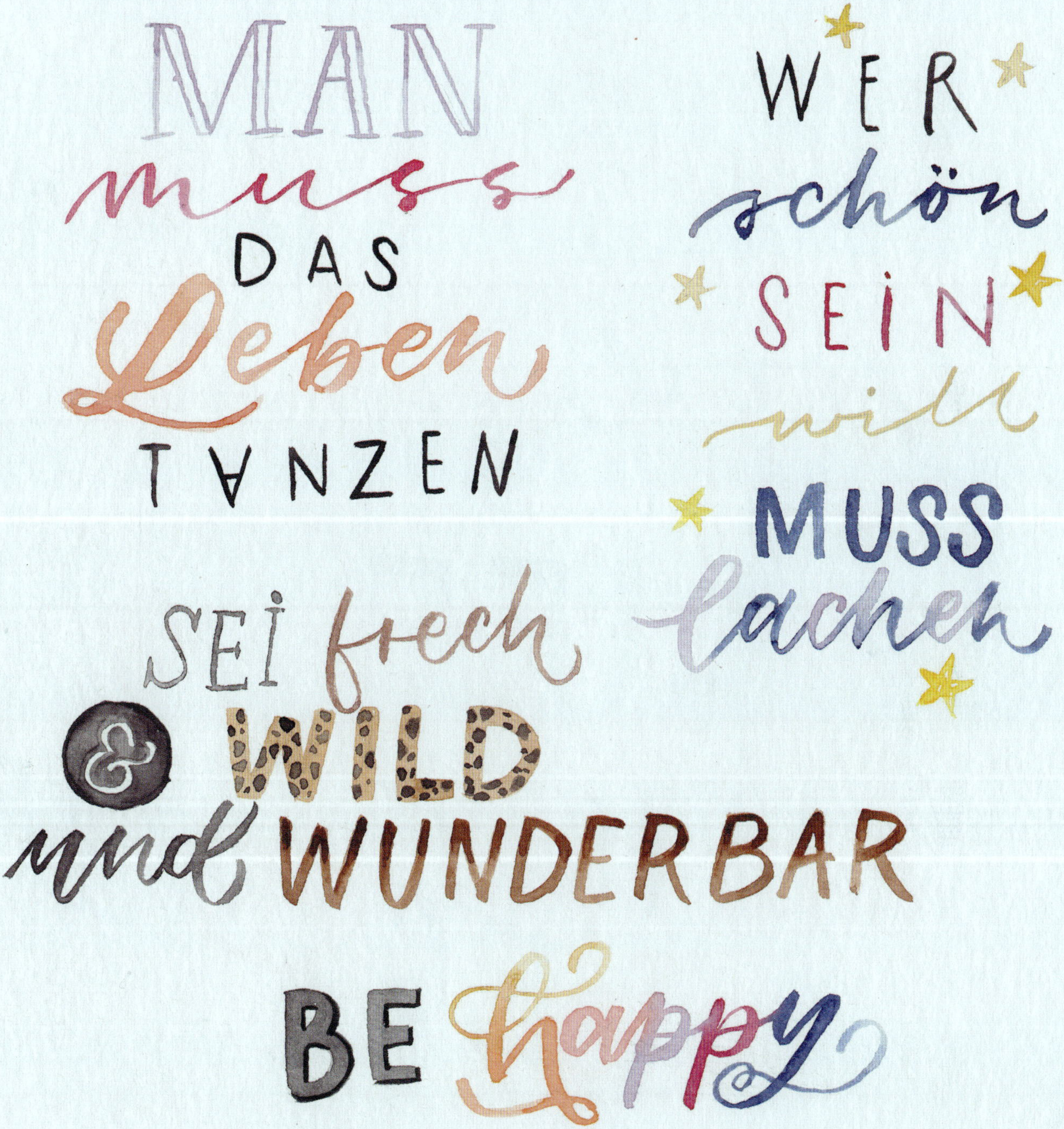
MAN muss DAS Leben TANZEN
WER schön SEIN will MUSS lachen
SEI frech & WILD und WUNDERBAR
BE happy

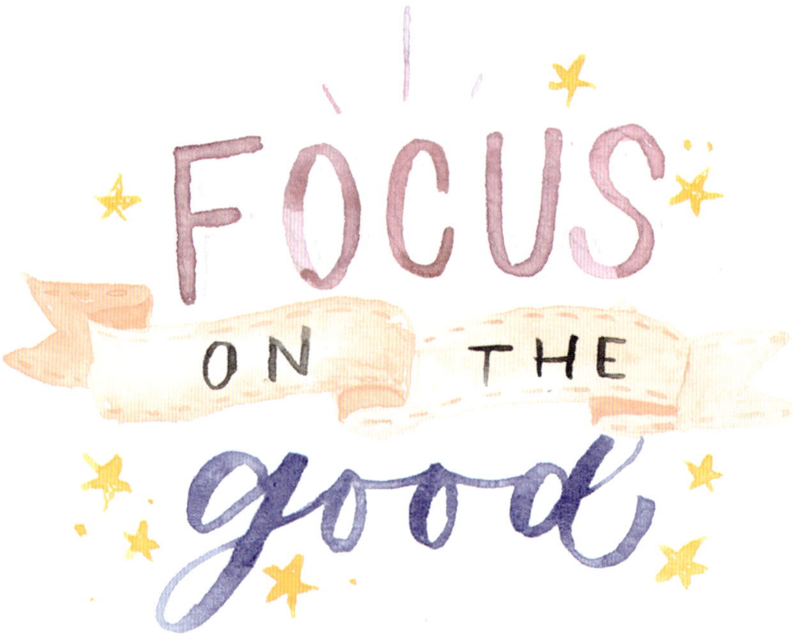
FOCUS
ON THE
good

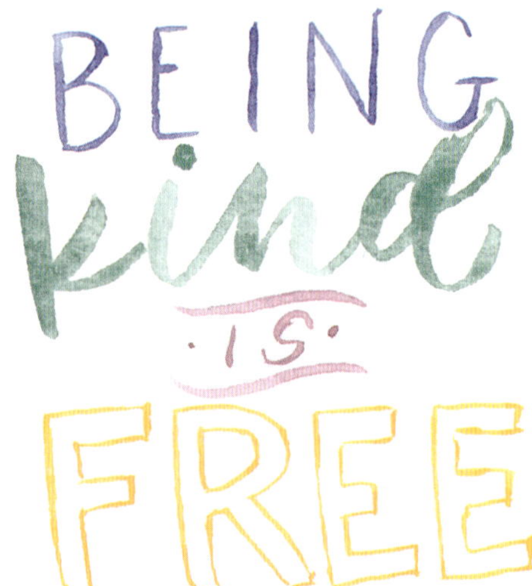
BEING
kind
IS
FREE

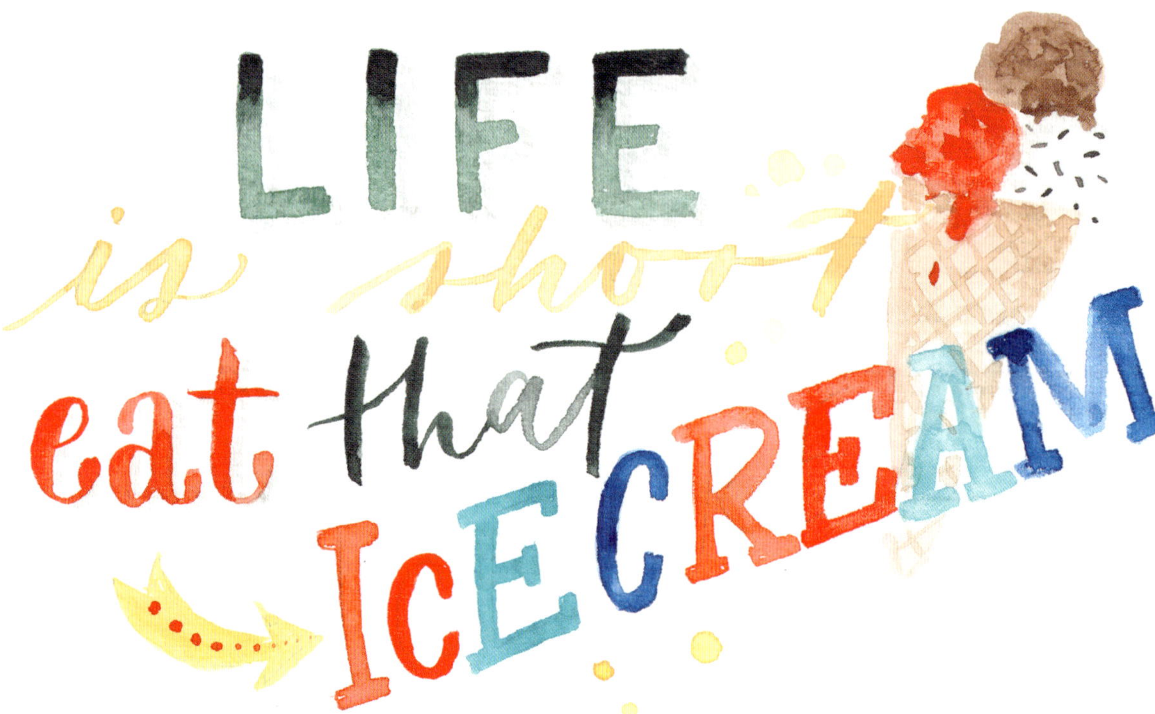
LIFE
is short
eat that
ICECREAM

BUT first coffee

LIFE happens COFFEE helps

KAFFEE erreicht stellen DA kommt die MOTIVATION niemals hin

Schmuckelemente

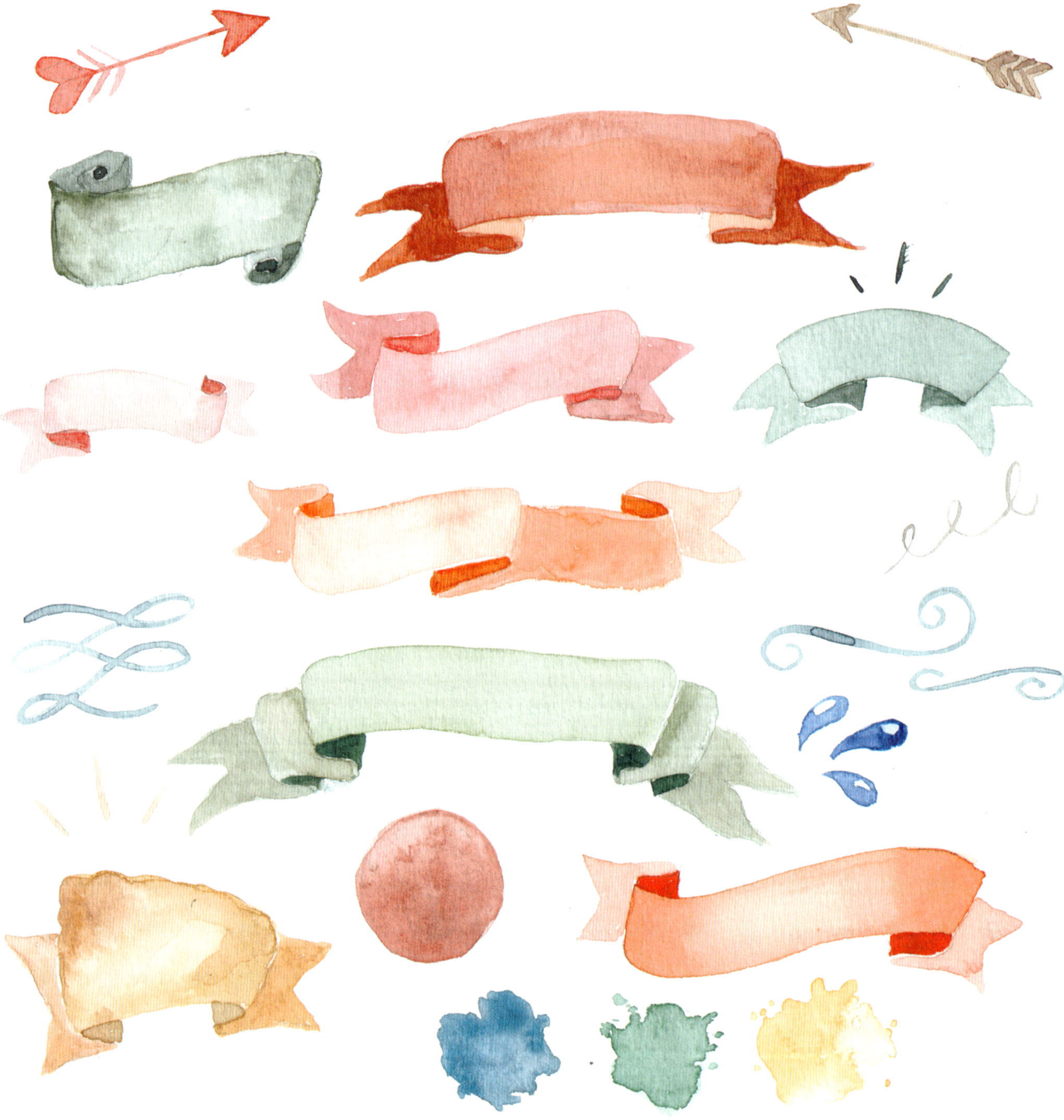

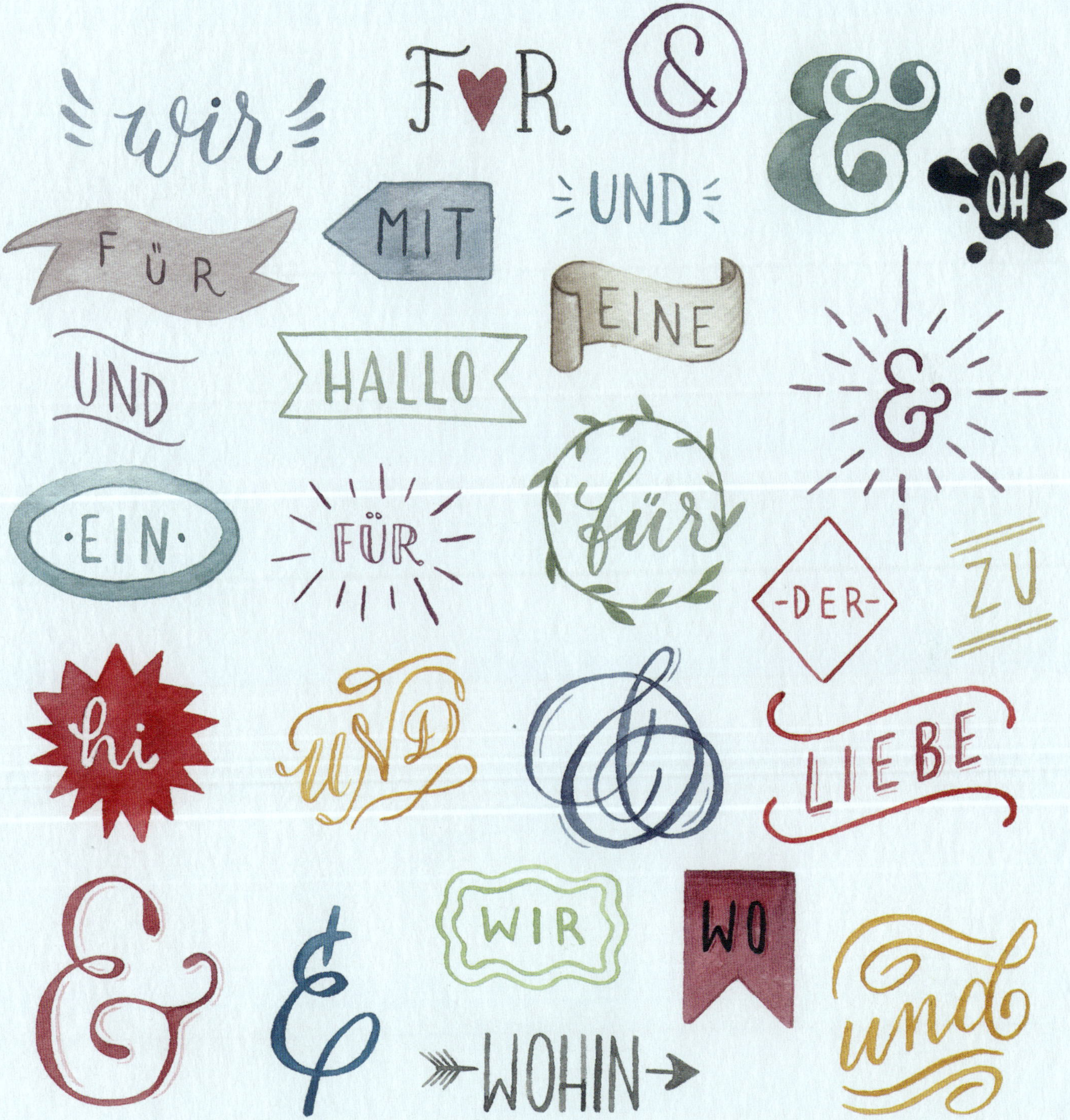
wir
FÜR
&
&
OH
UND
FÜR
MIT
EINE
UND
HALLO
&
EIN
FÜR
für
DER
ZU
hi
UND
&
LIEBE
&
&
WIR
WO
WOHIN
und

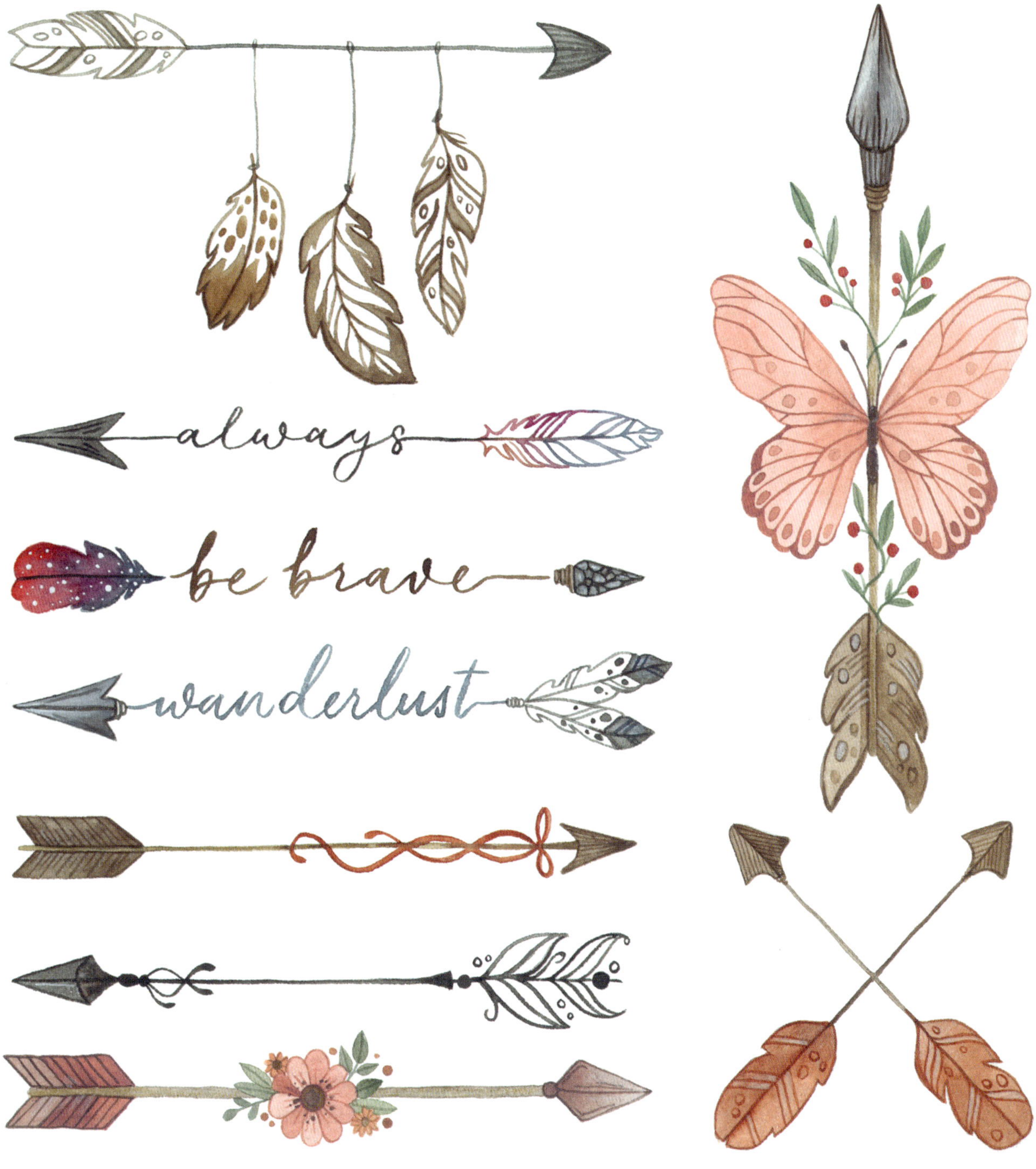
always
be brave
wanderlust

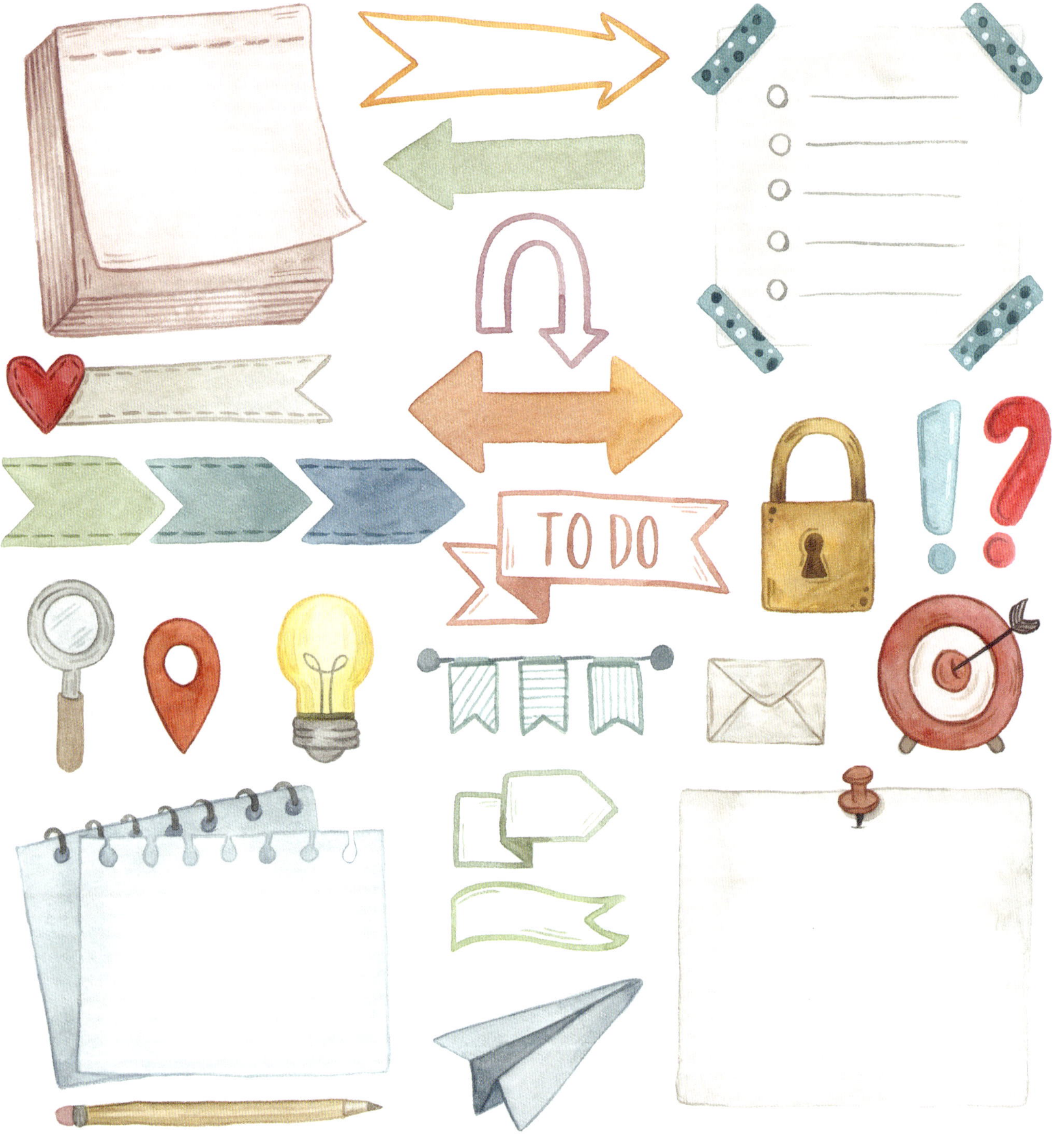
TO DO

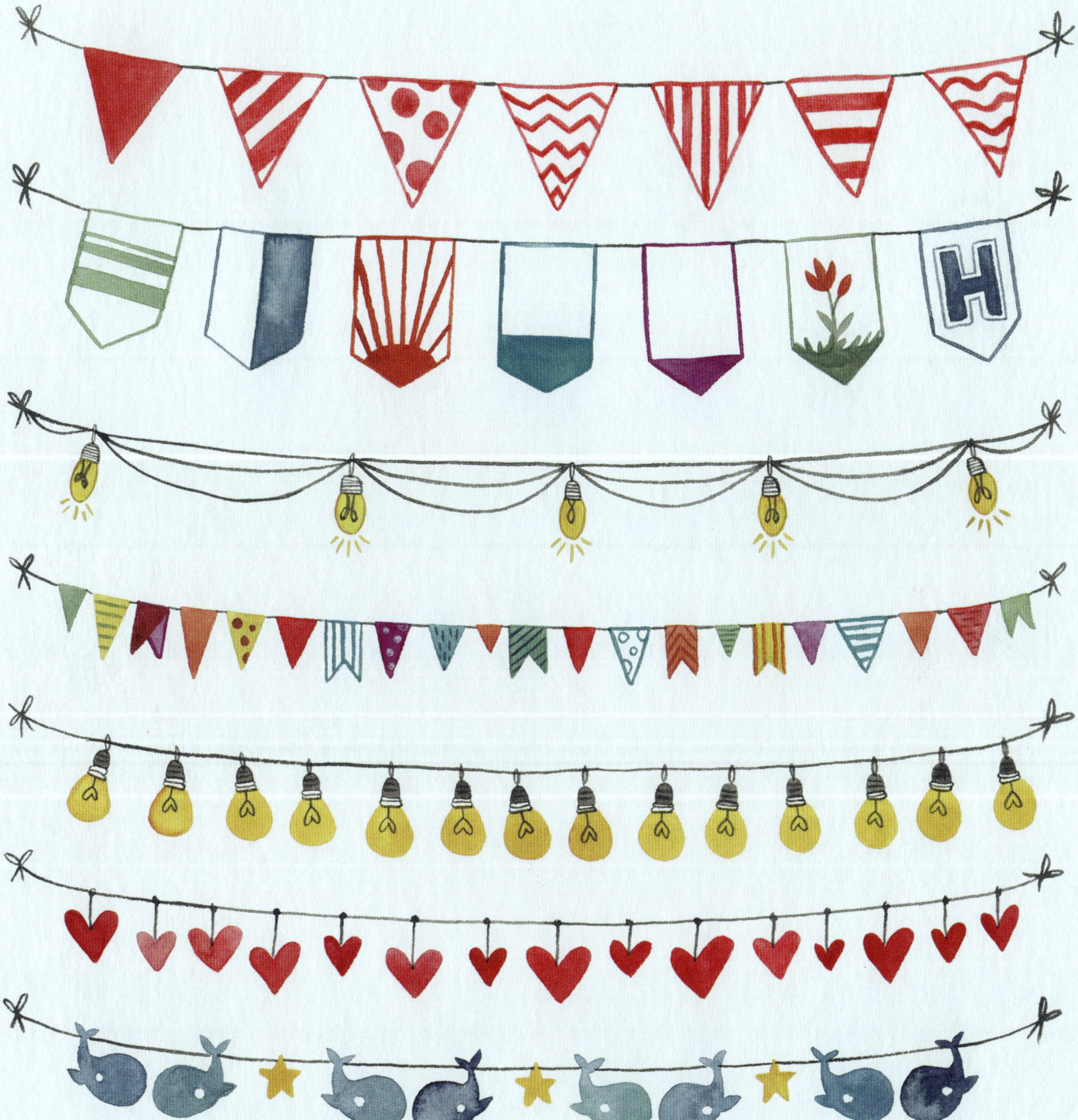
H

Muster

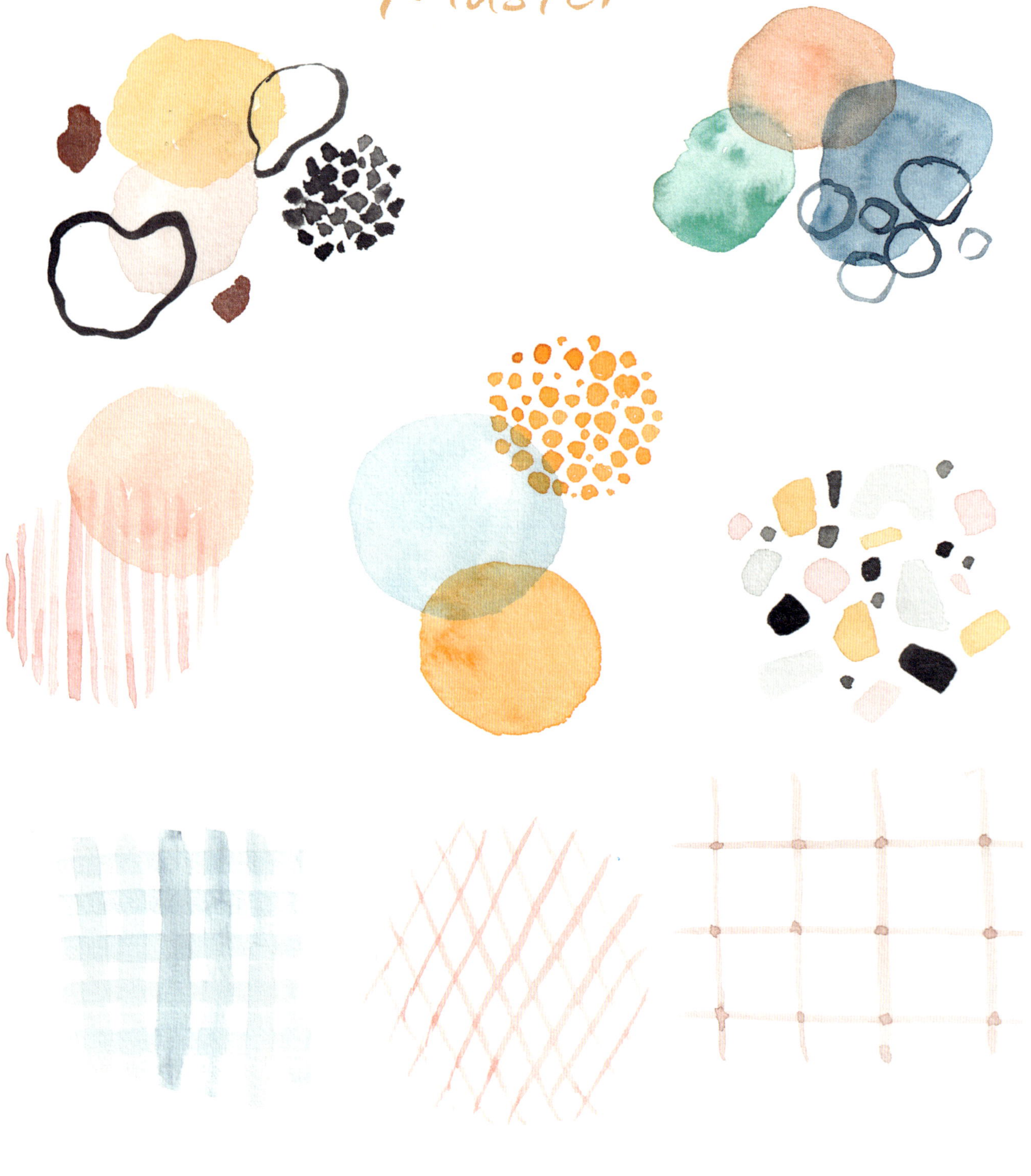

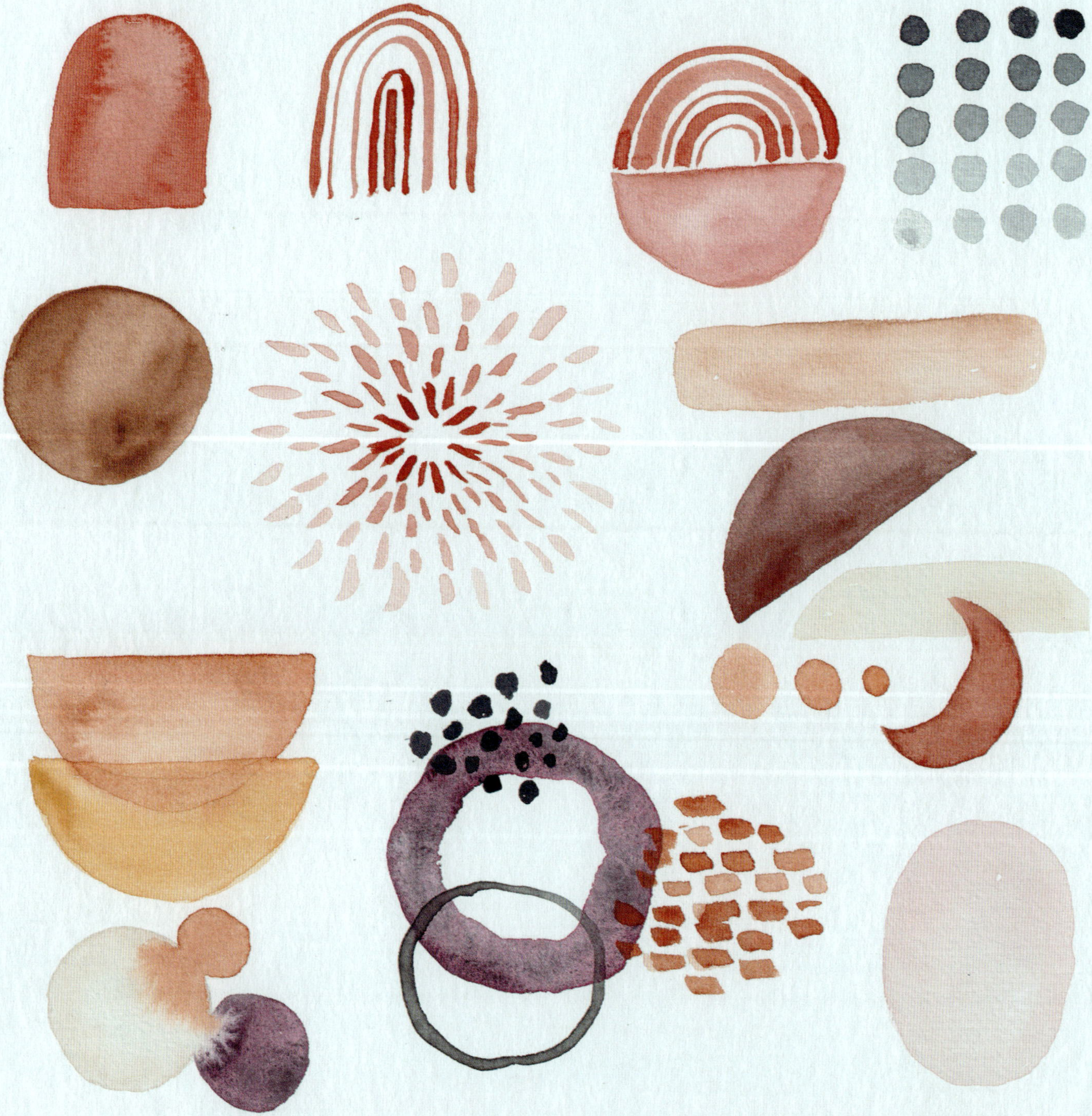

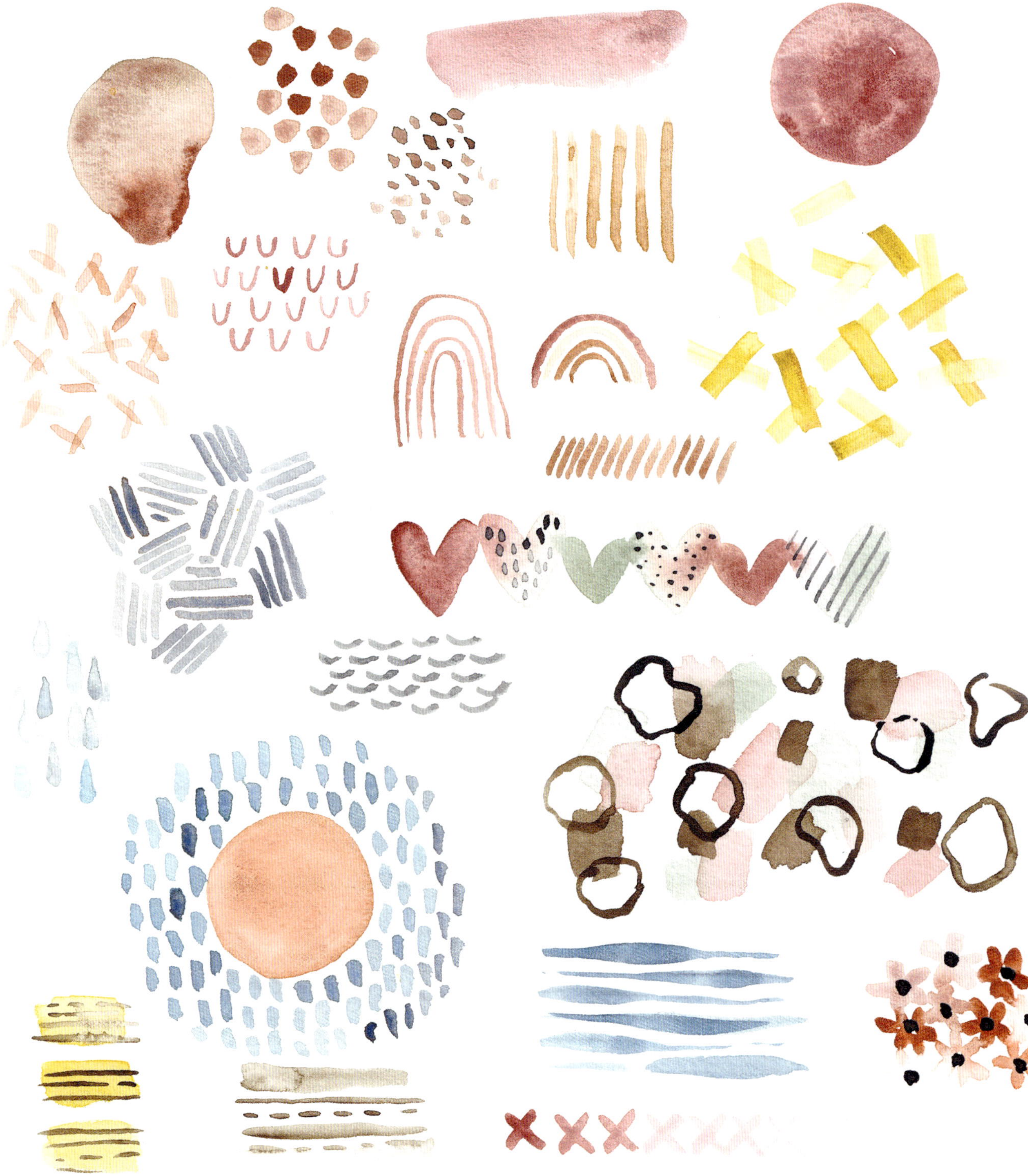

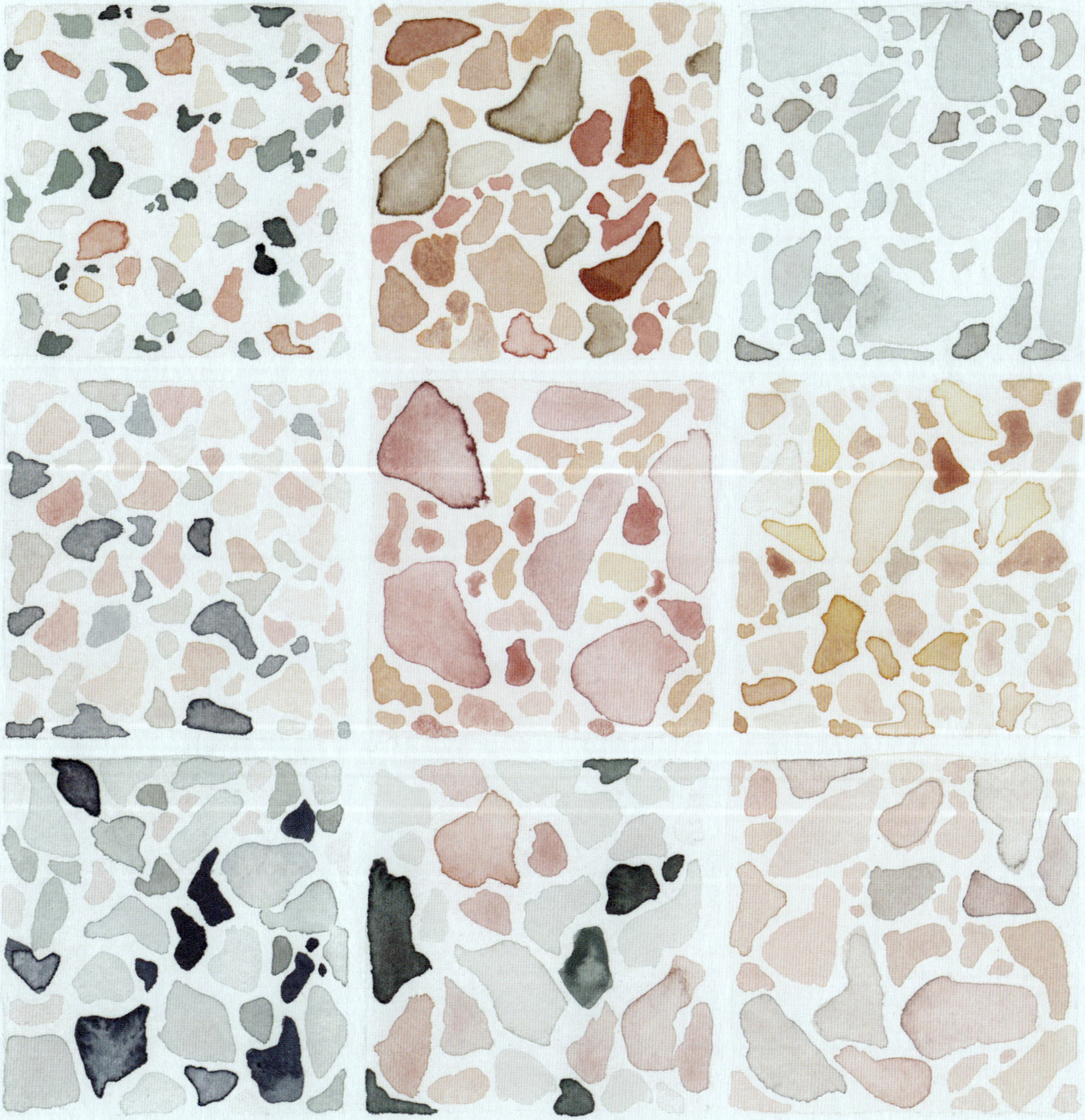

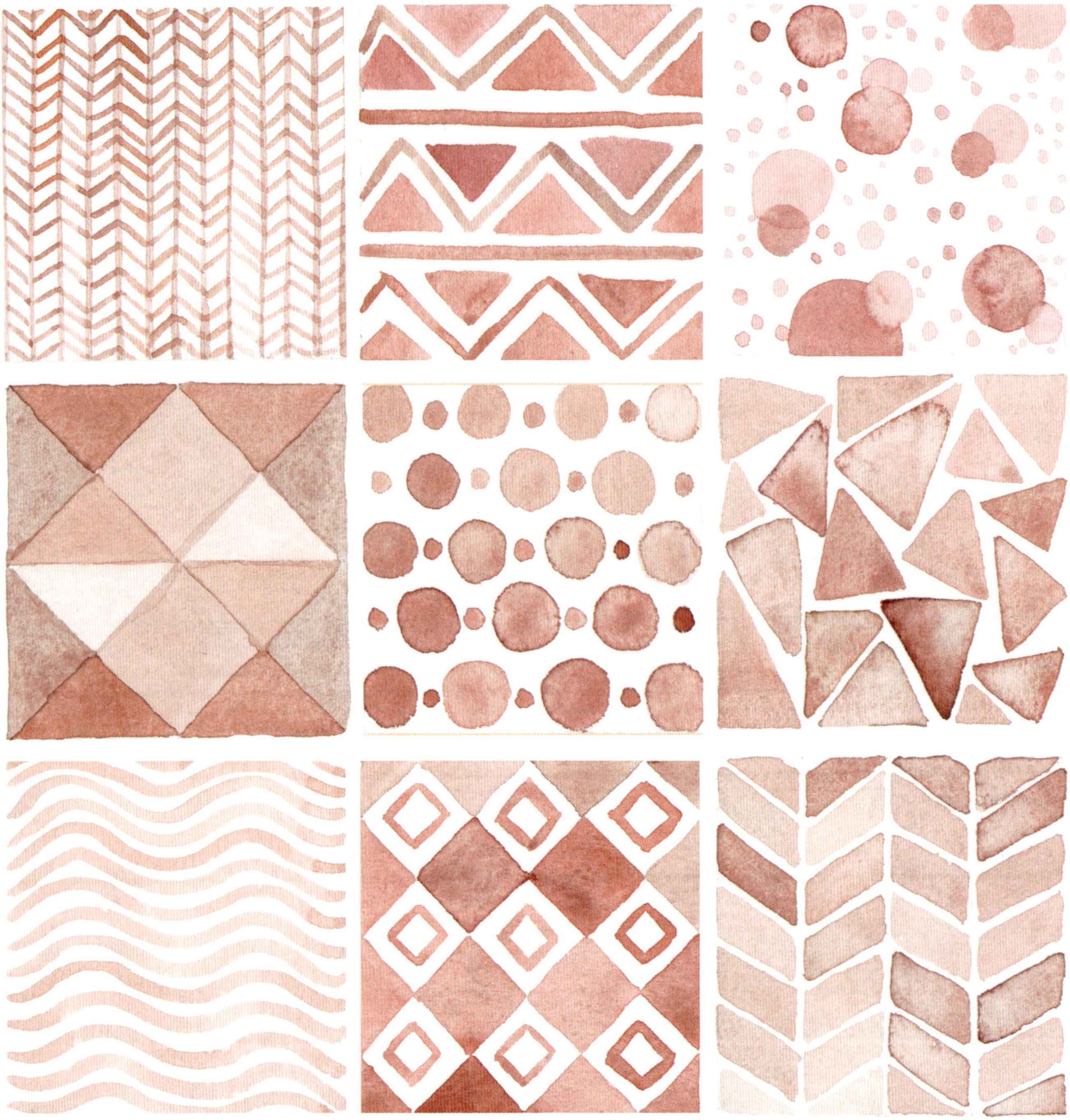

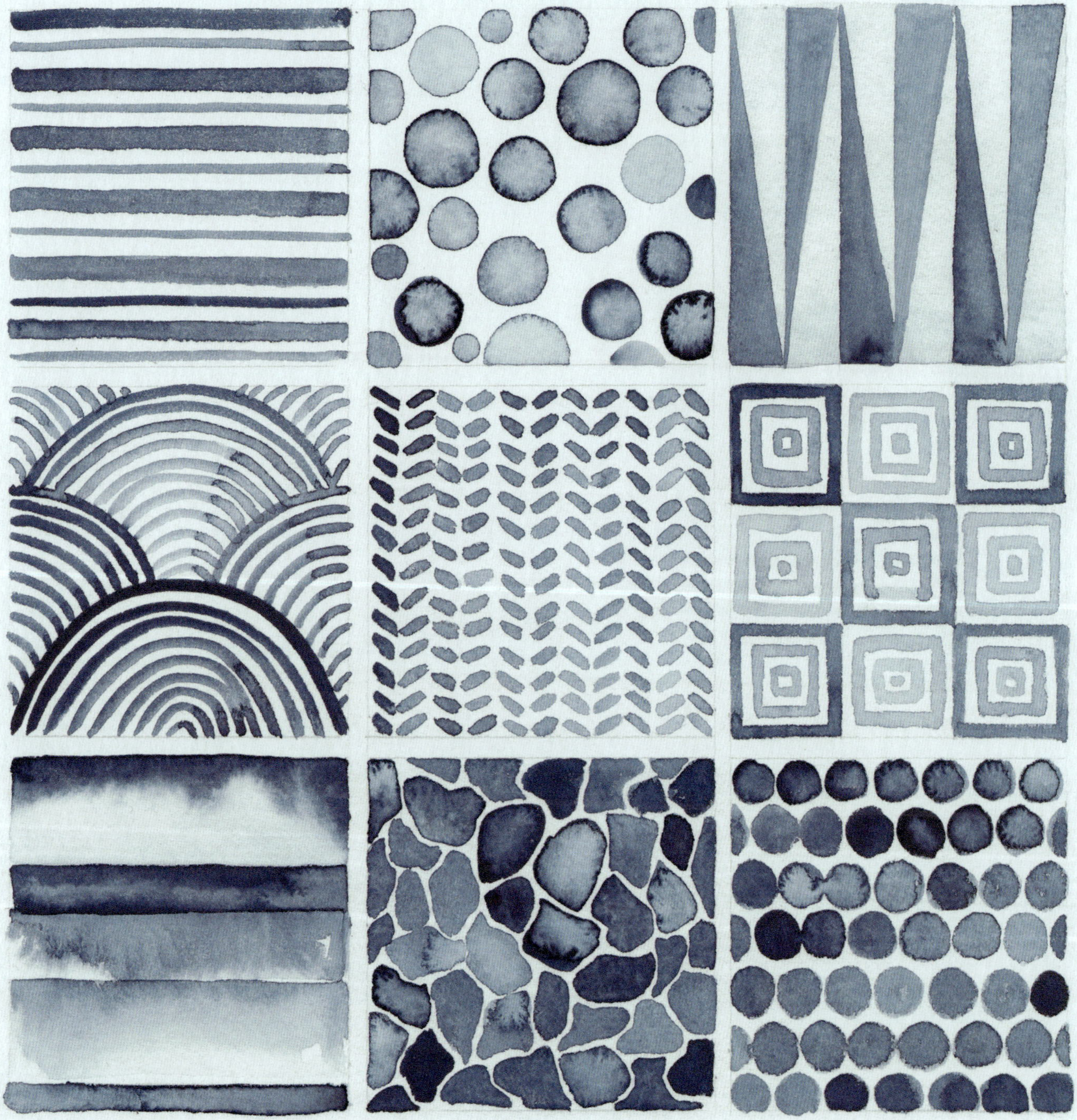

DIE AUTORINNEN

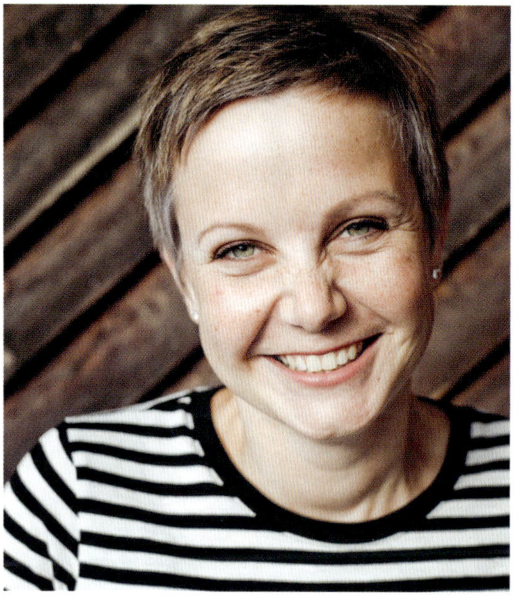

PETRA HEIDER

Petra Heider, geboren 1985 in Cottbus, studierte Stadt- und Regionalplanung. Seit 2012 lebt sie in Graz/Österreich. Dort arbeitet sie im Bereich Grafik und Marketing. Für Grafik und Typografie begeistert sie sich schon als Heranwachsende. Über das Malen, Zeichnen und Gestalten findet sie zur Fotografie und auch wieder zurück. Am bekanntesten ist sie wohl für ihre Wal-Illustrationen.

Instagram: @una.kritzolina

INGRID HESSELBACH

Ingrid Hesselbach ist 1979 in Ingolstadt geboren. Mit 4 Jahren zog sie mit Ihrer Familie nach Franken ins Nürnberger Land. Neben der Arbeit im familieneigenen Betrieb findet sie im Lettering und der Aquarellmalerei den perfekten Ausgleich zum stressigen Alltag. 2018 startet sie ihren Instagram-Account „Landletterei“. Dort teilt sie ihre Begeisterung fürs Hand- und Brushlettering und für die Aquarellmalerei. Seit 2020 gibt sie Präsenz-, sowie Onlinekurse und arbeitet als freie Künstlerin im Auftrag verschiedener Firmen.

Instagram: @landletterei

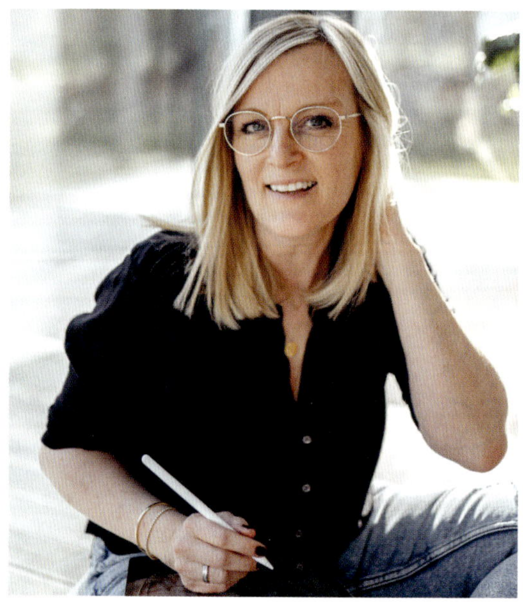

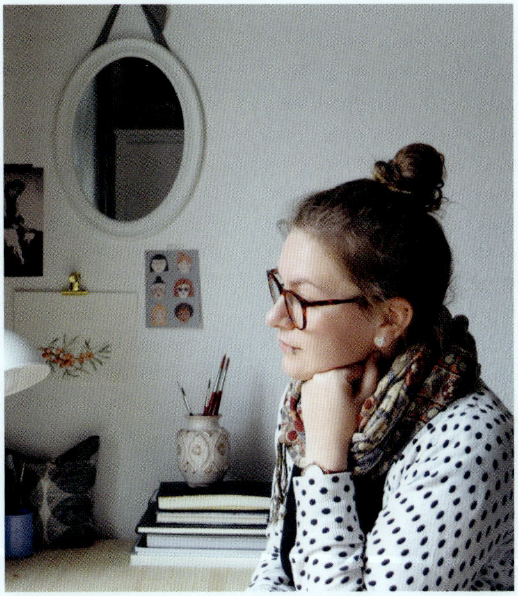

NATALIA SKATULA

Natalia Skatula, geboren 1989 in Loslau, studierte nach dem Abitur Kunstgeschichte sowie Bildende Kunst & künstlerische Konzeptionen an der Philipps-Universität Marburg. Dort gewann sie Einblicke in diverse Arbeits- und Maltechniken, darunter auch die Grundlagen der Aquarellmalerei.

Eine zunehmende Begeisterung für Watercolor entwickelte sich allerdings erst nach dem Studium, als sie anfing ihre ersten Weihnachtspostkarten in dieser Technik zu gestalten.

Seit 2018 ist sie als freie Illustratorin & Künstlerin tätig und vertreibt als große Papierliebhaberin unter dem Namen nataskalia ihre eigens illustrierte Papeterie & Co.

Instagram: @nataskalia

Buchempfehlungen für dich

Noch mehr Kreativ-Bücher zum gleichen Thema gesucht?

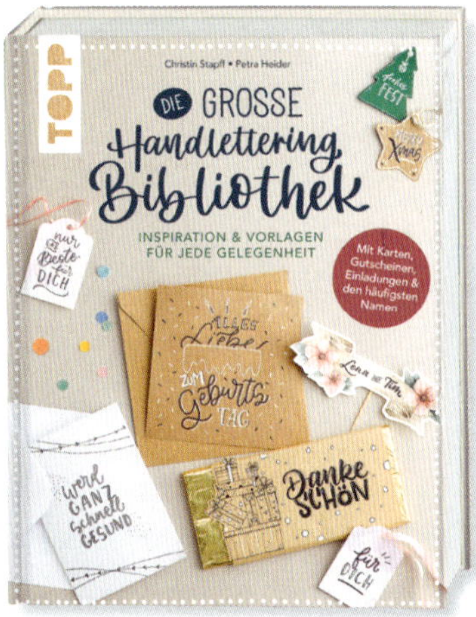

ISBN 978-3-7724-4768-0

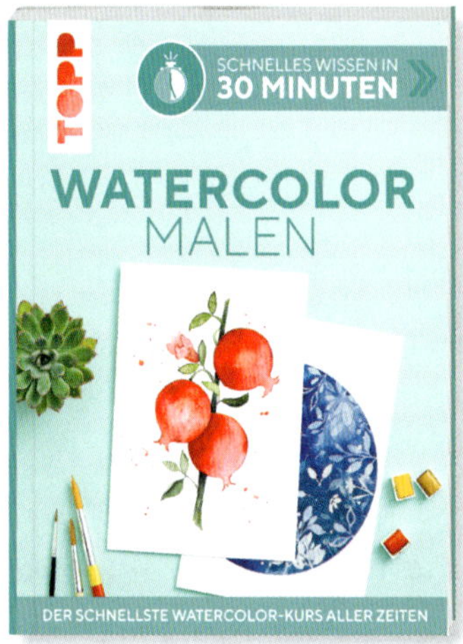

ISBN 978-3-7724-6874-0

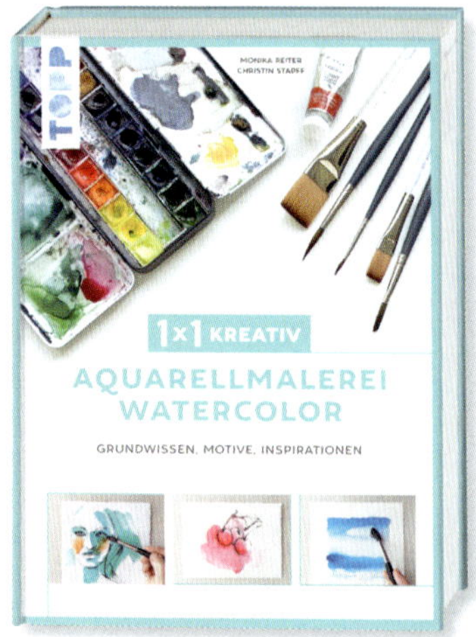

ISBN 978-3-7724-6878-0

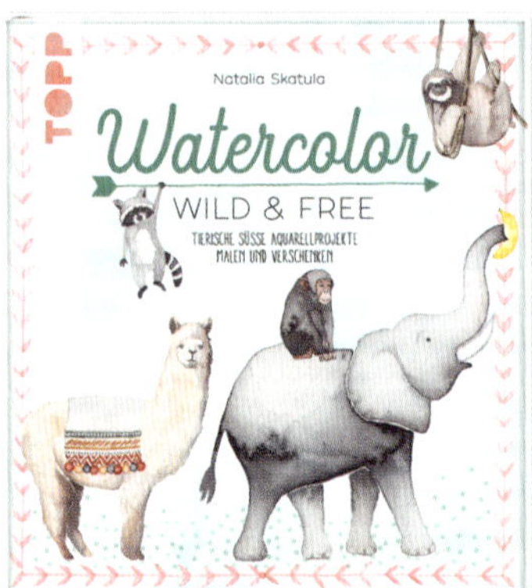

ISBN 978-3-7724-8378-0

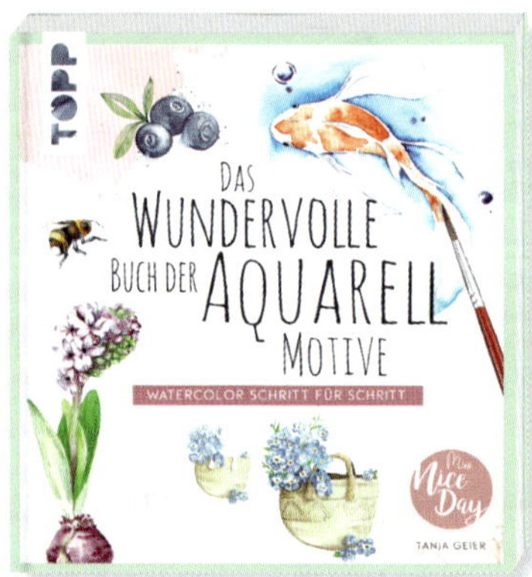

ISBN 978-3-7724-4737-0

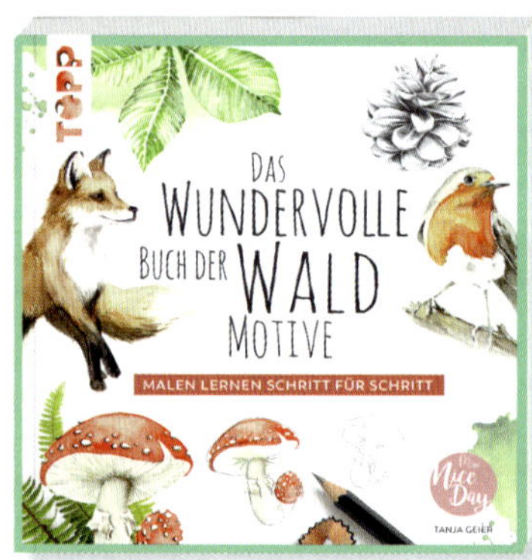

ISBN 978-3-7724-4787-0

#TOPPPROJEKT

Die eigene Kreativität zeigen: TOPPprojekt mit anderen Kreativen teilen und Teil der Gemeinschaft werden.

DIY-begeistert und auf Instagram? Dann unbedingt mitmachen! Hier gibt's Tipps und Feedback zu den eigenen Projekten. Außerdem verlosen wir jeden Monat ein Überraschungspaket. Um am Gewinnspiel teilzunehmen, einfach ein Bild vom Kreativ-Projekt aus unseren Büchern mit #TOPPprojekt posten und unserem Account @frechverlag folgen. Mehr Infos auf TOPP-kreativ.de/TOPPprojekt

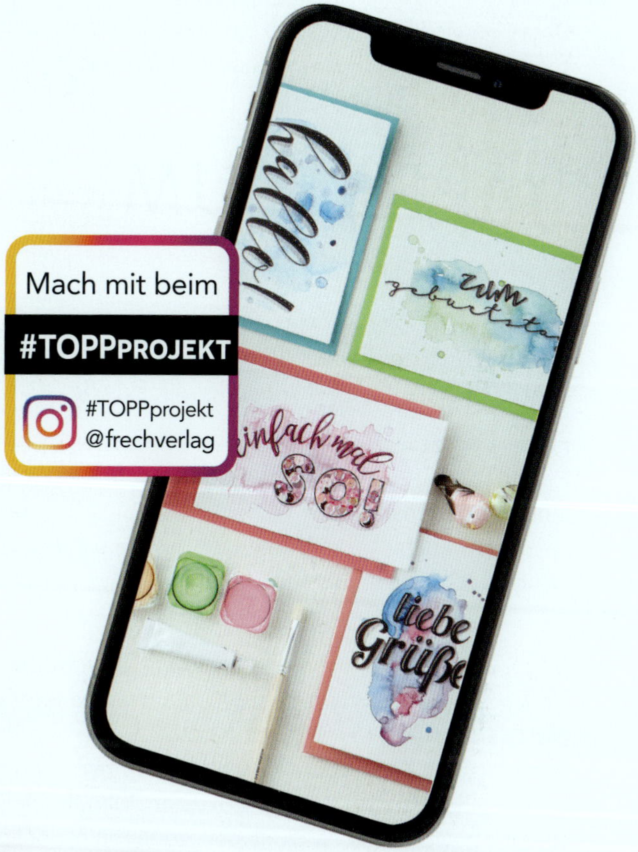

Website
Auf TOPP-kreativ.de können Sie ein riesiges Angebot von über 1.000 Kreativbüchern, Sets & mehr entdecken.

Newsletter
Gleich anmelden unter: TOPP-kreativ.de/newsletter und immer als Erstes von unseren Neuheiten und Sonderaktionen erfahren.

Instagram
@frechverlag

Pinterest
pinterest.com/frechverlag

Facebook
facebook.com/frechverlag

DigiBib
Hier finden Sie zusätzlich zu vielen unserer Bücher digitale Extras, wie Video-Tutorials, Plotter-Dateien, Vorlagen, Übungsblätter & vieles mehr. Einfach im Impressum Ihres TOPP-Buchs den Freischalte-Code nachschlagen und exklusive Inhalte freischalten. TOPP-kreativ.de/digibib

Youtube
youtube.com/frechverlag

DANK

Danke an da Vinci Künstlerpinselfabrik DEFET GmbH (www.davinci-defet.com), Hahnemühle FineArt GmbH (www.hahnemuehle.com), H. Schmincke & CO. GmbH & Co. KG (www.schmincke.de) für die freundliche Unterstützung dieses Buches.

Unser Service für Sie: Wenn Sie Fragen zu den Anleitungen in diesem Buch haben, schreiben Sie einfach eine E-Mail an: mail@kreativ-service.info. Wir helfen Ihnen gerne weiter.

IMPRESSUM

Grundanleitungen: Petra Heider

Illustrationen: Petra Heider (Seiten 8-15, 48-53, 80-91, 122-127, 137-145),
Ingrid Hesselbach (Seiten 21-45, 101-102, 104-121, 128-136, 146-148),
Natalia Skatula (Seiten 16-20, 46-47, 54-79, 92-100, 103, 149-151)

Fotos: Petra Heider
Produktmanagement und Lektorat: Lisa-Marie Weigel
Covergestaltung: Tatjana Weiß
Layout und Satz: Lara Nelles (schere.style.papier), München
Druck: DZS Grafik, Slowenien

2. Auflage 2022

ISBN: 978-3-7358-8020-8 Best.-Nr. 28020

MIX
Papier aus verantwortungsvollen Quellen
FSC® C106600

Penguin Random House
Verlagsgruppe
FSC® N001967

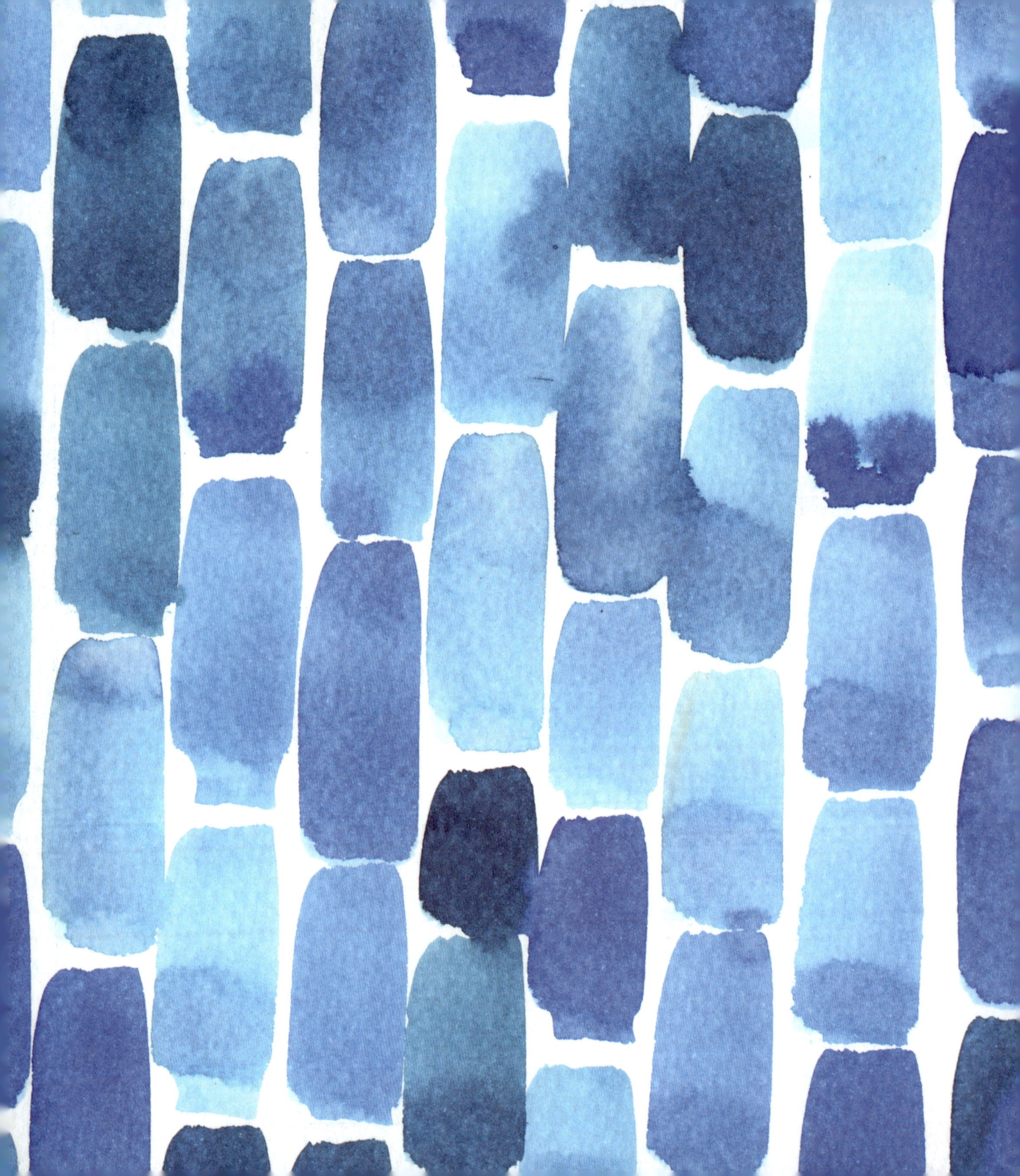